编辑必备语词规范手册

利来友　编

GUANGXI NORMAL UNIVERSITY PRESS
广西师范大学出版社
·桂林·

责任编辑：虞劲松
助理编辑：尤晓澍
封面设计：李浩丽（广大迅风）
责任技编：伍先林

图书在版编目（CIP）数据

编辑必备语词规范手册 / 利来友编 . —桂林：广西
师范大学出版社，2019.5（2019.6 重印）
ISBN 978-7-5598-1608-5

Ⅰ．①编… Ⅱ．①利… Ⅲ．①编辑工作－手册
Ⅳ．①G232-62

中国版本图书馆 CIP 数据核字（2019）第 028167 号

广西师范大学出版社出版发行

（广西桂林市五里店路 9 号　　邮政编码：541004）
网址：http://www.bbtpress.com

出版人：张艺兵
全国新华书店经销
广西广大印务有限责任公司印刷
（桂林市临桂区秧塘工业园西城大道北侧广西师范大学出版社
集团有限公司创意产业园内　邮政编码：541199）
开本：890 mm×1 240 mm　　1/32
印张：17.125　　　　字数：380 千字
2019 年 5 月第 1 版　　　2019 年 6 月第 2 次印刷
册数：5 001~10 000 册　　定价：68.00 元

前　言

　　万物皆变，发展变化是事物运动的普遍规律，语言亦然。现代汉语，与先秦两汉、与唐宋、与明清时代的汉语相比，无论语音、词汇还是语法，都有了不小的差异。正因为汉语处在不断的动态变化之中，所以，自古及今，汉语规范化工作从未停止，从秦王朝推行"书同文"，到东汉许慎编撰《说文解字》（我国第一部字典），到宋代官修《广韵》（我国第一部官修韵书），到清初官修《康熙字典》（我国第一部以字典命名的汉字辞书）等，做的都是汉语规范化工作，这些工作都对汉语的发展产生了巨大的影响。

　　中华人民共和国成立以后，国家高度重视语言文字规范工作，1954 年，专门成立了语言文字管理机构——中国文字改革委员会（1985 年改名为国家语言文字工作委员会），管理和协调有关语言文字工作。自 1950 年代以来，根据语言文字发展变化和社会生活、学术研究、文化交流等方面的需要，中国文字改革委员会（国家语言文字工作委员会）先后发布了一系列语言文字规范文件。此外，全国人大、国务院还发布了有关语言文字的法律法规，国家新闻出版署等有关部委、中国出版协会等有关行业协会、全国科学技术名词审定委员会等有关组织还根据需要发布了一些带有规范性质的语言文字标准和文件。这些法规、标准和文件，涉及最多的是关于语词规范的。之所以如此,是因为语词是语言里最活跃的成分,它反映社会生活的发展变化最迅速,组合能力也最强,需要规范的地方也最多。

本书所及的"语词",非语法概念,而是泛指词、词组一类的语言成分,以现代汉语语词为主,兼及相关英文语词。本书汇编了有关语词的各类法规、标准和文件,并附加了"编者按",提示有关背景或使用注意事项,供编辑校对工作者和其他语言文字工作者参考使用。读者在使用过程中若发现不妥或错讹,欢迎批评指正。

编者

2019 年 4 月

目　录

一、通用语词类

二、专有名词类

三、禁用词类

一

通用语词类

中央文献重要术语译文

【编者按】党的十八大以来,党中央高度重视加强国际传播能力和对外话语体系建设。中央编译局作为党中央直属的理论工作机构,其重要职责之一就是中央文献的对外翻译工作,这是对外话语体系建设的重要组成部分。2015—2016 年,中央编译局先后发布 18 期中央文献重要术语译文,供国内相关机构和人士以及国外关注我国改革发展的人士参考使用。这里所说的重要术语,是指中央文献中出现的、具有重要意义并富有中国特色的概念和表述,既可以是单词和词组,也可以是其他表达方式,具有内涵明确、富有特色、适于传播等特点。这些术语是我们党理论创新的重要成果,广受国际社会关注,对其进行规范翻译,有助于提升其对外传播的质量和效率,更好地为国际社会所了解和接受。重要术语译文包括英文、法文、日文、德文、西班牙文、阿拉伯文等多个语种,此录英文译文。

2015 年第一期

【编者按】首次发布的 30 条术语采自 2015 年 3 月召开的十二届全国人大三次会议重要文件,包括《政府工作报告》《关于 2014年国民经济和社会发展计划执行情况与 2015 年国民经济和社会发展计划草案的报告》《关于 2014 年中央和地方预算执行情况与

2015 年中央和地方预算草案的报告》。

中文	英文
"四个全面"战略布局 【释义】全面建成小康社会、全面深化改革、全面依法治国、全面从严治党。	Four-Pronged Comprehensive Strategy The Four-Pronged Comprehensive Strategy is to make comprehensive moves to： 1）finish building a moderately prosperous society； 2）deepen reform； 3）advance the law-based governance of China；and 4）strengthen Party self-discipline.
"两个一百年"奋斗目标 【释义】在中国共产党成立一百年时全面建成小康社会,在新中国成立一百年时建成富强民主文明和谐的社会主义现代化国家。①	Two Centenary Goals The Two Centenary Goals are：to finish building a moderately prosperous society in all respects by the time the Communist Party of China celebrates its centenary in 2021；and to turn China into a modern socialist country that is prosperous, strong, democratic, culturally advanced, and harmonious by the time the People's Republic of China celebrates its centenary in 2049.

---

　　① 党的十九大报告中将"两个一百年"奋斗目标表述为:到中国共产党成立一百年时全面建成小康社会,到新中国成立一百年时建成富强民主文明和谐美丽的社会主义现代化强国。

续表

中文	英文
三期叠加	simultaneously deal with the slowdown in economic growth, make difficult structural adjustments, and absorb the effects of previous economic stimulus policies
双目标 【例】保持中高速增长和迈向中高端水平双目标。	dual objectives We must focus on achieving the dual objectives of maintaining a medium-high rate of growth and moving toward a medium-high level of development.
双引擎 【例】打造大众创业、万众创新和增加公共产品、公共服务双引擎。	twin engines We need to develop twin engines — popular entrepreneurship and innovation, and greater supplies of public goods and services — to drive development.
新常态 【例】经济发展进入新常态,精神面貌要有新状态。	new normal China's economic development has entered a new normal, meaning we must adopt a new mindset.
高压态势 【例】始终保持反腐高压态势,对腐败分子零容忍、严查处。	tough stance Our tough stance on corruption is here to stay; our tolerance for corruption is zero, and anyone guilty of corruption will be dealt with severely.

中文	英文
硬骨头 【例】啃了不少硬骨头	tough issue We tackled many tough issues.
拦路虎 【例】体制机制弊端和结构性矛盾是"拦路虎"。	tiger in the road Institutional and structural problems have become "tigers in the road" holding up development.
扶上马、送一程 【例】中小微企业大有可为,要扶上马、送一程。	give (sb) a leg up to get (sb) going Medium, small, and micro businesses can accomplish great things. We need to give them a leg up to get them going.
创客 【例】众多"创客"脱颖而出。	maker We have seen great numbers of makers giving expression to their talents.
众创空间 【例】发展众创空间	maker space develop maker spaces
中国制造 2025	Made in China 2025 strategy
"互联网+"行动计划	Internet Plus Action Plan
普惠金融	inclusive finance
税收法定原则	principle of law-based taxation
保持战略定力	maintain strategic focus
经济行稳致远	maintain sustainable economic growth

中文	英文
强农惠农富农	strengthen agriculture, benefit farmers, and raise rural living standards
健康稳定的大国关系框架	a sound and stable framework for major-country relations
为公平竞争搭好舞台	level the playing field for fair competition
织密织牢民生保障网	develop a tightly woven and sturdy safety net
让更多的金融活水流向实体经济	allow more financial resources to be channeled into the real economy
从制造大国转向制造强国	transform China from a manufacturer of quantity to one of quality
加强国际传播能力建设	improve our ability to communicate effectively with international audiences
结构性减税和普遍性降费	make structural tax reductions and cut fees across the board
精准扶贫、精准脱贫	take targeted measures to help people lift themselves out of poverty
以释放市场活力对冲经济下行压力	invigorate the market to offset downward economic pressure
保基本、兜底线、建机制	build up a basic safety net, ensure there is a cushion in place for those most in need, and make due institutional arrangements
有权不可任性	Power is not to be used arbitrarily.

2015 年第二期

【编者按】本期22条术语采自党的十八届四中全会两个重要文件:《中共中央关于全面推进依法治国若干重大问题的决定》和习近平总书记《关于〈中共中央关于全面推进依法治国若干重大问题的决定〉的说明》。对于国际社会全面了解中国特色社会主义民主法治建设之路具有重要意义。

中文	英文
社会主义法治国家	socialist rule of law country; socialist country built on the rule of law
建设法治中国	build a rule of law China
依法治国	law-based governance of the country
依法执政	law-based exercise of state power
依法行政	law-based administration of government
依宪治国	governance of the country on the basis of its constitution
宪法日	Constitution Day
法律是治国之重器,良法是善治之前提	The law is of great value in the governance of a country, and good laws are a prerequisite for good governance.
法治体系	rule of law system

续表

中文	英文
于法有据 【例】重大改革于法有据	have a legal basis All of our major reforms should have a legal basis.
法治国家、法治政府、法治社会一体建设	a holistic approach to strengthening the rule of law in the country, in its government, and in society
有法可依，有法必依，执法必严，违法必究	ensure that laws are put in place, observed, and strictly enforced and that anyone who violates the law is held to account
科学立法、严格执法、公正司法、全民守法	take a well-conceived approach to law-making, and ensure that law is strictly enforced, justice is administered impartially, and the law is observed by all
职能科学、权责法定、执法严明、公开公正、廉洁高效、守法诚信的法治政府	a rule of law government which has well-conceived functions and statutorily defined powers and responsibilities; which strictly enforces the law and is impartial; and which operates in an open, clean, and efficient way, with strong credibility
执法责任制	accountability system for law enforcement
人民陪审员制度	system of people's assessors
重大决策终身责任追究制度	system of lifelong accountability for major decisions

中文	英文
重大决策责任倒查机制	mechanism for retroactive investigation into accountability for major decisions
政府权力清单	list of government powers
依法治国和以德治国相结合	combine the rule of law with the rule of virtue
天下之事,不难于立法,而难于法之必行	In the governance of a country, it is the enforcement, not the enactment, of law that presents the greatest challenge.
法立,有犯而必施;令出,唯行而不返	Once enacted, a law must be enforced and anyone who violates it must be held to account.

2015 年第三期

【编者按】党的十八大以来,党中央、国务院对深化行政体制改革提出明确要求,并作出战略部署,积极推进简政放权,推动政府职能向创造良好发展环境、提供优质公共服务、维护社会公平正义转变。本期 14 条术语围绕简政放权主题,术语选自《习近平关于全面深化改革论述摘编》、2015 年《政府工作报告》、《2015 年推进简政放权放管结合转变政府职能工作方案》等文献。

中文	英文
创新政府、廉洁政府和服务型政府	an innovative, clean, and service-oriented government
政府机构改革	government institutional reform
转变政府职能	transform government functions
简政放权、放管结合	streamline government functions and administration and delegate powers while improving regulation
用政府权力的"减法",换取市场活力的"乘法"	cut government powers to boost market vitality
法定职责必须为、法无授权不可为	Government must carry out all statutory functions and duties and may not do anything not authorized by law.
政府责任清单	list of government responsibilities
市场准入负面清单	market access negative list
行政审批	government review and approval
简化对外投资审批程序	simplify procedures for reviewing outbound investment
实施大部门制	merge and streamline government departments
商事制度改革	reform of the business system
三证合一	integrate the business license, the organization code certificate, and the certificate of taxation registration into one document

中文	英文
基本公共服务均等化	ensure equitable access to basic public services

2015 年第四期

【编者按】2015 年是中国人民抗日战争暨世界反法西斯战争胜利 70 周年,本期 18 条术语既涉及中国人民抗日战争的历史和国际定位,也涉及抗日战争的主要内容和基本进程。术语主要来自 2014 年发表的习近平总书记《在纪念全民族抗战爆发七十七周年仪式上的讲话》《在纪念中国人民抗日战争暨世界反法西斯战争胜利 69 周年座谈会上的讲话》《在南京大屠杀死难者国家公祭仪式上的讲话》等文献。

中文	英文
中国人民抗日战争 (简称:抗日战争、抗战)	the Chinese People's War of Resistance against Japanese Aggression (the War of Resistance)
抗日民族统一战线	Chinese united front against Japanese aggression
全面全民族抗战	total resistance against Japanese aggression by the whole nation

中文	英文
片面抗战	partial resistance against Japanese aggression
全国抗战	nationwide war of resistance against Japanese aggression
局部抗战	regional war of resistance against Japanese aggression
正面战场	center stage battlefield
敌后战场	backstage battlefield
战略防御/相持/反攻	strategic defense/stalemate/counter-offensive
世界反法西斯战争	the Global War against Fascism
国际反法西斯统一战线	the international anti-fascist united front
战争策源地	hotbed of war
中国战场	China theater
欧洲战场	European theater
太平洋战场	Pacific theater
东方主战场 【例】中国开辟了世界反法西斯战争的东方主战场。	the main Eastern battlefield The main Eastern battlefield for the Global War against Fascism was developed in China.
无条件投降	unconditional surrender

续表

中文	英文
中国人民抗日战争胜利纪念日	Victory Memorial Day for the Chinese People's War of Resistance against Japanese Aggression（VM Day）

2015 年第五期

【编者按】本期 31 条术语继续围绕抗日战争主题。这些术语侧重于抗日战争期间的重大事件、战役、战术、抗战的主要力量,既充分反映了抗战的历史,也展示了中国共产党在全民族团结抗战中的中流砥柱作用。此外,也挑选了一些揭示日本侵略者滔天罪行的术语。这些术语主要来自习近平总书记相关讲话等。

中文	英文
九一八事变	September 18th Incident
七七事变(卢沟桥事变)	July 7th Incident（Lugou Bridge Incident）
淞沪会战	Battle of Shanghai
平型关大捷	Battle of Pingxingguan；victory at Pingxingguan
台儿庄大捷	Battle of Tai'erzhuang；victory at Tai'erzhuang
武汉会战	Battle of Wuhan
百团大战	Hundred-Regiment Campaign

续表

中文	英文
八路军	Eighth Route Army
新四军	New Fourth Army
东北抗日联军	Northeast United Resistance Army
华南人民抗日游击队	Southern China People's Counter-Japanese Guerrilla Force
中国远征军	Chinese Expeditionary Force
持久战	protracted war
游击战	guerrilla warfare
运动战	mobile warfare
地道战	tunnel warfare
地雷战	landmine warfare
抗日根据地	resistance base
解放区	liberated area
游击区	guerrilla area
敌占区(沦陷区)	enemy-occupied area; occupied area
"大东亚共荣圈"	"Greater East Asia Co-Prosperity Sphere"
"三光"政策	"Three Alls" policy (kill all, burn all, loot all)
"731 部队"(满洲第 731 部队)	"Unit 731" (Unit 731 of Manchuria)
南京大屠杀	Nanjing Massacre

中文	英文
"慰安妇"	"comfort women"
细菌战	germ warfare
化学战	chemical warfare
"扫荡"	"mopping-up" operation
"蚕食"	"gnawing-away" operation
"清乡"	"pacification" operation

2015 年第六期

【编者按】党的十八大以来,习近平总书记提出并深刻阐述了实现中华民族伟大复兴的中国梦。本期 9 个术语围绕中国梦主题,涉及中国梦的基本内涵、实现路径以及中国梦与世界的关系等问题。术语及例句主要来自《习近平关于实现中华民族伟大复兴的中国梦论述摘编》一书。

中文	英文
中国梦 【例】实现中华民族伟大复兴,是近代以来中国人民最伟大的梦想,我们称之为"中国梦",基本内涵是实现国家富强、民族振兴、人民幸福。	Chinese Dream The rejuvenation of the Chinese nation has been the greatest dream of the Chinese people since the beginning of modern times; we call this the Chinese Dream. The idea in essence is to make the country prosperous and strong, rejuvenate the nation, and see that the people are happy.
中国道路 【例】实现中国梦必须走中国道路。这就是中国特色社会主义道路。	Chinese path To realize the Chinese Dream, we must follow a Chinese path — the path of socialism with Chinese characteristics.
中国精神 【例】实现中国梦必须弘扬中国精神。这就是以爱国主义为核心的民族精神,以改革创新为核心的时代精神。	Chinese spirit To realize the Chinese Dream, we must foster the Chinese spirit — a fusion of the spirit of the Chinese people, central to which is patriotism, and the spirit of our era, central to which are reform and innovation.
中国力量 【例】实现中国梦必须凝聚中国力量。这就是中国各族人民大团结的力量。	Chinese strength To realize the Chinese Dream, we must bring together Chinese strength — the strength produced by all Chinese people coming together in unity.

中文	英文
中国方案 【例】我们将更多提出中国方案、贡献中国智慧,为国际社会提供更多公共产品。	Chinese approach We will propose more Chinese approaches, share more Chinese knowledge, and offer more public goods to the international community.
和平发展道路 【例】中国走和平发展道路,其他国家也都要走和平发展道路,只有各国都走和平发展道路,各国才能共同发展,国与国才能和平相处。	path of peaceful development China is taking the path of peaceful development, as should other countries. Only if everyone takes this path can all countries develop together and live in peace.
互利共赢的开放战略 【例】中国将始终不渝奉行互利共赢的开放战略,通过深化合作促进世界经济强劲、可持续、平衡增长。	mutually beneficial opening up strategy China will remain firmly committed to a mutually beneficial opening up strategy, and through deeper cooperation, promote the robust, sustainable, and balanced growth of the world economy.
世界人民的梦想 【例】中国梦既是中国人民追求幸福的梦,也同世界人民的梦想息息相通。	dreams of all peoples The Chinese Dream is the Chinese people's dream of happiness and is closely connected with the dreams of all peoples.

续表

中文	英文
命运共同体 【例】我们的事业是同世界各国合作共赢的事业。国际社会日益成为一个你中有我、我中有你的命运共同体。	community with a common future Our cause is the cause of win-win cooperation with all countries. The world is increasingly becoming a community with a common future in which all countries are interdependent.

2015 年第七期

【编者按】党的十八大以来,习近平总书记发表了一系列重要讲话、文章、访谈,形成了富有个性的话语风格。善于用典是其特点之一。习近平总书记经常运用古代典籍中的经典名句,说明当今人们生活实践中的重大问题,不断激活中华民族优秀传统文化基因,赋予其鲜明的时代内涵。本期围绕中国梦主题,挑选了习近平总书记在阐述中国梦时引用过的 16 条经典名句。这些名句选自《习近平关于实现中华民族伟大复兴的中国梦论述摘编》一书。

中文	英文
苟日新,日日新,又日新	If you can improve yourself in a day, do so each day, forever building on improvement.
千里之行,始于足下	A journey of a thousand *li* begins with a single step.

中文	英文
政贵有恒	Consistency is valuable in governance.
功崇惟志,业广惟勤	Great accomplishments require ambition and tireless effort.
鞠躬尽瘁,死而后已	I will work heart and soul for my country to the day I draw my last breath.
兄弟齐心,其利断金	When brothers come together, there is nothing they cannot achieve.
君子一言,驷马难追	A word spoken is a word that must be honored.
和而不同 【例】中国自古就主张和而不同。我们希望,国与国之间、不同文明之间能够平等交流、相互借鉴、共同进步,各国人民都能够共享世界经济科技发展的成果,各国人民的意愿能够得到尊重,各国能够齐心协力推动建设持久和平、共同繁荣的和谐世界。	harmony in diversity China has, since ancient times, been an exponent of harmony in diversity. We hope that different countries and different civilizations will engage in exchange on an equal basis, learn from each other, and achieve common progress. We hope that the people of all countries will share in the fruits of global economic, scientific, and technological advances and that their aspirations are respected. We also hope that all countries will work together in building a harmonious world where peace is lasting and prosperity is shared by all.

中文	英文
得其大者可以兼其小 【例】"得其大者可以兼其小。"只有把人生理想融入国家和民族的事业中,才能最终成就一番事业。	The finer details fall into place when they align with the bigger picture. The finer details fall into place when they align with the bigger picture. You will accomplish something significant in life if you integrate your ambitions into the cause of your country and its people.
行百里者半九十 【例】行百里者半九十。距离实现中华民族伟大复兴的目标越近,我们越不能懈怠,越要加倍努力,越要动员广大青年为之奋斗。	On reaching the last leg of a journey, you are only half way there. On reaching the last leg of a journey, you are only half way there. The closer we are to our goal of rejuvenating the Chinese nation, the less we can afford to slack off, the more we need to intensify our efforts, and the more we need to encourage young people to work toward this goal.
位卑未敢忘忧国	Whatever my status, I will never lay aside my concern for the nation.
富贵不能淫,贫贱不能移,威武不能屈	never be corrupted by wealth or status, depart from principle due to poverty or humble position, or bow down to power or force

续表

中文	英文
先天下之忧而忧,后天下之乐而乐	I wish to be the first to worry about the nation's woes and the last to share in its prosperity.
苟利国家生死以,岂因祸福避趋之	Were it to benefit my country I would lay down my life; What then is risk to me?
人生自古谁无死,留取丹心照汗青	Everyone will one day die; When my day comes, may my loyalty be inscribed in the pages of history.
长风破浪会有时,直挂云帆济沧海	Someday, with my sail piercing the clouds; I will mount the wind, break the waves, and traverse the vast, rolling sea.

2015 年第八期

【编者按】本期围绕生态文明建设主题,18 条术语主要选自《生态文明体制改革总体方案》《中共中央关于制定国民经济和社会发展第十三个五年规划的建议》等文献,涉及生态文明建设的目标、理念、基本方针、实现路径、体制机制、政策措施等。

中文	英文
人与自然和谐发展	humankind develops in harmony with nature; harmonious development between man and nature
生命共同体	a community of life
生态文明	ecological progress; ecological conservation; eco-civilization
生态文化	eco-culture
国家生态安全	national ecological security
全球生态安全	global ecological security
生态文明制度体系 【例】到 2020 年,构建起由自然资源资产产权制度、国土空间开发保护制度等八项制度构成的生态文明制度体系。	institutional framework for promoting ecological progress By 2020, an institutional framework composed of eight systems will have been established for promoting ecological progress, including a property rights system for natural resource assets and a system for developing and protecting territorial space.
生态文明体制改革 【例】紧紧围绕建设美丽中国,深化生态文明体制改革,加快建立生态文明制度,推动形成人与自然和谐发展现代化建设新格局。	reform for promoting ecological progress To build a beautiful China, we will deepen reform to promote ecological progress and move faster to establish related systems so as to create a new model of modernization that ensures humanity develops in harmony with nature.

中文	英文
绿色发展、循环发展、低碳发展	green, circular, and low-carbon development
节约优先、保护优先、自然恢复为主	give high priority to conserving resources, protecting the environment, and letting nature restore itself
生态保护红线	ecological conservation redline
国家公园体制	national park system
资源有偿使用和生态补偿制度	system for payment-based resource use and compensation for ecological conservation
跨区域、跨流域生态补偿机制	mechanism for trans-regional and cross-watershed compensation for ecological conservation
生态文明绩效评价考核和责任追究	ecological conservation performance assessment and accountability
生态环境损害责任终身追究制	system of lifelong accountability for ecological and environmental damage
污染物排放许可制	permit system for pollutants emissions
绿水青山就是金山银山	Lucid waters and lush mountains are invaluable assets.

2015 年第九期

【编者按】本期 15 条重要术语和表述选自《中共中央关于制定国民经济和社会发展第十三个五年规划的建议》，围绕该建议中提出的发展阶段定位、发展目的、发展理念等，力求反映其思想性、战略性、前瞻性和指导性。

中文	英文
国民经济和社会发展第十三个五年规划（"十三五"规划）	the 13th Five-Year Plan for Economic and Social Development of the People's Republic of China（the 13th Five-Year Plan）
全面建成小康社会决胜阶段	the decisive stage in finishing building a moderately prosperous society in all respects
坚持人民主体地位	uphold the principal position of the people
引领经济发展新常态	guide the new normal in China's economic development
中高速增长	medium-high rate of economic growth
创新发展	innovative development
创新是引领发展的第一动力	Innovation is the primary engine of development.
协调发展	coordinated development

中文	英文
协调是持续健康发展的内在要求	Coordination is an integral aspect of sustained and healthy development.
绿色发展	green development; eco-friendly development
绿色是永续发展的必要条件和人民对美好生活追求的重要体现	Green, which represents an eco-friendly outlook, is a necessary condition for ensuring lasting development as well as an important way in which people pursue a better life.
开放发展	open development
开放是国家繁荣发展的必由之路	Opening up is the path China must take to achieve prosperity and development.
共享发展	shared development
共享是中国特色社会主义的本质要求	Sharing is the essence of socialism with Chinese characteristics.

2016 年第一期

【编者按】本期 14 条术语选自《中共中央关于制定国民经济和社会发展第十三个五年规划的建议》,围绕创新发展,涉及创新发展的方向、战略、政策和重大工程等内容。

中文	英文
引领型发展	leading-edge development
创新驱动发展战略	innovation-driven development strategy
优进优出战略	strategy for optimizing imports and exports
网络强国战略	national cyber development strategy
国家大数据战略	national big data strategy
藏粮于地、藏粮于技战略	food crop production strategy based on farmland management and technological application
智能制造工程	smart manufacturing initiative
大科学工程	Big Science project
能源安全储备制度	energy security reserve system
金融宏观审慎管理制度	macroprudential regulation of the financial sector
普惠性创新支持政策体系	inclusive policies for the support of innovation
企业研发费用加计扣除政策	policy of additional tax deductions for enterprise research and development
协同创新	collaborative innovation
众创、众包、众扶、众筹	crowd innovation, crowdsourcing, crowd support, and crowdfunding

2016 年第二期

【编者按】继上期发布有关创新发展的术语译文之后,本期围绕协调发展主题,17 条术语选自《中共中央关于制定国民经济和社会发展第十三个五年规划的建议》,涉及协调发展的内涵以及实现协调发展的制度、机制和重大工程等内容。

中文	英文
区域协同发展	coordinated development between regions
城乡发展一体化	urban-rural integration
物质文明和精神文明协调发展	ensure that cultural-ethical and material development progress together
军民融合发展战略	military-civilian integration strategy
经济建设和国防建设融合发展	integrated development of the economy and national defense
京津冀协同发展	coordinated development of the Beijing, Tianjin, and Hebei region
综合立体交通走廊	multimodal transport corridor
居住证制度	residence card system

中文	英文
财政转移支付同农业转移人口市民化挂钩机制	mechanism linking the transfer payments a local government receives to the number of former rural residents granted urban residency in its jurisdiction
城镇建设用地增加规模同吸纳农业转移人口落户数量挂钩机制	mechanism linking increases in the amount of land designated for urban development in a locality to the number of former rural residents granted urban residency there
中国特色新型智库	new type of Chinese think tanks
马克思主义理论研究和建设工程	Marxist Theory Research and Development Project
哲学社会科学创新工程	initiative to promote innovation in philosophy and the social sciences
网络内容建设工程	initiative to enrich online content
农村人居环境整治行动	rural living environment improvement initiative
历史文化名村名镇	towns and villages with rich historical and cultural heritage
美丽宜居乡村	a countryside that is beautiful and pleasant to live in

2016 年第三期

【编者按】本期发布的 17 条术语摘自 2016 年 3 月召开的十二届全国人大四次会议上的《政府工作报告》《关于 2015 年国民经济和社会发展计划执行情况与 2016 年国民经济和社会发展计划草案的报告》《关于 2015 年中央和地方预算执行情况与 2016 年中央和地方预算草案的报告》，主要涉及"十三五"时期主要目标任务和重大举措以及 2016 年重点工作。

中文	英文
宏观政策要稳、产业政策要准、微观政策要活、改革政策要实、社会政策要托底的总体思路	The idea is to ensure macro-level policy maintains economic stability, industrial policy is targeted, micro-level policy injects dynamism into the economy, reform policy-delivers results, and social policy sees basic living needs are met.
稳中求进工作总基调	seeking progress while working to keep performance stable
供给侧结构性改革	supply-side structural reform
区间调控、定向调控、相机调控	range-based, targeted, and well-timed regulation

续表

中文	英文
去产能、去库存、去杠杆、降成本、补短板	address overcapacity, reduce inventory, deleverage, lower costs, and bolster areas of weakness
发展新动能	new driver of growth
与地方事权和支出责任划分	define the respective powers and spending responsibilities of the central and local governments
国际产能合作	international cooperation on production capacity
准入前国民待遇加负面清单管理制度	the pre-establishment national treatment plus negative list system
质量强国	a country strong on quality
知识产权强国	IPR powerhouse
工匠精神	spirit of craftsmanship
政府法律顾问制度	system of government legal advisors
中国特色大国外交理念	the philosophy underpinning China's diplomacy as a major country
为政之道,民生为本	That government is best which gives prime place to the wellbeing of the people.
简除烦苛,禁察非法	cut red tape and root out illegalities
上下同欲者胜	Success comes to those who share in one purpose.

2016 年第四期

【编者按】本期 18 条术语摘自 2016 年 3 月召开的十二届全国人大四次会议审议通过的《政府工作报告》《关于 2015 年国民经济和社会发展计划执行情况与 2016 年国民经济和社会发展计划草案的报告》《关于 2015 年中央和地方预算执行情况与 2016 年中央和地方预算草案的报告》,涉及政府自身建设、金融、创业创新、互联网、农业、民生等方面的重要机制和举措。

中文	英文
国家基本公共服务项目清单	national list of basic public services
"互联网+政务服务"	Internet Plus government services
"双随机、一公开"监管	oversight through inspections by randomly selected inspectors of randomly selected entities and the public release of inspection results
激励机制和容错纠错机制	mechanisms to provide incentives and allow for and rectify errors
地方政府举债融资机制	local government debt financing mechanism
人民币跨境支付系统	cross-border RMB payment system

中文	英文
人民币汇率市场化形成机制	market-based RMB exchange rate regime
全口径外债宏观审慎管理	unified macroprudential management of external debt
投贷联动试点	trial of debt-equity combination financing
资源税从价计征	ad valorem resource tax
国家新兴产业创业投资引导基金	National Venture Capital Guide Fund for Emerging Industries
中小企业发展基金	Small and Medium Enterprise Development Fund
国家自主创新示范区	national innovation demonstration zone
创业创新服务业	innovation and business startup service industry
"中国制造+互联网"	Made in China + the Internet
"市场定价、价补分离"原则	principle of market-based prices with separate subsidies
医疗、医保、医药联动改革	coordinated healthcare, health insurance, and pharmaceutical reforms
机关事业单位养老保险制度改革	reform of the pension system for government and public institution employees

2016 年第五期

【编者按】本期 19 条术语选自《中共中央关于制定国民经济和社会发展第十三个五年规划的建议》，围绕绿色发展主题，涉及绿色发展的内涵及实现绿色发展的重要制度和举措等内容。

中文	英文
人与自然和谐共生	harmony between humankind and nature
美丽中国建设	Beautiful China Initiative
资源节约型、环境友好型社会	resource-conserving, environmentally friendly society
国家生态文明试验区	national ecological conservation pilot zone
重点生态功能区	important ecological area（IEA）
绿色低碳循环发展产业体系	industrial system geared toward green, low-carbon, and circular development
绿色金融	green finance
循环发展引领计划	initiative to guide the shift toward circular development
全民节能行动计划	Nation of Energy Savers Initiative
用能权、用水权、排污权、碳排放权初始分配制度	initial allocation system for energy, water, pollution, and carbon permits

续表

中文	英文
工业污染源全面达标排放计划	initiative to ensure that all industrial polluters comply with discharge standards
省以下环保机构监测监察执法垂直管理制度	system whereby environmental protection agencies below the provincial level come directly under the supervision of their respective provincial-level agencies in terms of environmental inspection and monitoring
领导干部自然资源资产离任审计	audit outgoing officials' natural resource asset management
近零碳排放区示范工程	initiative to demonstrate near-zero carbon emissions zones
耕地轮作休耕制度	crop rotation and fallow system
污染物总量控制	aggregate emissions control
生态安全屏障	eco-security shield
江河源头和水源涵养区生态保护	ecological protection of river sources and water source conservation areas
蓝色海湾整治行动	Blue Bay Initiative

2016 年第六期

【编者按】本期 17 条术语选自《中共中央关于制定国民经济和社会发展第十三个五年规划的建议》,围绕开放发展主题,涉及开放发展的原则、方针以及实现开放发展的战略布局和重要举措等内容。

中文	英文
开放型经济新体制	new systems for developing an open economy
互利合作	mutually beneficial cooperation
统筹国内国际两个大局	keep in mind both the domestic and international situations
双向开放 【例】打造陆海内外联动、东西双向开放的全面开放新格局。	two-way opening up We will work to bring about a new phase of all-around two-way opening up with links running eastward and westward over land and sea.
互联互通 【例】推进基础设施互联互通和国际大通道建设，共同建设国际经济合作走廊。	connectivity We should help to increase infrastructure connectivity and develop major international thoroughfares as well as work with overseas partners to build international economic cooperation corridors.
利益共同体	community of common interests
制度性话语权	say over international regimes
亲诚惠容	amity, sincerity, mutual benefit, and inclusiveness

中文	英文
共商共建共享原则	the principle of achieving shared growth through discussion and collaboration
海外利益保护体系	protection of Chinese interests overseas
国际产能和装备制造合作	international cooperation on production capacity and equipment manufacturing
跨境电子商务	cross-border e-commerce
通关一体化	customs integration
优质优价	higher quality, higher price
"港人治港"	The people of Hong Kong govern Hong Kong.
"澳人治澳"	The people of Macao govern Macao.
"两岸一家亲"	People on both sides of the Taiwan Straits are all of one family.

2016 年第七期

【编者按】本期 18 条术语选自《中共中央关于制定国民经济和社会发展第十三个五年规划的建议》，围绕共享发展主题，涉及共享发展的实施战略以及脱贫攻坚、就业创业、社会保障、教育教学改革、人口均衡发展等方面的政策举措。

中文	英文
人人参与、人人尽力、人人享有	Everyone participates, makes a contribution, and shares in the benefits.
男女平等基本国策	basic state policy of gender equality
计划生育基本国策	basic state policy of family planning
就业优先战略	jobs first strategy
食品安全战略	food safety strategy
健康中国建设	Healthy China Initiative
全民参保计划	social security for all
新生代农民工职业技能提升计划	skills improvement initiative for new-generation migrant workers
脱贫攻坚工程	the fight against poverty
脱贫工作责任制	poverty alleviation responsibility system
资产收益扶持制度	support through returns on asset investments
综合和分类相结合的个人所得税制	personal income tax based on a combination of adjusted gross income and specific types of income
职工养老保险个人账户制度	personal pension accounts for workers
渐进式延迟退休年龄政策	policy of gradually raising the retirement age
个人学习账号和学分累计制度	personal learning accounts and credit accumulation system
企业新型学徒制	new apprenticeship

中文	英文
就业失业统计指标体系	statistical indicators for employment and unemployment
普惠性幼儿园	public interest kindergarten

2016 年第八期

【编者按】2016 年是红军长征胜利 80 周年。本期围绕长征主题精选了 18 条术语进行译介。术语选自习近平总书记《在纪念红军长征胜利 80 周年大会上的讲话》单行本等,涉及长征的历史背景、主要参与者、重要战役、关键节点以及对长征的历史评价等。

中文	英文
中国工农红军	Chinese Workers' and Peasants' Red Army
长征 【例句】长征是宣言书,长征是宣传队, 长征是播种机。	Long March The Long March was a declaration, a publicity force, and a sower of seeds.
红军三大主力 【释义】包括红一方面军(中央红军)、红二方面军、红四方面军。	three main forces of the Red Army The three main forces of the Red Army were the First Front Army (also known as the Central Red Army), the Second Front Army, and the Fourth Front Army.

续表

中文	英文
反"围剿"斗争	counter-encirclement and -suppression campaign
北上抗日	move north to resist Japanese aggression
中央革命根据地（中央苏区）	Central Revolutionary Base (Central Soviet Area)
中华苏维埃共和国	Chinese Soviet Republic
封锁线	blockade
湘江之战	Battle of the Xiang River
遵义会议	Zunyi Meeting
四渡赤水	cross the Chishui River four times
《八一宣言》	August First Declaration
陕甘革命根据地	Shaanxi-Gansu Revolutionary Base
会宁会师	the joining of Red Army forces at Huining
长征精神	Long March spirit
革命英雄主义	revolutionary heroism
革命乐观主义	revolutionary optimism
红军不怕远征难，万水千山只等闲	The Red Army, facing down challenges on its march, Braved ten thousand crags and torrents.

2016 年第九期

【编者按】本期 17 条术语选自十八届六中全会公报以及《关于新形势下党内政治生活的若干准则》《中国共产党党内监督条例》，围绕全面从严治党主题。

中文	英文
全面从严治党	The Party shall exercise strict self-governance in every respect.
以习近平同志为核心的党中央	the Party Central Committee with Comrade Xi Jinping at its core
《关于新形势下党内政治生活的若干准则》	Code of Conduct for Intraparty Political Life under New Circumstances
《中国共产党党内监督条例》	Regulations of the Communist Party of China on Internal Oversight
政治意识、大局意识、核心意识、看齐意识	consciousness of the need to maintain political integrity, think in big-picture terms, uphold the leadership core, and keep in alignment
坚定理想信念	deepen commitment to the ideals and convictions of the Party
坚持党的基本路线	uphold the Party's basic line
坚决维护党中央权威	uphold the authority of the Party Central Committee

续表

中文	英文
严明党的政治纪律	maintain strict political discipline in the Party
保持党同人民群众的血肉联系	ensure the Party maintains a close relationship with the people
坚持民主集中制原则	uphold the principle of democratic centralism
发扬党内民主和保障党员权利	practice democracy within the Party and safeguard the rights of Party members
坚持正确选人用人导向	adopt the right approach in selecting officials and putting them to the best use
严格党的组织生活制度	carry out regular Party organization activities
开展批评和自我批评	carry out criticism and self-criticism
加强对权力运行的制约和监督	strengthen checks on and oversight over the exercise of power
保持清正廉洁的政治本色	preserve a political character of honesty and integrity

十八大以来常见政治术语

【编者按】党的十八大以来,从党内有关法规、中央有关文件、习近平总书记系列重要讲话中产生了很多政治术语,这些术语都有特定的含义,其文字结构和书写形式也具有既定的规范,新闻出版、广播电视、互联网等社会各领域都必须严格规范使用。

1.【中国梦】由习近平总书记于2012年11月29日参观《复兴之路》展览时正式提出。实现中华民族伟大复兴,是中华民族近代以来最伟大的梦想。实现中华民族伟大复兴的中国梦,就是要实现国家富强、民族振兴、人民幸福。

2.【"两个一百年"奋斗目标】到中国共产党成立一百年时全面建成小康社会,到新中国成立一百年时建成富强民主文明和谐美丽的社会主义现代化强国。

3.【"五位一体"总体布局】指中国梦的实施手段是经济建设、政治建设、文化建设、社会建设、生态文明建设五位一体建设。

4.【"四个全面"战略布局】全面建成小康社会、全面深化改革、全面依法治国、全面从严治党。

5.【五大发展理念】创新、协调、绿色、开放、共享。

6.【四个意识】政治意识、大局意识、核心意识、看齐意识。

7.【四力】习近平总书记对宣传思想干部的谆谆教诲、殷殷期待。具体指脚力、眼力、脑力、笔力。

8.【四个自信】中国特色社会主义道路自信、理论自信、制度自信、文化自信。

9.【四大考验】执政考验、改革开放考验、市场经济考验、外部环境考验。

10.【四大危险】精神懈怠的危险、能力不足的危险、脱离群众的危险、消极腐败的危险。

11.【三严三实】严以修身、严以用权、严以律己,谋事要实、创业要实、做人要实。

12.【两个巩固】巩固马克思主义在意识形态领域的指导地位,巩固全党全国人民团结奋斗的共同思想基础。

13.【两个维护】坚决维护习近平总书记在党中央的核心、全党的核心地位,坚决维护党中央权威和集中统一领导。

14.【两学一做】学党章党规、学系列讲话,做合格党员。

15.【四个合格】政治合格、执行纪律合格、品德合格、发挥作用合格。

16.【三个确保】确保党的组织充分履行职能、发挥核心作用,确保党员领导干部忠诚干净担当、发挥表率作用,确保广大党员党性坚强、发挥先锋模范作用。

17.【四讲四有】讲政治、有信念,讲规矩、有纪律,讲道德、有品行,讲奉献、有作为。

18.【四个自我】自我净化、自我完善、自我革新、自我提高。

19.【八项规定】改进调查研究、精简会议活动、精简文件简报、规范出访活动、改进警卫工作、改进新闻报道、严格文稿发表、厉行勤俭节约。

20.【供给侧结构性改革】就是从提高供给质量出发，用改革的办法推进结构调整，矫正要素配置扭曲，扩大有效供给，提高供给结构对需求变化的适应性和灵活性，提高全要素生产率，更好满足广大人民群众的需要，促进经济社会持续健康发展。

21.【新常态】"新"就是"有异于旧质"，"常态"就是固有的状态。新常态就是不同以往的、相对稳定的状态。

22.【党风廉政建设"两个责任"】党委主体责任和纪委监督责任。

23.【党风廉政建设"一岗双责"】指各级干部在履行本职岗位管理职责的同时，还要对所在单位和分管工作领域的党风廉政建设负责。通俗地说，就是"一个岗位，两种责任"，每位干部既要干事，还不能出事，一手抓发展，一手抓廉政，"两手抓、两手都要硬"。

24.【一案双查】在查办违纪违法案件的同时，一并调查发案单位党委主体责任、纪委监督责任是否落实到位，做到有错必究、有责必问。

25.【专项巡视】以问题为导向，形式更为灵活，哪里问题多、哪个部门问题多，就往哪投入更多力量，以便发挥巡视和监督的最大效力。

26.【好干部"五条标准"】信念坚定、为民服务、勤政务实、敢于担当、清正廉洁。

27.【心中"四有"】心中有党、心中有民、心中有责、心中有戒。

28.【党内政治生活"四性"】政治性、时代性、原则性、战斗性。

29.【双创】大众创业、万众创新。

30.【两个倍增】一个是国内生产总值的倍增,一个是城乡居民收入的倍增。

31.【两个同步】一个是城乡居民收入水平要和经济增长同步,另一个是劳动者报酬要和生产率提高同步。

32.【雄安新区】位于中国河北省保定市境内,地处北京、天津、保定腹地,规划范围涵盖河北省雄县、容城、安新等 3 个小县及周边部分区域。2017 年 4 月 1 日,中共中央、国务院决定在此设立国家级新区。2018 年 12 月,国务院正式批复《河北雄安新区总体规划(2018—2035)》。

33.【京津冀协同发展】核心是京津冀三地作为一个整体协同发展,要以疏解非首都核心功能、解决北京"大城市病"为基本出发点,调整优化城市布局和空间结构,构建现代化交通网络系统,扩大环境容量生态空间,推进产业升级转移,推动公共服务共建共享,加快市场一体化进程,打造现代化新型首都圈。

34.【长江经济带发展】2016 年 9 月,《长江经济带发展规划纲要》正式印发,确立了长江经济带"一轴、两翼、三极、多点"的发展新格局:"一轴"是以长江黄金水道为依托,发挥上海、武汉、重庆的核心作用;"两翼"分别指沪瑞和沪蓉南北两大运输通道;"三极"指的是长江三角洲、长江中游和成渝三个城市群;"多点"是指发挥三大城市群以外地级城市的支撑作用 。

35.【东北振兴"十三五"规划】为了推动东北经济脱困向好,实现新一轮振兴,由国家发展和改革委员会制定的新时期东北地区等老工业基地振兴的规划,自 2016 年 11 月 7 日发布之日起实行。

36.【一带一路】"丝绸之路经济带"和"21 世纪海上丝绸之路"的简称。是中国国家主席习近平在 2013 年 9 月和 10 月访问哈萨克斯坦和印度尼西亚时提出的倡议,旨在借用古代丝绸之路的历史符号,高举和平发展的旗帜,积极发展与沿线国家的经济合作伙伴关系,共同打造政治互信、经济融合、文化包容的利益共同体、命运共同体和责任共同体。"丝绸之路经济带"从中国至西亚并通往欧洲,"21 世纪海上丝绸之路"从中国经东南亚延伸至印度洋、阿拉伯海和海湾地区,"一带一路"是合作共赢、互惠互利的普惠经济带,具有开放性和包容性。

37.【丝绸之路经济带】是中国国家主席习近平在 2013 年 9 月访问哈萨克斯坦时提出的倡议。它东边牵着亚太经济圈,西边系着的欧洲经济圈,被认为是"世界上最长、最具有发展潜力的经济大走廊"。

38.【21 世纪海上丝绸之路】是中国国家主席习近平在 2013 年 10 月访问印度尼西亚时提出的倡议,旨在增进中国与海上丝绸之路沿线国家和地区的交往,串起连通东盟、南亚、西亚、北非等各大经济板块的市场链,进一步深化合作,构建更加紧密的命运共同体。

39.【人类命运共同体】是 2012 年 11 月党的十八大报告提出的概念。其主要内涵体现在党的十八大报告的表述中:"要倡导人类命运共同体意识,在追求本国利益时兼顾他国合理关切,在谋求本国发展中促进各国共同发展,建立更加平等均衡的新型全球发展伙伴关系,同舟共济,权责共担,增进人类共同利益。"

40.【"三共"原则】"一带一路"建设是系统性工程,要坚持共商、共建、共享原则。

41.【五通】政策沟通、设施联通、贸易畅通、资金融通、民心相通。

42.【数字丝绸之路】坚持创新驱动发展,加强在数字经济、人工智能、纳米技术、量子计算机等前沿领域合作,推动大数据、云计算、智慧城市建设,连接成 21 世纪的"数字丝绸之路"。

43.【丝路精神】丝绸之路精神的简称,即"团结互信、平等互利、包容互鉴、合作共赢,不同种族、不同信仰、不同文化背景的国家可以共享和平,共同发展"的精神。

44.【16+1 合作】即中国—中东欧国家领导人会晤,是中国和中东欧国家友好合作的创新举措。

45.【四个没有变】中国经济发展长期向好的基本面没有变,经济韧性好、潜力足、回旋空间大的基本特质没有变,经济持续增长的良好支撑基础和条件没有变,经济结构调整优化的前进态势没有变。

46.【两免一补】免杂费、免书本费、补助寄宿生生活费。

47.【三去一降一补】去产能、去库存、去杠杆、降成本、补短板。

48.【双随机、一公开】在行政监管过程中,随机抽取检查对象,随机选派执法检查人员,及时公布查处结果。

49.【三权分置】是关于农村土地制度改革的举措,指通过改革形成所有权、承包权、经营权三权分置,经营权流转的格局。

50.【互联网+政务服务】2016 年政府工作报告用词。报告原文:"大力推进'互联网+政务服务',实现部门间数据共享,让居民和企业少跑腿、好办事、不添堵。简除烦苛,禁察非法,使人民群众有更平等的机会和更大的创造空间。"

51.【放管服】简政放权、放管结合、优化服务的简称。

52.【全域旅游】指在一定区域内,以旅游业为优势产业,通过对区域内经济社会资源尤其是旅游资源、相关产业、生态环境、公共服务、体制机制、政策法规、文明素质等进行全方位、系统化的优化提升,实现区域资源有机整合、产业融合发展、社会共建共享,以旅游业带动和促进经济社会协调发展的一种新的区域协调发展理念和模式。

53.【海绵城市】指通过控制雨水径流,恢复原始的水文生态特征,使其地表径流尽可能达到开发前的自然状态,从而实现恢复水生态、改善水环境、涵养水资源、提高水安全、复兴水文化的城市建设目标。

54.【数字家庭】指以计算机技术和网络技术为基础,各种家电通过不同的互连方式进行通信及数据交换,实现家用电器之间的"互联互通",使人们足不出户就可以更加方便快捷地获取信息,从而极大提高人类居住的舒适性和娱乐性。

55.【深港通】深港股票市场交易互联互通机制的简称。

56.【"万企帮万村"行动】指用3到5年时间,动员全国1万家以上民营企业参与,帮助1万个以上贫困村加快脱贫进程,为促进非公有制经济健康发展和非公有制经济人士健康成长,打好扶贫攻坚战、全面建成小康社会贡献力量。

57.【压倒性态势】2016年12月28日,中共中央政治局召开会议,听取中央纪律检查委员会 2016 年工作汇报,研究部署 2017 年党风廉政建设和反腐败工作。相比 2016 年年初"反腐败斗争压倒性态势正在形成"的判断,此次政治局会议作出新判断,"反腐败斗争压倒性态势已经形成"。

58.【"老虎""苍蝇"一起打】就是既要严惩高级干部的贪腐行为,又要严厉打击发生在百姓身边的腐败行为,让人民群众进一步看到中央反腐的决心、打击的重点和力度。

59.【四不两直】国家安全生产监督管理总局 2014 年 9 月建立并实施的一项安全生产暗查暗访制度,也是一种工作方法,即不发通知、不打招呼、不听汇报、不用陪同接待、直奔基层、直插现场。

60.【领导干部"四讲"】讲修养、讲道德、讲诚信、讲廉耻。

61.【"天网"行动】是中央反腐败协调小组部署开展的针对外逃腐败分子的重要行动,综合运用警务、检务、外交、金融等手段,集中时间、集中力量"抓捕一批腐败分子,清理一批违规证照,打击一批地下钱庄,追缴一批涉案资产,劝返一批外逃人员"。

62.【北京反腐败宣言】是 2014 年 APEC 部长级会议上通过的一项反腐败合作宣言,并成立 APEC 反腐执法合作网络,旨在与亚太各国加大追逃追赃等合作,携手打击跨境腐败行为。

63.【关键少数】主要指各级领导干部,被用来强调领导干部在治国理政和党的建设中的责任和作用。

64.【打铁还需自身硬】习近平总书记在与中外记者见面时提出"打铁还需自身硬",发人深省,讲的是官员自身素质的极端重要性。

65.【钉钉子精神】干事业好比钉钉子。一个单位、一个地区面貌的改变,并非一朝一夕之功,而需要沿着正确的目标久久为功、持之以恒。

66.【"猎狐"】是中国公安机关缉捕在逃境外经济犯罪嫌疑人的专项行动。

67.【营改增】营业税改增值税的简称。是指以前缴纳营业税的应税项目改成缴纳增值税,增值税只对产品或者服务的增值部分纳税,减少了重复纳税的环节。

68.【"亲""清"新型政商关系】划出了健康政商关系的界限和底线。这不仅让政商双方有规可依、有度可量,更给党员干部和企业家之间怎样打交道,指明了方向,划出了底线。

69.【红色通缉令】红色通报是最著名的国际通报,俗称"红色通缉令",由经办国国际刑警中心局局长和国际刑警组织总秘书处秘书长共同签发。是应特定国家中心局的申请,针对需要逮捕并引渡的在逃犯作出的一种通报。具体又分为要求对逃犯进行起诉的红色通报和要求逃犯服刑的红色通报。

70.【有权不可任性】指国家行政机关拥有职权的公务人员要秉承"法无授权不可为、法定职责必须为"准则,做到依法行政,不能视国家法律法规于不顾而肆意妄为,否则必将受到历史的审判、法律的惩罚、良心的谴责。

71.【网络群众路线】要求各级党政机关和领导干部要学会通过走网络群众路线,经常上网看看,了解群众所思所愿,收集好想法好建议,积极回应网民关切、解疑释惑。

72.【互联网+】通俗地说,"互联网+"就是"互联网+各个传统行业",但这并不是简单的两者相加,而是利用信息通信技术以及互联网平台,让互联网与传统行业进行深度融合,创造新的发展生态。

73.【网络强国战略】2015 年 10 月,党的十八届五中全会通过的《中共中央关于制定国民经济和社会发展第十三个五年规划的建议》明确提出实施网络强国战略,它包括网络基础设施建设、信息通信业新的发展和网络信息安全三方面内容。

74.【网络空间命运共同体】是 2015 年 12 月中国国家主席习近平在第二届世界互联网大会开幕式主旨演讲中提出的概念。习近平强调,"各国应该共同构建网络空间命运共同体,推动网络空间互联互通、共享共治,为开创人类发展更加美好的未来助力"。关于构建网络空间命运共同体,习近平主席提出 5 点主张:一是加快全球网络基础设施建设,促进互联互通;二是打造网上文化交流共享平台,促进交流互鉴;三是推动网络经济创新发展,促进共同繁荣;四是保障网络安全,促进有序发展;五是构建互联网治理体系,促进公平正义。

75.【互联网思维】在(移动)互联网+、大数据、云计算等科技不断发展的背景下,对事物进行重新审视的思考方式。

76.【工匠精神】指工匠对自己的产品精雕细琢、精益求精的精神。它是职业道德、职业能力、职业品质的体现,是从业者的一种职业价值取向和行为表现。

77.【六个精准】扶贫对象精准、措施到户精准、项目安排精准、资金使用精准、因村派人精准、脱贫成效精准。

78.【精准扶贫】粗放扶贫的对称,是指针对不同贫困区域环境、不同贫困农户状况,运用科学有效程序对扶贫对象实施精确识别、精确帮扶、精确管理的治贫方式。

79.【五个一批】发展生产脱贫一批、易地搬迁脱贫一批、生态补偿脱贫一批、发展教育脱贫一批、社会保障兜底一批。

80.【双引擎】一是打造新引擎，推动大众创业、万众创新；二是改造传统引擎，重点是扩大公共产品和公共服务供给，补齐"短板"，助力中国经济长期保持中高速增长，迈向中高端水平。

81.【共享经济】一般是指以获得一定报酬为主要目的，基于陌生人且存在物品使用权暂时转移的一种新的经济模式。

82.【证照分离】指只要到工商部门领取一个营业执照，就可以从事一般性的生产经营活动，如果需要从事需要许可的生产经营活动，再到相关审批部门办理许可手续。

83.【四风】形式主义、官僚主义、享乐主义、奢靡之风。

84.【河长制】指由中国各级党政主要负责人担任"河长"，负责辖区内河流的污染治理。2016 年 10 月 11 日，中共中央总书记、国家主席、中央军委主席、中央全面深化改革领导小组组长习近平主持召开中央全面深化改革领导小组第 28 次会议，审议通过了《关于全面推行河长制的意见》。

85.【党在新形势下的强军目标】建设一支听党指挥、能打胜仗、作风优良的人民军队。

86.【五大战区】中国人民解放军东部战区、中国人民解放军南部战区、中国人民解放军西部战区、中国人民解放军北部战区、中国人民解放军中部战区。

87.【"四有"新一代革命军人】有灵魂、有本事、有血性、有品德的新一代革命军人。

88.【"四铁"过硬部队】铁一般信仰、铁一般信念、铁一般纪律、铁一般担当的过硬部队。

89.【我军"两个差距还很大"】现代化水平与国家安全需求相比差距还很大,与世界先进军事水平相比差距还很大。

90.【我军"两个能力不够"】打现代化战争能力不够,各级干部指挥现代化战争能力不够。

91.【解放军"五大军种"】陆军、海军、空军、火箭军、战略支援部队。

92.【我军新的格局、作战指挥体系和领导管理体系】指军委管总、战区主战、军种主建的格局;军委——战区——部队的作战指挥体系;军委——军种——部队的领导管理体系。

93.【新古田会议】2014 年 10 月 30 日全军政治工作会议在福建省上杭县古田镇召开,被称为"新古田会议"。

94.【火箭军】2015 年 12 月 31 日,中共中央总书记、国家主席、中央军委主席习近平向火箭军授予军旗并致训词。这标志着第二炮兵正式更名火箭军。原名第二炮兵,是兵种定位;现名火箭军,是军种定位。第二炮兵由原来的战略性独立兵种,上升为独立军种,意义重大。

95.【世界一流军队】是习近平总书记提出的党在新时代的强军目标。习近平总书记指出,把人民军队全面建成世界一流军队,必须扭住能打仗、打胜仗这个关键,在备战打仗上有一个大的加强。要剑锋所指,所向披靡;剑鸣匣中,令敌胆寒。

96.【关于中央领导核心的准确表述】以习近平同志为核心的党中央。

97.【新时代我国社会主要矛盾】人民日益增长的美好生活需

要和不平衡不充分的发展之间的矛盾。

98.【习近平新时代中国特色社会主义思想】党的十八大以来，以习近平同志为核心的党中央紧密结合新的时代条件和实践要求，以全新的视野深化对共产党执政规律、社会主义建设规律、人类社会发展规律的认识，进行艰辛理论探索，取得了重大理论成果，形成了习近平新时代中国特色社会主义思想，这一思想作为新时代中国特色社会主义的指导思想写入了党的十九大审议通过的新党章。习近平同志是习近平新时代中国特色社会主义思想的主要创立者。习近平新时代中国特色社会主义思想，是对马克思列宁主义、毛泽东思想、邓小平理论、"三个代表"重要思想、科学发展观的继承和发展，是马克思主义中国化最新成果，是党和人民实践经验和集体智慧的结晶，是中国特色社会主义理论体系的重要组成部分，是全党全国人民为实现中华民族伟大复兴而奋斗的行动指南。

十八届三中全会改革部署 17 个新名词

【编者按】2013 年 11 月,《〈中共中央关于全面深化改革若干重大问题的决定〉辅导读本》出版,其中对十八届三中全会改革新部署涉及的 17 个新名词作了解释。

1.【国有资本运营公司】国家授权经营国有资本的公司制企业,既可以在资本市场融资(发股票),又可以买卖股权产权。这将使国有资本的分布结构和质量得到改善。

2.【国有资本投资公司】通过投资实业拥有股权,由出资人监管。

3.【负面清单】政府以清单方式明确列出禁止和限制企业投资经营的行业、领域、业务等。清单以外充分开放,即"法无禁止即可为",企业只要依法定程序注册登记,就可以开展投资经营活动。

4.【准入前国民待遇】将国民待遇延伸至投资准入阶段。在企业设立、取得、扩大等阶段,外国投资者及其投资均可获得不低于给予本国投资者及其投资的待遇。

5.【普惠金融】通过加强政策扶持和完善市场机制,让边远贫穷地区、小微企业和低收入人群也能获得价格合理、方便快捷的金融服务。

6.【知识产权法院】建立专门法院负责审理涉及专利权、商标权、著作权、不正当竞争等知识产权类民事、刑事和行政案件,旨在保证案件质量和司法公正。

7.【自由贸易园(港)区】不仅限于海关货物,而是已延伸至贸易、投资、金融、航运、税收等多个领域,市场高度开放、生产要素自由流动、贸易投资便利、货币兑换自由、监管高效便捷、法制环境规范。在自由贸易港区,外国船只可自由进出,各类行政手续皆可免除。

8.【绿地投资】外商直接投资进入东道国的两种主要模式之一,能够直接促进东道国生产能力、产出和就业的增长。中外合资经营企业、中外合作经营企业和外资企业,是境外投资者在中国绿地投资的三种形式。

9.【国债收益率曲线】该曲线的形状变化与经济运行情况密切相关,能迅速准确地反映市场预期,可为宏观经济管理提供重要参考。

10.【存款保险制度】保证储户存款不因投保机构的倒闭、破产受损。该制度建立后,存款安全将得到更好保证,银行挤兑现象也可有效避免。此外,该制度还将有助于厘清政府和市场的关系,深入推进利率市场化改革。

11.【权责发生制政府综合财务报告制度】各级政府财政部门要编制资产负债表、收入费用表等财务报表以及附注,反映政府整体财务状况、债务风险、资产负债规模和结构,以及财政中长期可持续能力等。这意味着地方债将不再是"一笔糊涂账"。

12.【跨年度预算平衡机制】给支出预算加上"硬约束",以更好发挥财政宏观调控作用。

13.【**非法证据排除规则**】用非法程序或者非法方法取得的证据,依法不能被采用。刑讯逼供、暴力取证等行为,将得到有效抑制。

14.【**特殊管理股制度**】可有效防止恶意收购,并使创始人股东保有最大决策权和控制权。

15.【**学分转换**】不同教育的学分记录可进行认定和转换。学习者凭借转换后的累积学分,即可申请相应学历文凭和学位证书;非学历证书、实践经历按比例也将可以折合为相应学分。

16.【**精算平衡**】政府可通过包括延迟退休年龄、改革养老金计发和调整办法、提高缴费率在内的种种手段,实现一定周期内养老保险制度的财务平衡。

17.【**自然资源资产负债表**】反映某一时间点上自然资源资产的"家底"。凭借此表,可为生态环境损害责任终身追究制、对领导干部实行自然资源资产离任审计等制度奠定基础。

"南方谈话"不要表述为"南巡讲话"

　　1992 年初,邓小平同志前往深圳、珠海、上海、武昌等地视察,发表了一系列重要讲话,后来被整理为《在武昌、深圳、珠海、上海等地的谈话要点》。邓小平同志的讲话思想高屋建瓴,从理论上回答了长期困扰和束缚人们思想的许多重大认识问题,当时媒体称之为"南巡讲话",由于"南巡"一词带有帝制色彩,容易让人联想到古代帝王的巡幸,后来,主流媒体将"南巡讲话"改称"南方谈话"。出版物上现在规范的表述应为"南方谈话"。

法律常用词语规范

【编者按】本规范节选自全国人民代表大会常务委员会法制工作委员会于 2009 年和 2011 年先后发布的《立法技术规范(试行)(一)》和《立法技术规范(试行)(二)》,除了适用于法律条文,也适用于一般的书面语。其中,"示例"部分所提法律条款有的与当前最新版有出入。

立法技术规范(试行)(一)

(全国人大常委会法制工作委员会,法工委发〔2009〕62 号)

一、法律结构规范

(略)

二、法律条文表述规范

(略)

三、法律常用词语规范

13. 和,以及,或者

13.1 "和"连接的并列句子成分,其前后成分无主次之分,互换位置后在语法意义上不会发生意思变化,但是在法律表述中应当根据句子成分的重要性、逻辑关系或者用语习惯排序。

示例1:一切法律、行政法规和地方性法规都不得同宪法相抵触。

示例2:较大的车站、机场、港口、高等院校和宾馆应当设置提供邮政普遍服务的邮政营业场所。

13.2 "以及"连接的并列句子成分,其前后成分有主次之分,前者为主,后者为次,前后位置不宜互换。

示例1:开庭应当公开,但涉及国家秘密、商业秘密和个人隐私以及当事人约定不公开的除外。

示例2:国务院和省、自治区、直辖市人民政府根据水环境保护的需要,可以规定在饮用水水源保护区内,采取禁止或者限制使用含磷洗涤剂、化肥、农药以及限制种植养殖等措施。

13.3 "或者"表示一种选择关系,一般只指其所连接的成分中的某一部分。

示例:任何组织或者个人不得侵占、买卖或者以其他形式非法转让土地。土地的使用权可以依照法律的规定转让。

14. 应当,必须

"应当"与"必须"的含义没有实质区别。法律在表述义务性规范时,一般用"应当",不用"必须"。

示例:仲裁庭对农村土地承包经营纠纷应当进行调解。调解达成协议的,仲裁庭应当制作调解书;调解不成的,应当及时作出裁决。

15. 不得,禁止

"不得""禁止"都用于禁止性规范的情形。"不得"一般用于有主语或者有明确的被规范对象的句子中,"禁止"一般用于无主语的祈使句中。

示例1:任何组织或者个人都不得有超越宪法和法律的特权。

示例2:禁止非法拘禁和以其他方法非法剥夺或者限制公民的人身自由,禁止非法搜查公民的身体。

不再使用"不准""不应""不能""严禁"等与"不得"和"禁止"相近的词语。

16. 但是,但

"但是""但"二者的含义相同,只是运用习惯的不同。法律中的但书,一般用"但是",不用单音节词"但"。"但是"后一般加逗号,在简单句中也可以不加。

17. 除……外,除……以外

"除……外"和"除……以外"搭配的句式用于对条文内容作排除、例外或者扩充规定的表述。对条文内容作排除、例外表达的,置于句首或者条文中间,表述为"除……外,……"或者"……除……以外,……";对条文内容作扩充表达的,置于条文中间,表述为"……除……以外,还……"。

示例1:除法律另有规定外,任何组织或者个人不得检查、扣留邮件、汇款。

示例2:农村和城市郊区的土地,除由法律规定属于国家所有的以外,属于集体所有;宅基地和自留地、自留山,也属于集体所有。

示例3:买卖合同内容除依照本法第十二条的规定以外,还可以包括包装方式、检验标准和方法、结算方式、合同使用的文字及其效力等条款。

18. 依照,按照,参照

18.1　规定以法律法规作为依据的,一般用"依照"。

示例:国务院和地方人民政府依照法律、行政法规的规定,分别代表国家对国家出资企业履行出资人职责,享有出资人权益。

18.2　"按照"一般用于对约定、章程、规定、份额、比例等的表述。

示例1:投保人可以按照合同约定向保险人一次支付全部保险费或者分期支付保险费。

示例2:履行出资人职责的机构应当按照国家有关规定,定期向本级人民政府报告有关国有资产总量、结构、变动、收益等汇总分析的情况。

18.3　"参照"一般用于没有直接纳入法律调整范围,但是又属于该范围逻辑内涵自然延伸的事项。

示例:本法第二条规定的用人单位以外的单位,产生职业病危害的,其职业病防治活动可以参照本法执行。

19. 制定,规定

19.1　表述创设法律、法规等规范性文件时,用"制定";表述就具体事项作出决定时,用"规定"。

示例1：省、直辖市的人民代表大会和它们的常务委员会，在不同宪法、法律、行政法规相抵触的前提下，可以制定地方性法规，报全国人民代表大会常务委员会备案。

示例2：全国人民代表大会代表名额和代表产生办法由法律规定。

19.2　在表述制定或者规定的语境下，与"规定""制定"相近似的用语"确定""核定""另订"等，今后立法中一般不再使用，统一代之以"规定""制定"或者"另行制定""另行规定"。

20. 会同,商

20.1　"会同"用于法律主体之间共同作出某种行为的情况。"会同"前面的主体是牵头者，"会同"后面的主体是参与者，双方需协商一致，共同制定、发布规范性文件或者作出其他行为。

示例：具体办法由国务院证券监督管理机构会同有关主管部门制定。

20.2　"商"用于前面的主体是事情的主办者，后面的主体是提供意见的一方，在协商的前提下，由前面的主体单独制定并发布规范性文件。

示例：司法鉴定的收费项目和收费标准由国务院司法行政部门商国务院价格主管部门确定。

21. 缴纳,交纳

"交纳"较"缴纳"的含义更广，涵盖面更宽。法律中规定当事人自己向法定机关交付款项时，一般使用"交纳"。但是在规定包含有强制性意思时，可以用"缴纳"。

示例1：当事人进行民事诉讼，应当按照规定交纳案件受理费。

财产案件除交纳案件受理费外,并按照规定交纳其他诉讼费用。

示例2:违反本法规定,应当承担民事赔偿责任和缴纳罚款、罚金,其财产不足以同时支付时,先承担民事赔偿责任。

22. 抵销,抵消

"抵消"用于表述两种事物的作用因相反而互相消除,"抵销"用于表述账的冲抵。法律中表述债权债务的相互冲销抵免情形时,用"抵销",不用"抵消"。

示例:合伙人发生与合伙企业无关的债务,相关债权人不得以其债权抵销其对合伙企业的债务;也不得代位行使合伙人在合伙企业中的权利。

23. 账,帐

表述货币、货物出入的记载、账簿以及债等意思时,用"账",不用"帐"。

示例:保险代理机构、保险经纪人应当有自己的经营场所,设立专门账簿记载保险代理业务、经纪业务的收支情况。

24. 以上,以下,以内,不满,超过

规范年龄、期限、尺度、重量等数量关系,涉及以上、以下、以内、不满、超过的规定时,"以上、以下、以内"均含本数,"不满、超过"均不含本数。

示例1:盗窃、诈骗、哄抢、抢夺、敲诈勒索或者故意损毁公私财物的,处五日以上十日以下拘留,可以并处五百元以下罚款;情节较重的,处十日以上十五日以下拘留,可以并处一千元以下罚款。

示例2:公安机关对吸毒成瘾人员决定予以强制隔离戒毒的,应当制作强制隔离戒毒决定书,在执行强制隔离戒毒前送达被决

定人,并在送达后二十四小时以内通知被决定人的家属、所在单位和户籍所在地公安派出所;被决定人不讲真实姓名、住址,身份不明的,公安机关应当自查清其身份后通知。

示例3:劳动合同期限三个月以上不满一年的,试用期不得超过一个月;劳动合同期限一年以上不满三年的,试用期不得超过二个月;三年以上固定期限和无固定期限的劳动合同,试用期不得超过六个月。

25. 日,工作日

"日"和"工作日"在法律时限中的区别是:"日"包含节假日,"工作日"不包含节假日。对于限制公民人身自由或者行使权力可能严重影响公民、法人和其他组织的其他权利的,应当用"日",不用"工作日"。

示例1:公安机关对被拘留的人,认为需要逮捕的,应当在拘留后的三日以内,提请人民检察院审查批准。在特殊情况下,提请审查批准的时间可以延长一日至四日。

对于流窜作案、多次作案、结伙作案的重大嫌疑分子,提请审查批准的时间可以延长至三十日。

示例2:人民法院对当事人提出的回避申请,应当在申请提出的三日内,以口头或者书面形式作出决定。

四、法律修改形式规范

(略)

五、法律废止形式规范

（略）

立法技术规范（试行）（二）

（全国人大常委会法制工作委员会，法工委发〔2011〕5号）

一、法律条文表述规范

（略）

二、法律常用词语规范

6. 作出，做出

6.1 "作出"多与决定、解释等词语搭配使用。

示例1：农村土地承包仲裁委员会对回避申请应当及时作出决定，以口头或者书面方式通知当事人，并说明理由。（农村土地承包经营纠纷调解仲裁法第二十九条）

示例2：最高人民法院、最高人民检察院作出的属于审判、检察工作中具体应用法律的解释，应当自公布之日起三十日内报全国人民代表大会常务委员会备案。（监督法第三十一条）

6.2 "做出"多与名词词语搭配使用。

示例1：对在社会主义建设中做出显著成绩的残疾人，对维护残疾人合法权益、发展残疾人事业、为残疾人服务做出显著成绩的单位和个人，各级人民政府和有关部门给予表彰和奖励。（残疾人

保障法第十三条)

示例2:国务院和沿海地方各级人民政府应当加强对海岛保护的宣传教育工作,增强公民的海岛保护意识,并对在海岛保护以及有关科学研究工作中做出显著成绩的单位和个人予以奖励。(海岛保护法第七条)

7. 公布,发布,公告

7.1　"公布"用于公布法律、行政法规、结果、标准等。

示例1:本法自公布之日起施行。(村民委员会组织法第四十一条)

示例2:统计调查项目的审批机关应当对调查项目的必要性、可行性、科学性进行审查,对符合法定条件的,作出予以批准的书面决定,并公布;对不符合法定条件的,作出不予批准的书面决定,并说明理由。(统计法第十三条)

示例3:食品安全国家标准由国务院卫生行政部门负责制定、公布,国务院标准化行政部门提供国家标准编号。(食品安全法第二十一条)

7.2　"发布"用于公开发出新闻、信息、命令、指示等。

示例1:履行统一领导职责或者组织处置突发事件的人民政府,应当按照有关规定统一、准确、及时发布有关突发事件事态发展和应急处置工作的信息。(突发事件应对法第五十三条)

示例2:突发事件发生地的其他单位应当服从人民政府发布的决定、命令,配合人民政府采取的应急处置措施,做好本单位的应急救援工作,并积极组织人员参加所在地的应急救援和处置工作。(突发事件应对法第五十六条第二款)

7.3 "公告"用于向公众发出告知事项。

示例1：遇有大型群众性活动、大范围施工等情况，需要采取限制交通的措施，或者作出与公众的道路交通活动直接有关的决定，应当提前向社会公告。（道路交通安全法第三十九条）

示例2：专利复审委员会对宣告专利权无效的请求应当及时审查和作出决定，并通知请求人和专利权人。宣告专利权无效的决定，由国务院专利行政部门登记和公告。（专利法第四十六条）

8. 违法，非法

8.1 "违法"一般用于违反法律强制性规范的行为。

示例1：被检查单位或者个人拒不停止违法行为，造成严重水土流失的，报经水行政主管部门批准，可以查封、扣押实施违法行为的工具及施工机械、设备等。（水土保持法第四十三条）

示例2：村民委员会不及时公布应当公布的事项或者公布的事项不真实的，村民有权向乡、民族乡、镇的人民政府或者县级人民政府及其有关主管部门反映，有关人民政府或者主管部门应当负责调查核实，责令依法公布；经查证确有违法行为的，有关人员应当依法承担责任。（村民委员会组织法第三十一条）

8.2 "非法"通常情况下也是违法，但主要强调缺乏法律依据的行为。

示例1：任何组织和个人不得侵占、挪用义务教育经费，不得向学校非法收取或者摊派费用。（义务教育法第四十九条）

示例2：非法占有高度危险物造成他人损害的，由非法占有人承担侵权责任。所有人、管理人不能证明对防止他人非法占有尽到高度注意义务的，与非法占有人承担连带责任。（侵权责任法第

七十五条)

9. 设定,设立

"设定"和"设立"都可以用于权利、义务、条件等的设置。"设立"还可以用于成立或者开办组织、机构、项目等。

示例1:行政机关和法律、法规授权的具有管理公共事务职能的组织不得滥用行政权力,以设定歧视性资质要求、评审标准或者不依法发布信息等方式,排斥或者限制外地经营者参加本地的招标投标活动。(反垄断法第三十四条)

示例2:不动产物权的设立、变更、转让和消灭,应当依照法律规定登记。动产物权的设立和转让,应当依照法律规定交付。(物权法第六条)

示例3:国务院设立食品安全委员会,其工作职责由国务院规定。(食品安全法第四条)

示例4:国务院和县级以上地方人民政府根据实际需要,设立专项资金,扶持农村地区、民族地区实施义务教育。(义务教育法第四十七条)

10. 执业人员,从业人员

10.1　"执业人员"用于表述符合法律规定的条件,依法取得相应执业证书,并从事为社会公众提供服务的人员。

示例1:本法所称律师,是指依法取得律师执业证书,接受委托或者指定,为当事人提供法律服务的执业人员。(律师法第二条)

示例2:注册会计师是依法取得注册会计师证书并接受委托从事审计和会计咨询、会计服务业务的执业人员。(注册会计师法第二条)

10.2　"从业人员"用于表述在一般性行业就业的人员。

示例1:无雇工的个体工商户、未在用人单位参加基本养老保险的非全日制从业人员以及其他灵活就业人员可以参加基本养老保险,由个人缴纳基本养老保险费。(社会保险法第十条第二款)

示例2:从业人员有依法接受职业培训和继续教育的权利和义务。(教育法第四十条第一款)

11. 批准,核准

11.1　"批准"用于有权机关依据法定权限和决定条件,对当事人提出的申请、呈报的事项等进行审查,并决定是否予以准许。

示例1:进行下列施工作业,施工单位应当向管道所在地县级人民政府主管管道保护工作的部门提出申请:……

县级人民政府主管管道保护工作的部门接到申请后,应当组织施工单位与管道企业协商确定施工作业方案,并签订安全防护协议;协商不成的,主管管道保护工作的部门应当组织进行安全评审,作出是否批准作业的决定。(石油天然气管道保护法第三十五条)

示例2:从事考古发掘的单位,为了科学研究进行考古发掘,应当提出发掘计划,报国务院文物行政部门批准;对全国重点文物保护单位的考古发掘计划,应当经国务院文物行政部门审核后报国务院批准。(文物保护法第二十八条)

11.2　"核准"用于有权机关依据法定权限和法定条件进行审核,对符合法定条件的予以准许。

示例1:公开发行证券,必须符合法律、行政法规规定的条件,并依法报经国务院证券监督管理机构或者国务院授权的部门核准;未经依法核准,任何单位和个人不得公开发行证券。(证券法

第十条)

示例2:公证机构的负责人应当在有三年以上执业经历的公证员中推选产生,由所在地的司法行政部门核准,报省、自治区、直辖市人民政府司法行政部门备案。(公证法第十条)

12. 注销,吊销,撤销

12.1 "注销"用于因一些法定事实出现而导致的取消登记在册的事项或者已经批准的行政许可等。

示例1:建设用地使用权消灭的,出让人应当及时办理注销登记。(物权法第一百五十条)

示例2:有下列情形之一的,行政机关应当依法办理有关行政许可的注销手续:

(一)行政许可有效期届满未延续的;

(二)赋予公民特定资格的行政许可,该公民死亡或者丧失行为能力的;

(三)法人或者其他组织依法终止的;

(四)行政许可依法被撤销、撤回,或者行政许可证件依法被吊销的;

(五)因不可抗力导致行政许可事项无法实施的;

(六)法律、法规规定的应当注销行政许可的其他情形。(行政许可法第七十条)

12.2 "吊销"作为一种行政处罚,用于有权机关针对违法行为,通过注销证件或者公开废止证件效力的方式,取消违法者先前已经取得的许可证件。

示例1:邮政企业、快递企业不建立或者不执行收件验视制度,或者违反法律、行政法规以及国务院和国务院有关部门关于禁止寄递或者限制寄递物品的规定收寄邮件、快件的,对邮政企业直接负责的主管人员和其他直接责任人员给予处分;对快递企业,邮政管理部门可以责令停业整顿直至吊销其快递业务经营许可证。(邮政法第七十五条)

示例2:城乡规划编制单位取得资质证书后,不再符合相应的资质条件的,由原发证机关责令限期改正;逾期不改正的,降低资质等级或者吊销资质证书。(城乡规划法第六十三条)

12.3 "撤销"用于有权机关取消依法不应颁发的行政许可或者发出的文件、设立的组织机构,也可以用于取消资质、资格等。

示例1:城乡规划主管部门违反本法规定作出行政许可的,上级人民政府城乡规划主管部门有权责令其撤销或者直接撤销该行政许可。(城乡规划法第五十七条)

示例2:违反本法规定,食品检验机构、食品检验人员出具虚假检验报告的,由授予其资质的主管部门或者机构撤销该检验机构的检验资格;依法对检验机构直接负责的主管人员和食品检验人员给予撤职或者开除的处分。(食品安全法第九十三条第一款)

13. 根据,依据

13.1 引用宪法、法律作为立法依据时,用"根据"。

示例1:为了加强国防建设,完善国防动员制度,保障国防动员工作的顺利进行,维护国家的主权、统一、领土完整和安全,根据宪法,制定本法。(国防动员法第一条)

示例2:省、自治区、直辖市的人民代表大会常务委员会根据本法,结合本行政区域的实际情况,制定实施办法。(村民委员会组

织法第四十条)

13.2　适用其他法律或者本法的其他条款时,用"依据"。

示例 1:提供的统计资料不能满足需要时,国防动员委员会办事机构可以依据《中华人民共和国统计法》和国家有关规定组织开展国防动员潜力专项统计调查。(国防动员法第十九条)

示例 2:对反垄断执法机构依据本法第二十八条、第二十九条作出的决定不服的,可以先依法申请行政复议;对行政复议决定不服的,可以依法提起行政诉讼。(反垄断法第五十三条)

14. 谋取,牟取

"谋取"是中性词,可以谋取合法利益,也可以谋取非法利益。"牟取"是贬义词,表示通过违法行为追求利益。

示例 1:学校以向学生推销或者变相推销商品、服务等方式谋取利益的,由县级人民政府教育行政部门给予通报批评;有违法所得的,没收违法所得;对直接负责的主管人员和其他直接责任人员依法给予处分。(义务教育法第五十六条第二款)

示例 2:采购代理机构不得以向采购人行贿或者采取其他不正当手段谋取非法利益。(政府采购法第二十五条第三款)

示例 3:人民调解员在调解工作中有下列行为之一的,由其所在的人民调解委员会给予批评教育、责令改正,情节严重的,由推选或者聘任单位予以罢免或者解聘:……(三)索取、收受财物或者牟取其他不正当利益的;……(人民调解法第十五条)

示例 4:国务院证券监督管理机构工作人员应当忠于职守,依法办事,公正廉洁,接受监督,不得利用职务牟取私利。(证券投资基金法第七十九条)

国务院关于公布天文学名词问题的批复

（国函〔1987〕142 号）

国家科委、中国科学院：

你们一九八七年七月十日《关于公布天文学名词的请示》收悉。现批复如下：

全国自然科学名词审定委员会是经国务院批准成立的。审定、公布各学科名词，是该委员会的职权范围，经其审定的自然科学名词具有权威性和约束力，全国各科研、教学、生产、经营、新闻出版等单位应遵照使用。请告全国自然科学名词审定委员会，天文学以及以后各学科经审定的自然科学名词，国务院授权该委员会自行公布。

国务院

一九八七年八月十二日

关于使用全国自然科学名词审定委员会公布的 科技名词的通知

([90]科发出字 0698 号)

科技名词的审定和统一工作是一个国家发展科学技术所必需的基础条件之一,也是一个国家科学技术发展的重要标志。随着我国经济建设的发展和对外开放,国内外科学技术交流日趋频繁,尽快实现科学技术名词的标准化、规范化,是我国科学技术现代化建设中的一项紧迫任务。

全国自然科学名词审定委员会是 1985 年经国务院批准,由中国科学院、国家科委共同组建的负责科技名词审定与统一工作的全国性机构。国家教委、中国科协、国家自然科学基金委员会、国家技术监督局、新闻出版署为常务成员单位。四年来,在各有关部委和学术团体以及广大的专家、学者的支持下,自然科学名词审定与统一工作有了较大进展,取得了可喜的成绩。至 1989 年年底,全国自然科学名词审定委员会已经审定公布了《天文学名词》《大气科学名词》《土壤学名词》《地理学名词》《地球物理学名词》《物理学名词(基础物理学部分)》《微生物学名词》《林学名词》《医学名词(第一分册)》等 9 个学科的规范名词,今后还将陆续公布其他学科的名词。这些名词的公布为我国科学技术名词的规范化,促进中外学术交流将起到重要作用。

国务院于 1987 年 8 月 12 日(国函〔1987〕142 号)明确批示:"全国自然科学名词审定委员会是经国务院批准成立的。审定、公布各学科名词,是该委员会的职权范围,经其审定的自然科学名词具有权威性和约束力,全国各科研、教学、生产、经营、新闻出版等单位应遵照使用。"

为认真贯彻国务院的上述批示,现通知如下:

1. 各新闻单位要通过各种传播媒介宣传名词统一的重要意义,并带头使用已公布的名词。

2. 各编辑出版单位今后出版的有关书、刊、文献、资料,要求使用公布的名词。特别是各种工具书,应把是否使用已公布的规范词,作为衡量该书质量的标准之一。

3. 凡已公布的各学科名词,今后编写出版的各类教材都应遵照使用。

在贯彻使用全国自然科学名词审定委员会公布的科技名词中,有何建议或意见,望及时反馈给该委员会办公室(地址:北京东黄城根街 16 号,邮政编码:100007,电话:64019827)。

国家科委

中国科学院

国家教委

新闻出版署

1990 年 6 月 23 日

全国科学技术名词审定委员会发布试用的
我国首批 204 条科技新词

【编者按】为及时回应社会热点关注,对科技名词使用混乱的现象早发现、早规范,引导公众通过科技名词关注科技进展,2014 年 6 月 25 日,全国科学技术名词审定委员会通过媒体正式对外发布试用我国首批 204 条科技新词,其中包括"大数据""云计算""物联网""三维打印"等 42 条热点名词(前冠有"[hot]")和 162 条专业新词。这是全国科学技术名词审定委员会新词工作委员会集中审定公布的首批科学技术新词。

A

暗能量 dark energy(物理学)

B

白矮星双星 white dwarf binary(天文学)

半导体性单壁碳纳米管 semiconducting single-walled carbon nanotube,semiconducting SWCNT(材料)

半定规划 semidefinite programming(数学)

编辑距离 edit distance(计算机)

滨海湿地生态系统 coastal wetland ecosystem（海洋）

C

[hot] 材料基因组计划 materials genome initiative（材料）

[hot] 产油微藻 lipid-producing microalgae（海洋）

[hot] 长期演进 long-term evolution, LTE（通信）

插层组装 intercalation and assembly（化学）

超高速星 hypervelocity stars, HVS（天文学）

超级结点 supernode（计算机）

超级网银 super online banking（经济学）

超临界吸附 supercritical adsorption（化学）

超慢光 ultraslow light（物理学）

超奇异积分 hypersingular integral（数学）

超亲水版材 superhydrophilic plate（材料）

创业板 growth enterprises board, GEB（经济学）

从头起源 de novo origin（生物学）

D

[hot] 大数据 big data（计算机）

[hot] 低电压过渡能力 low voltage ride through, LVRT（电力）

[hot] 第四代移动通信技术 fourth generation mobile communication technology, 4G（通信）

[hot] 电磁黑洞 electromagnetic black hole（物理学）

[hot] 电纺丝 electrospinning（材料）

［hot］电压源高压直流输电 voltage source converter high voltage direct current transmission, VSC-HVDC transmission（电力）

蛋白质组 proteome（生物学）

蛋白质组学 proteomics（生物学）

低碳经济 low carbon economy（经济学）

第三代移动通信技术 third generation mobile communication technology, 3G（通信）

点云数据 point cloud data（数学）

点云压缩 point cloud compression（计算机）

多辛算法 multisymplectic algorithm（数学）

多重氢键 multiple hydrogen bond（化学）

E

额外空间维度 extra spatial dimension（天文学）

额外维度 extra dimension（天文学）

二维原子晶体 two dimensional atomic crystal（化学）

F

［hot］反超氚核 antihyper-triton（物理学）

［hot］分子印迹聚合物 molecularly imprinted polymer（化学）

［hot］铁 flerovium（化学）

反［物质］超核 antimatter hypernucleus（物理学）

反奇异夸克 antistrange quark（物理学）

反向氢键 inverse hydrogen bond（化学）

泛素结合 ubiquitin-binding（生物学）

泛素结合域 ubiquitin-binding domain（生物学）

仿生催化 biomimetic catalysis（化学）

仿生聚合物 biomimetic polymer（化学）

非接触式识别 contactless identification（自动化）

非匹配网格 nonmatching grid, nonmatching mesh（数学）

非协调混合有限元 nonconforming mixed finite element（数学）

费米弧 Fermi arc（物理学）

费米口袋 Fermi pocket（物理学）

分布[式]量子计算 distributed quantum computing（计算机）

分次逆字典序 graded reverse lexicographic order, GRL（数学）

分子导线 molecular wire（化学）

分子机器 molecular machine（化学）

分子马达 molecular motor（化学）

分子印迹技术 molecular imprinting technology（化学）

分子诊断 molecular diagnosis（医学）

G

[hot]镉（化学）

[hot]光量子电话网 quantum telephone network（通信）

[hot]过顶业务 over-the-top service, OTT service（通信）

感染微生态学 infection microecology（医学）

各向异性插值 anisotropic interpolation（数学）

观测控制系统 observation control system, OCS（天文学）

光纤光谱 fiber spectroscopy（天文学）

光纤量子密钥 fiber quantum key（通信）

光载无线 radio over fiber, RoF（通信）

广义不确定关系 generalized uncertainty relation（天文学）

归巢分子 homing molecule（生物学）

H

焓熵补偿 enthalpy-entropy compensation（化学）

毫微微小区 femtocell（通信）

宏基因组 metagenome（生物学）

宏基因组学 metagenomics（生物学）

霍金辐射 Hawking radiation（物理学）

J

[hot]基因专利 gene patent（法学）

基因组编辑 genome editing（生物学）

基因组定点修饰 genome fixed-point modification（生物学）

基因组序列图谱 genome sequence map（生物学）

基于图形处理器的通用计算 general purpose computation on graphics processing unit, GPCGPU（计算机）

激波辐射 shock radiation（天文学）

极紫外线光刻 extreme-ultraviolet lithography, EUV lithography（电子学）

结构导向剂 structure-directing agent（化学）

介观模拟 mesoscale simulation（化学）

近场通信 near field communication, NFC（通信）

近奇异积分 nearly singular integral（数学）

经典核球 classical bulge（天文学）

聚合物太阳［能］电池 polymer solar cell（电力）

K

［hot］可生物降解电路 biodegradable circuit（电子学）

［hot］可吸入颗粒物 inhalable particles, PM_{10}（大气科学）

可扩展量子信息处理 scalable quantum information processing（物理学）

空间太阳望远镜 space solar telescope（天文学）

L

［hot］蓝色经济区 blue economic zone（海洋）

［hot］鉝 livermorium（化学）

［hot］量子反常霍尔效应 quantum anomalous Hall effect（物理学）

量子点太阳［能］电池 quantum dot solar cell（电力）

量子纠错 quantum error correction（通信）

量子密钥分配 quantum key distribution, QKD（通信）

量子通信 quantum communication（通信）

量子卫星 quantum satellite（通信）

量子隐形传态 quantum teleportation（物理学）

量子中继通信 quantum relay communication（通信）

量子自旋霍尔效应 quantum spin Hall effect（物理学）

M
模板分子 template molecule（化学）

N
［hot］纳米材料绿色制版技术 nanomaterials green plate technology, NGP（材料）

［hot］脑机接口 brain-computer interface, BCI（自动化）

纳米立方体 nanocube（化学）

纳米笼 nanocage（化学）

P
庞磁电阻 colossal magnetoresistance, CMR（物理学）

Q
气力垃圾输送 pneumatic refuse transportation（环境）

潜在危险小行星 potentially hazardous asteroid（航天）

跷跷板模型 seesaw model（生物学）

去杠杆化 deleverage（经济学）

全断面帷幕注浆技术 full-face curtain grouting technique（铁道）

全散粒噪声 full shot noise（电子学）

R

染料敏化太阳[能]电池 dye-sensitized solar cell, DSC（电力）

染色质免疫沉淀芯片 chromatin immunoprecipitation chip, ChIP-chip（生物学）

人类全基因组寡核苷酸芯片 human genome-wide oligonucleotide chip（生物学）

日[球层]鞘 heliosheath（天文学）

S

[hot]三网融合 triple-networks convergence, triple-play（通信）

[hot]三维打印 three dimensional printing, 3D printing（计算机）

散裂中子源 spallation neutron source（物理学）

散乱点云 scattered point cloud（计算机）

散乱数据拟合 scattered data fitting（数学）

射频识别 radio frequency identification, RFID（计算机）

深海实验室 deep-sea laboratory（海洋）

深海载人潜水器 deep-sea manned submersible, manned deep-sea submersible（海洋）

深空应答机 deep space transponder, DST（航天）

深紫外全固态激光源 deep ultraviolet solid-state laser system（化学）

生物光子学 biophotonics（物理学）

生物碳泵 biological carbon pump（海洋）

视界温度 horizon temperature（天文学）

手动交会对接 manual rendezvous and docking（航天）

数据密集型天文学 data intensive astronomy（天文学）

水母爆发 jellyfish bloom（海洋）

水热液化 hydrothermal liquefaction, HTL（能源）

丝束电极 wire beam electrode（化学）

锶原子光钟 strontium atom optical clock（物理学）

算法数论 algorithmic number theory（数学）

随机并行梯度下降算法 stochastic parallel gradient descent algorithm（物理学）

T

［hot］铁基超导体 iron-based superconductor（物理学）

太阳［能］热发电站仿真机 solar thermal power plant simulator（电力）

肽模拟物 peptidomimetic（化学）

碳交换 carbon exchange（环境）

碳交易 carbon trading, carbon transaction（环境）

碳市场 carbon market（环境）

特高压直流输电 ultrahigh voltage direct current transmission, UHVDC transmission（电力）

天基测控 space-based telemetry, track and control, space-based TT&C（航天）

天文信息学 astroinformatics（天文学）

铁蛋白纳米粒 ferritin nanoparticle（生物学）

铁鸟试验台 iron bird test rig（航空）

拓扑绝缘体 topological insulator（物理学）

拓扑量子纠错 topological quantum error correction（物理学）

W

[hot]无线充电 wireless charging（电子学）

[hot]无线传感器网络 wireless sensor network（自动化）

[hot]物联网 internet of things（自动化）

微波萃取分离 microwave extraction separation（化学）

微波钟 microwave bell（物理学）

微博 microblog，weibo（新闻学）

微电网 microgrid（电力）

微电源 microgenerator（电力）

微机电系统 micro electro mechanical system，MEMS（自动化）

微流控芯片 microfluidic chip（电子学）

伪肽 pseudopeptide（化学）

稳健[最]优化 robust optimization（数学）

X

[hot]希格斯玻色子 Higgs boson（物理学）

[hot]细胞命运决定 cell fate decision（生物学）

[hot]细颗粒物 fine particles，$PM_{2.5}$（大气科学）

[hot]线上到线下 online-to-offline，O2O（管理学）

［hot］虚拟天文台 virtual observatory, VO（天文学）

希［沃特］Sievert, Sv（物理学）

细胞重编程 cell reprogramming（生物学）

限进介质 restricted-access medium（化学）

相干合成光束 coherent combination beam（物理学）

锌指核酸酶 zinc-finger nuclease, ZFN（生物学）

Y

［hot］移动支付 mobile payment（管理学）

［hot］溢油化学指纹 oil spill chemical fingerprint（海洋）

［hot］云计算 cloud computing（计算机）

［hot］云压缩 cloud compression（计算机）

赝核球 pseudobulge（天文学）

液晶离聚物 liquid crystalline ionomer（化学）

移动操作系统 mobile operating system, mobile OS（计算机）

银河系棒 Milky Way bar（天文学）

荧光传感器 fluorescent sensor（化学）

荧光聚合物 fluorescent polymer（化学）

应力饱和平台 stress saturation stage（材料）

有机发光二极管 organic light emitting diode, OLED（电子学）

有源矩阵有机发光二极管 active matrix organic light emitting diode, AMOLED（电子学）

诱导多能干细胞 induced pluripotent stem cell（生物学）

诱骗态 decoy state（通信）

诱骗态量子密码 decoy state quantum cryptography（通信）

原子操控技术 atom control technology（物理学）

圆顶视宁度 dome seeing（天文学）

Z

[hot]智慧城市 smart city（城市规划）

[hot]智能电网 smart grid，intelligent grid（电力）

[hot]转化医学 translational medicine（医学）

[hot]自媒体 we media（新闻学）

在线团购 online group purchase（管理学）

增强现实 augmented reality（计算机）

直驱式风电机组 direct drive wind power generator system，direct drive WTGS，gearless WTGS（电力）

智能医疗 intelligent medicine（医学）

终端激波 termination shock（天文学）

学术出版规范　科学技术名词

（CY/T 119—2015，国家新闻出版广电总局 2015 年 1 月 29 日发布，2015 年 1 月 29 日起实施）

1. 范围

本标准规定了中文学术出版物中科学技术名词使用的一般要求、特殊要求和异名使用要求。

本标准适用于学术性图书、期刊、音像电子出版物等，包括古籍整理、翻译著作和工具书的编辑出版。

2. 术语和定义

下列术语和定义适用于本文件。

2.1 科学技术名词 term in sciences and technologies, terminologies

专业领域中科学和技术概念的语言指称。简称科技名词。也称术语。

2.2 规范名词 standard term

由国务院授权的机构审定公布、推荐使用的科学技术名词。简称规范词。

2.3 异名 synonym

与规范名词指称同一概念的其他科学技术名词。包括全称、简称、又称、俗称、曾称等。

2.4 全称 full term

与规范名词指称同一概念且表述完全的科学技术名词。

2.5 简称 simplified term

与规范名词指称同一概念且表述简略的科学技术名词。

2.6 又称 alternative term

与规范名词并存,但不推荐使用的科学技术名词。

2.7 俗称 common term

通俗而非正式的科学技术名词。

2.8 曾称 obsolete term

曾经使用、现已淘汰的科学技术名词。

2.9 字母词 letter word

全部由字母组成或由字母与汉字、符号、数字等组合而成的科学技术名词。

3. 使用的一般要求

3.1 应首选规范名词。

3.2 不同机构审定公布的规范名词不一致时,可选择使用。

示例:对"截面积很小、长度很长且以盘卷供货的钢材产品"的概念,国家科学技术名词审定机构审定公布的《材料科学技术名词》中称"线材";国家标准化主管部门发布的 GB/T 3429—2002《焊接用钢盘条》等标准中称"盘条"。

3.3 同一机构对同一概念的定名在不同的学科或专业领域不

一致时,宜依据出版物所属学科或专业领域选择规范名词。

示例:国家科学技术名词审定机构审定公布的规范名词中,对"既有大小又有方向的量"的概念,在《计算机科学技术名词》中称"向量",在《物理学名词》中称"矢量"。

3.4 尚未审定公布的科学技术名词,宜使用单义性强、切近科学内涵或行业惯用的名词。

3.5 同一出版物使用的科学技术名词应一致。

4. 使用的特殊要求

4.1 基于科技史或其他研究的需要,可使用曾称或俗称。

示例:研究化学史,使用"舍密";研究物理史,使用"格致"。

4.2 规范名词含有符号"[ ]"的,"[ ]"内的内容可省略。

示例:《物理学名词》中有"偏[振]光镜","偏振光镜"和"偏光镜"均可使用。

4.3 应控制使用字母词。

4.4 未经国家有关机构审定公布的字母词在文中首次出现时,应以括注方式注明中文译名。

4.5 工具书中的实条标题宜使用规范名词,异名可设为参见条。

5. 异名使用的要求

5.1 全称和简称可使用。

示例:规范名词"艾滋病",全称"获得性免疫缺陷综合征";规范名词"原子核物理学",简称"核物理"。

5.2 又称应减少使用。

示例:规范名词"北京猿人",又称"北京人",曾称"中国猿人"。

5.3 俗称和曾称不宜使用。

示例：规范名词"施工步道"，俗称"猫道"。

附加说明：

本标准由全国新闻出版标准化技术委员会（SAC/TC 527）
归口。

本标准起草单位：全国科学技术名词审定委员会、中国新闻出
版研究院。

本标准主要起草人：刘青、傅祚华、代晓明、张晖、李旗。

两会报道规范用语

【编者按】本规范由新华社总编室 2007 年发布,部分内容编者根据当前情况和有关规定作了修改,出版物中可参照执行。

一

"×届全国人大×次会议""全国政协×届×次会议"这两个会议名称中"×届""×次"的位置不同,不要写错。"两会"一词因使用较广,可不加引号。"十二五""十三五"等均应加引号。

二

不要随意使用简称和略称。"政府工作报告"不要简写成"政府报告"。

三

"提案"与"议案"和"建议"。全国人大代表提的是"议案",全国政协委员提的是"提案",不要用错。"议案"是指由法定机关和人大代表依照法定程序提请本级人民代表大会会议或者人大常委会会议进行审议并作出决定的议事原案。"建议、批评和意见"是人大代表向代表大会或人大常委会提出的对各方面工作的意见或建议。"议案"必须是由法律规定的机关，或者代表按法定的联名人数，依照法定的程序提出。而代表的"建议、批评和意见"，代表个人可以提出，代表联名也可以提出。"议案"内容必须是属于本级人民代表大会或者人大常委会职权范围内的。而"建议、批评和意见"则是对各方面的工作都可以提出。

四

"审议"与"讨论"。全国人大代表"审议政府工作报告"，而全国政协委员"讨论政府工作报告"。代表、委员同时进行这一活动，可并称为"代表、委员审议讨论政府工作报告"。有的代表、委员在审议和讨论政府工作报告时使用"学习""领会"等词汇，这与代表、委员的职责不符，新闻报道中应避免使用。正确的用法是"审议"或"讨论"。

五

政府和法院、检察院是由人大产生的，对人大负责，向人大及常委会报告工作。不要说"人大要积极帮助呼吁解决人民群众遇到的困难和问题"，从而产生人大请求或者劝说政府、法院、检察院解决问题的误解；正确的表述是"人大要依法解决或督促有关机关解决人民群众遇到的困难和问题"。

六

"审议"与"一起审议"。是全国人大代表的中央领导同志参加所在代表团的会议时,使用"审议";是全国人大代表又是国家行政机关成员的中央领导同志参加代表团会议时,在使用"一起审议"的同时还应有"听取代表意见"的内容。

七

"参政议政"是中国人民政治协商会议全国委员会和地方委员会的主要职能之一。报道中涉及政协委员时,可使用"参政议政"。全国人民代表大会和地方各级人民代表大会是人民行使国家权力的机关。报道中涉及人大代表时,不能使用"参政议政",可使用"履行职责"或"行使权力";"代表、委员"并提时,最好把"履行职责"与"参政议政"写全。

八

在同一届次会议上,政协委员的"界别"不要写为"届别"。"届"是从时间上说的,指的是十二届、十三届、上一届、本届等;"界"则是针对委员的工作领域分类而言,如"经济界委员"等。

九

"人大常委会委员"的表述。人大常委会没有"常委"这个职务而只有"委员","×××是人大常委"或"人大常委×××"的说法是不正确的,正确的表述应写为"人大常委会委员×××"。

十

"组成人员"与"委员"。人大常委会会议由人大常委会组成人员出席,其组成人员不仅包括委员,还有委员长、副委员长(地方的人大常委会负责人为主任、副主任)和秘书长。因此,在报道中不能说"出席人大常委会×次会议的委员们……",正确的表述应为"出席人大常委会×次会议的人大常委会组成人员……"。

十一

全国人大代表和全国政协委员的职务停止问题,要使用"终止"或"撤销"的标准表述。在人大,按规定是由省(自治区、直辖市)人大常委会罢免某人的全国人民代表大会代表职务,经全国人大常委会决议,依照代表法的有关规定,某人的代表资格终止。在政协,则由政协常委会会议表决决定撤销某人的全国政协委员资格。

十二

人大对一府两院有监督权,但这种监督权力应该由集体行使。代表从事个案监督的行为,于法无据。而代表拥有的权力属于公权范围,如果法律没有规定,就应该"不做"。

监督法第四条规定:"各级人民代表大会常务委员会按照民主集中制的原则,集体行使监督职权。"

按照代表法规定,人大代表的监督权也要依照法律的规定和程序行使,如:

第二十一条规定:"县级以上的各级人民代表大会代表,在本级或者下级人民代表大会常务委员会协助下,可以按照便于组织和开展活动的原则组成代表小组。

县级以上的各级人民代表大会代表,可以参加下级人民代表大会代表的代表小组活动。"

第二十二条规定:"县级以上的各级人民代表大会代表根据本级人民代表大会常务委员会的安排,对本级或者下级国家机关和有关单位的工作进行视察。乡、民族乡、镇的人民代表大会代表根据本级人民代表大会主席团的安排,对本级人民政府和有关单位的工作进行视察。

代表按前款规定进行视察,可以提出约见本级或者下级有关国家机关负责人。被约见的有关国家机关负责人或者由他委托的负责人员应当听取代表的建议、批评和意见。

代表可以持代表证就地进行视察。县级以上的地方各级人民代表大会常务委员会或者乡、民族乡、镇的人民代表大会主席团根据代表的要求,联系安排本级或者上级的代表持代表证就地进行视察。

代表视察时,可以向被视察单位提出建议、批评和意见,但不直接处理问题。"

第二十九条还规定:"代表在本级人民代表大会闭会期间,有权向本级人民代表大会常务委员会或者乡、民族乡、镇的人民代表人会主席团提出对各方面工作的建议、批评和意见。建议、批评和意见应当明确具体,注重反映实际情况和问题。"

十三

"法律委员会"与"法工委"。法律委员会是全国人大的专门委员会之一,由全国人大选举产生。

法制工作委员会是全国人大常委会的下设机构、办事机构,由全国人大常委会决定,简称"法工委"。

法律委员会的负责人称"主任委员";法工委的负责人称"主任"。

十四

"检察长"与"审计长"。"最高人民检察院检察长"不要写成"最高人民检察院院长"。国务院机构中的审计署的首长职务为审计长,不能写为"审计署署长"。各地各级检察院的首长称检察长。

各地的审计部门,省级多称"审计厅",其首长称"厅长";有的地方称"审计局",其首长则为"局长"。

十五

法律名称加标点符号的问题。

1.使用法律的全称应加书名号,如"按照《中华人民共和国刑法》的规定";但使用法律的简称时,则不用加书名号,也不用加引号。如"按照刑法的规定",不要写成"按照《刑法》的规定"或"按照'刑法'的规定"。

2.法律草案的表述,全称应加书名号,同时"草案"用括号括起来置于书名号内;使用简称则不加标点符号。如,全称为"《中华人民共和国物权法(草案)》",简称则为"物权法草案"。

3.人大代表建议案中建议制定"某某法"时,应用引号注明建议制定的法律名称;不用引号也可。但不能用书名号,书名号只能用于已颁布实施的法律全称。如,代表在议案中建议制定"民工权益保护法",也可表述为:"代表在议案中建议制定民工权益保护法",但不要写成:"代表在议案中建议制定《民工权益保护法》"。

十六

国家机关名称中的"和"及"与"字。

2018年机构改革后,国务院组成部门中有5个机构所主管的工作包括多方面内容,在名称中用"和"字进行连接,不用"与"字。

如"中华人民共和国国家发展和改革委员会""中华人民共和国人力资源和社会保障部""中华人民共和国文化和旅游部""中华人民共和国工业和信息化部""中华人民共和国住房和城乡建设部"。简称中有的不用加"和"字,如"发展改革委""人力资源社会保障部""住房城乡建设部";有的则要保留"和"字,如"文化和旅游部""工业和信息化部"。

全国人大专门委员会的名称中,用"与"字连接,如"环境与资源保护委员会""农业与农村委员会"等。

十七

监管机构的名称。国务院机构中有一些单位名称中明示有监管职能,但表述不尽相同。其中,"国务院国有资产监督管理委员会""国家认证认可监督管理委员会""中国银行保险监督管理委员会""中国证券监督管理委员会"使用的是"监督管理委员会",而"国家市场监督管理总局"使用的是"监督管理总局","国家药品监督管理局"属于国家部委管理的国家局,使用的是"监督管理局"。在使用这些单位的全称时应注意区别。

十八

"权力"与"权利"。权力指的是政治上或职责范围内一定的强制力量或支配力量,人大代表所担负的职责是依法赋予的,因此,一般使用"行使人民代表的权力",而不要写成"行使人民代表的权利"。

同理,国家机关行使权力,不要写成"行使权利"。"权力"可构成"权力机关""权力部门"等词组,而"权利"则不能。"权利"一般用于个别,如"享有公民应有的××权利"。

十九

新闻稿中对人物一般使用"职务+姓名"的表述方式,而不使用"姓名+职务"的表述。两会报道中,应尽量使用"代表""委员"身份,即"××代表""××委员"。

二十

"共商国是"不要写作"共商国事"。"国是"指国家大计,多用于书面语。

二十一

关于称谓。"普通代表""普通委员"的称谓有违代表、委员平等的精神,"父母官"的称谓缺乏法治精神,均不宜使用。

二十二

报道中不要炒作"议案(提案)大王""一号议案(提案)"等,要重点报道议案(提案)的质量。

二十三

　　全国人大代表、全国政协委员分布在各地，其中有的居住在北京。两会报道中，如统指全国人大代表、全国政协委员会聚到北京开会，不要称"进京"。"代表委员进京前"不如说"代表委员到会前"。

第一批异形词整理表

【编者按】本表为推荐使用的语言文字标准,由中华人民共和国教育部和国家语言文字工作委员会于 2001 年 12 月 19 日发布,2002 年 3 月 31 日起试行。本书收录时删除了异形词后的汉语拼音。

1　范围

本规范是推荐性试行规范。根据"积极稳妥、循序渐进、区别对待、分批整理"的工作方针,选取了普通话书面语中经常使用、公众的取舍倾向比较明显的 338 组(不含附录中的 44 组)异形词(包括词和固定短语),作为第一批进行整理,给出了每组异形词的推荐使用词形。

本规范适用于普通话书面语,包括语文教学、新闻出版、辞书编纂、信息处理等方面。

2　规范性引用文件

第一批异体字整理表(1955 年 12 月 22 日中华人民共和国文化部、中国文字改革委员会发布)

汉语拼音方案(1958 年 2 月 11 日中华人民共和国第一届全国人民代表大会第五次会议批准)

普通话异读词审音表（1985 年 12 月 27 日国家语言文字工作委员会、国家教育委员会和广播电视部发布）

简化字总表（1986 年 10 月 10 日经国务院批准国家语言文字工作委员会重新发表）

现代汉语常用字表（1988 年 1 月 26 日国家语言文字工作委员会、国家教育委员会发布）

现代汉语通用字表（1988 年 3 月 25 日国家语言文字工作委员会、中华人民共和国新闻出版署发布）

GB/T 16159—1996 汉语拼音正词法基本规则

3　术语

3.1 异形词（variant forms of the same word）

普通话书面语中并存并用的同音（本规范中指声、韵、调完全相同）、同义（本规范中指理性意义、色彩意义和语法意义完全相同）而书写形式不同的词语。

3.2 异体字（variant forms of Chinese character）

与规定的正体字同音、同义而写法不同的字。本规范中专指被《第一批异体字整理表》淘汰的异体字。

3.3 词形（word form/lexical form）

本规范中指词语的书写形式。

3.4 语料（corpus）

本规范中指用于词频统计的普通话书面语中的语言资料。

3.5 词频（word frequency）

在一定数量的语料中同一个词语出现的频度，一般用词语的出现次数或覆盖率来表示。本规范中指词语的出现次数。

4　整理异形词的主要原则

现代汉语中异形词的出现有一个历史发展过程,涉及形、音、义等多个方面。整理异形词必须全面考虑、统筹兼顾。既立足于现实,又尊重历史;既充分注意语言的系统性,又承认发展演变中的特殊情况。

4.1　通用性原则

根据科学的词频统计和社会调查,选取公众目前普遍使用的词形作为推荐词形。把通用性原则作为整理异形词的首要原则,这是由语言的约定俗成的社会属性所决定的。据多方考察,90%以上的常见异形词在使用中词频逐渐出现显著性差异,符合通用性原则的词形绝大多数与理据性等原则是一致的。即使少数词频高的词形与语源或理据不完全一致,但一旦约定俗成,也应尊重社会的选择。如"毕恭毕敬 24—必恭必敬 0"(数字表示词频,下同),从源头来看,"必恭必敬"出现较早,但此成语在流传过程中意义发生了变化,由"必定恭敬"演变为"十分恭敬",理据也有了不同。从目前的使用频率看,"毕恭毕敬"通用性强,故以"毕恭毕敬"为推荐词形。

4.2　理据性原则

某些异形词目前较少使用,或词频无显著性差异,难以依据通用性原则确定取舍,则从词语发展的理据性角度推荐一种较为合理的词形,以便于理解词义和方便使用。如"规诫 1—规戒 2","戒""诫"为同源字,在古代二者皆有"告诫"和"警戒"义,因此两词形皆合语源。但现代汉语中"诫"多表"告诫"义,"戒"多表"警戒"义,"规诫"是以言相劝,"诫"的语素义与词义更为吻合,故以

"规诫"为推荐词形。

4.3 系统性原则

词汇内部有较强的系统性,在整理异形词时要考虑同语素系列词用字的一致性。如"侈靡 0—侈糜 0丨靡费 3—糜费 3",根据使用频率,难以确定取舍。但同系列的异形词"奢靡 87—奢糜 17",前者占有明显的优势,故整个系列都确定以含"靡"的词形为推荐词形。

以上三个原则只是异形词取舍的三个主要侧重点,具体到每组词还需要综合考虑决定取舍。

另外,目前社会上还流行着一批含有非规范字(即国家早已废止的异体字或已简化的繁体字)的异形词,造成书面语使用中的混乱。这次选择了一些影响较大的列为附录,明确作为非规范词形予以废除。

5 《第一批异形词整理表》说明

5.1 本表研制过程中,用《人民日报》1995—2000 年全部作品作语料对异形词进行词频统计和分析,并逐条进行人工干预,尽可能排除电脑统计的误差,部分异形词还用《人民日报》1987—1995 年语料以及 1996—1997 年的 66 种社会科学杂志和 158 种自然科学杂志的语料进行了抽样复查。同时参考了《现代汉语词典》《汉语大词典》《辞海》《新华词典》《现代汉语规范字典》等工具书和有关讨论异形词的文章。

5.2 每组异形词破折号(编者按:本书采用一字线代替破折号)前为选取的推荐词形。表中需要说明的个别问题,以注释方式附在表后(编者按:本书采用脚注方式)。

　　5.3 本表所收的条目按首字的汉语拼音音序排列,同音的按笔画数由少到多排列。

　　5.4 附录中列出的非规范词形置于圆括号内,已淘汰的异体字和已简化的繁体字在左上角用"＊"号标明。

A

按捺—按纳　　　　　　　　按语—案语

B

百废俱兴—百废具兴　　　　百叶窗—百页窗

斑白—班白、颁白　　　　　斑驳—班驳

孢子—胞子　　　　　　　　保镖—保镳

保姆—保母、褓姆　　　　　辈分—辈份

本分—本份　　　　　　　　笔画—笔划

毕恭毕敬—必恭必敬　　　　编者按—编者案

扁豆—萹豆、稨豆、藊豆　　标志—标识

鬓角—鬓脚　　　　　　　　秉承—禀承

补丁—补靪、补钉

C

参与—参预　　　　　　　　惨淡—惨澹

差池—差迟　　　　　　　　掺和—搀和①

---

① "掺""搀"实行分工:"掺"表混合义,"搀"表搀扶义。

掺假—搀假　　　　　　　掺杂—搀杂

铲除—划除　　　　　　　徜徉—倘佯

车厢—车箱　　　　　　　彻底—澈底

沉思—沈思①　　　　　　称心—趁心

成分—成份　　　　　　　澄澈—澄彻

侈靡—侈糜　　　　　　　筹划—筹画

筹码—筹马　　　　　　　踌躇—踌蹰

出谋划策—出谋画策　　　喘吁吁—喘嘘嘘

瓷器—磁器　　　　　　　赐予—赐与

粗鲁—粗卤

D

搭档—搭当、搭挡　　　　搭讪—搭赸、答讪

答复—答覆　　　　　　　戴孝—带孝

担心—耽心　　　　　　　担忧—耽忧

耽搁—担搁　　　　　　　淡泊—澹泊

淡然—澹然　　　　　　　倒霉—倒楣

---

①　"沉"本为"沈"的俗体,后来"沉"字成了通用字,与"沈"并存并用,并形成了许多异形词,如"沉没—沈没|沉思—沈思|深沉—深沈"等。现在"沈"只读 shěn,用于姓氏。地名沈阳的"沈"是"瀋"的简化字。表示"沉没"及其引申义,现在一般写作"沉",读 chén。

低回—低徊①

凋敝—雕敝、雕弊②

凋零—雕零

凋落—雕落

凋谢—雕谢

跌宕—跌荡

跌跤—跌交

喋血—蹀血

叮咛—丁宁

订单—定单③

订户—定户

订婚—定婚

订货—定货

订阅—定阅

斗拱—枓拱、枓栱

逗留—逗遛

逗趣儿—斗趣儿

独角戏—独脚戏

端午—端五

E

二黄—二簧

二心—贰心

---

① 《普通话异读词审音表》审定"徊"统读 huái。"低回"一词只读 dīhuí, 不读 dīhuái。

② "凋""雕"古代通用,1955 年《第一批异体字整理表》曾将"凋"作为"雕"的异体字予以淘汰。1988 年《现代汉语通用字表》确认"凋"为规范字,表示"凋谢"及其引申义。

③ "订""定"二字中古时本不同音,演变为同音字后,才在"预先约定"的义项上通用,形成了一批异形词。不过近几十年二字在此共同义项上又发生了细微的分化:"订"多指事先经过双方商讨的,只是约定,并非确定不变的;"定"侧重在确定,不轻易变动。故有些异形词现已分化为近义词,但本表所列的"订单—定单"等仍为全等异形词,应依据通用性原则予以规范。

F

发酵—酸酵　　　　　　　发人深省—发人深醒

繁衍—蕃衍　　　　　　　吩咐—分付

分量—份量　　　　　　　分内—份内

分外—份外　　　　　　　分子—份子①

愤愤—忿忿　　　　　　　丰富多彩—丰富多采

风瘫—疯瘫　　　　　　　疯癫—疯颠

锋芒—锋铓　　　　　　　服侍—伏侍、服事

服输—伏输　　　　　　　服罪—伏罪

负隅顽抗—负嵎顽抗　　　附会—傅会

复信—覆信　　　　　　　覆辙—复辙

G

干预—干与　　　　　　　告诫—告戒

耿直—梗直、鲠直　　　　恭维—恭惟

勾画—勾划　　　　　　　勾连—勾联

孤苦伶仃—孤苦零丁　　　辜负—孤负

古董—骨董　　　　　　　股份—股分

骨瘦如柴—骨瘦如豺　　　关联—关连

---

①　此词是指属于一定阶级、阶层、集团或具有某种特征的人,如"地主～|知识～|先进～"。与分母相对的"分子"、由原子构成的"分子"(读 fēnzǐ)、凑份子送礼的"份子"(读 fènzi),音、义均不同,不可混淆。

光彩—光采　　　　　　归根结底—归根结柢

规诫—规戒　　　　　　鬼哭狼嚎—鬼哭狼嗥

过分—过份

H

蛤蟆—虾蟆　　　　　　含糊—含胡

含蓄—涵蓄　　　　　　寒碜—寒伧

喝彩—喝采　　　　　　喝倒彩—喝倒采

轰动—哄动　　　　　　弘扬—宏扬

红彤彤—红通通　　　　宏论—弘论

宏图—弘图、鸿图　　　宏愿—弘愿

宏旨—弘旨　　　　　　洪福—鸿福

狐臭—胡臭　　　　　　蝴蝶—胡蝶

糊涂—胡涂　　　　　　琥珀—虎魄

花招—花着　　　　　　划拳—豁拳、搳拳

恍惚—恍忽　　　　　　辉映—晖映

溃脓—殨脓　　　　　　浑水摸鱼—混水摸鱼

伙伴—火伴

J

机灵—机伶　　　　　　激愤—激忿

计划—计画　　　　　　纪念—记念

寄予—寄与　　　　　　夹克—茄克

嘉宾—佳宾　　　　　　驾驭—驾御

架势—架式

简练—简炼

角门—脚门

脚跟—脚根

精彩—精采

纠集—鸠集

角色—脚色

嫁妆—嫁装

骄奢淫逸—骄奢淫佚

狡猾—狡滑

叫花子—叫化子

纠合—鸠合

就座—就坐

K

克期—刻期

刻画—刻划

克日—刻日

阔佬—阔老

L

褴褛—蓝缕

狼藉—狼籍

累赘—累坠

连贯—联贯

连绵—联绵①

联结—连结

联翩—连翩

嘹亮—嘹喨

伶仃—零丁

烂漫—烂缦、烂熳

榔头—狼头、鎯头

黧黑—黎黑

连接—联接

连缀—联缀

联袂—连袂

踉跄—踉蹡

缭乱—撩乱

囹圄—囹圉

---

① "联绵字""联绵词"中的"联"不能改写为"连"。

溜达—蹓跶　　　　　　流连—留连

喽啰—喽罗、偻㑩　　　鲁莽—卤莽

录像—录象、录相　　　络腮胡子—落腮胡子

落寞—落漠、落莫

M

麻痹—痲痹　　　　　　麻风—痲风

麻疹—痲疹　　　　　　马蜂—蚂蜂

马虎—马糊　　　　　　门槛—门坎

靡费—糜费　　　　　　绵连—绵联

腼腆—靦觍　　　　　　模仿—摹仿

模糊—模胡　　　　　　模拟—摹拟

摹写—模写　　　　　　摩擦—磨擦

摩拳擦掌—磨拳擦掌　　磨难—魔难

脉脉—眽眽　　　　　　谋划—谋画

N

那么—那末　　　　　　内讧—内哄

凝练—凝炼　　　　　　牛仔裤—牛崽裤

纽扣—钮扣

P

扒手—掱手　　　　　　盘根错节—蟠根错节

盘踞—盘据、蟠踞、蟠据　　盘曲—蟠曲

盘陀—盘陁　　　　　　　　磐石—盘石、蟠石

蹒跚—盘跚　　　　　　　　彷徨—旁皇

披星戴月—披星带月　　　　疲沓—疲塌

漂泊—飘泊　　　　　　　　漂流—飘流

飘零—漂零　　　　　　　　飘摇—飘飖

凭空—平空

Q

牵连—牵联　　　　　　　　憔悴—蕉萃

清澈—清彻　　　　　　　　情愫—情素

拳拳—惓惓　　　　　　　　劝诚—劝戒

R

热乎乎—热呼呼　　　　　　热乎—热呼

热衷—热中　　　　　　　　人才—人材

日食—日蚀　　　　　　　　入座—入坐

S

色彩—色采　　　　　　　　杀一儆百—杀一警百

鲨鱼—沙鱼　　　　　　　　山楂—山查

舢板—舢舨　　　　　　　　艄公—梢公

奢靡—奢糜　　　　　　　　申雪—伸雪

神采—神彩　　　　　　　　湿漉漉—湿渌渌

什锦—十锦　　　　　　　　收服—收伏

首座—首坐　　　　　　　　书简—书柬

双簧—双锁　　　　　　　　思维—思惟

死心塌地—死心踏地

T

踏实—塌实　　　　　　　　甜菜—荞菜

铤而走险—挺而走险　　　　透彻—透澈

图像—图象　　　　　　　　推诿—推委

W

玩意儿—玩艺儿　　　　　　魍魉—蝄蜽

诿过—委过　　　　　　　　乌七八糟—污七八糟

无动于衷—无动于中　　　　毋宁—无宁

毋庸—无庸　　　　　　　　五彩缤纷—五采缤纷

五劳七伤—五痨七伤

X

息肉—瘜肉　　　　　　　　稀罕—希罕

稀奇—希奇　　　　　　　　稀少—希少

稀世—希世　　　　　　　　稀有—希有

翕动—噏动　　　　　　　　洗练—洗炼

贤惠—贤慧　　　　　　　　香醇—香纯

香菇—香菰　　　　　　　　相貌—像貌

潇洒—萧洒　　　　　　　　小题大做—小题大作

卸载—卸傤　　　　　　　信口开河—信口开合

惺忪—惺松　　　　　　　秀外慧中—秀外惠中

序文—叙文　　　　　　　序言—叙言

训诫—训戒

Y

压服—压伏　　　　　　　押韵—压韵

鸦片—雅片　　　　　　　扬琴—洋琴

要么—要末　　　　　　　夜宵—夜消

一锤定音——锤定音　　　一股脑儿——古脑儿

衣襟—衣衿　　　　　　　衣着—衣著

义无反顾—义无返顾　　　淫雨—霪雨

盈余—赢余　　　　　　　影像—影象

余晖—余辉　　　　　　　渔具—鱼具

渔网—鱼网　　　　　　　与会—预会

与闻—预闻　　　　　　　驭手—御手

预备—豫备①　　　　　　原来—元来

原煤—元煤　　　　　　　原原本本—源源本本、元元本本

缘故—原故　　　　　　　缘由—原由

月食—月蚀　　　　　　　月牙—月芽

芸豆—云豆

---

① "预""豫"二字,古代在"预先"的意义上通用,故形成了"预备—豫备│预防—豫防│预感—豫感│预期—豫期"等 20 多组异形词。现在此义项已完全由"预"承担。但考虑到鲁迅等名家习惯用"豫",他们的作品影响深远,故列出一组特作说明。

Z

杂沓—杂遝

崭新—斩新

战栗—颤栗①

折中—折衷

正经八百—正经八摆

肢解—支解、枝解

指手画脚—指手划脚

转悠—转游

孜孜—孳孳

仔细—子细

佐证—左证

再接再厉—再接再砺

辗转—展转

账本—帐本②

这么—这末

芝麻—脂麻

直截了当—直捷了当、直接了当

周济—赒济

装潢—装璜

姿势—姿式

自个儿—自各儿

---

　　①　"颤"有两读，读 zhàn 时，表示人发抖，与"战"相通；读 chàn 时，主要表物体轻微振动，也可表示人发抖，如"颤动"既可用于物，也可用于人。什么时候读 zhàn，什么时候读 chàn，很难从意义上把握，统一写作"颤"必然会给读音带来一定困难，故宜根据目前大多数人的习惯读音来规范词形，以利于稳定读音，避免混读。如"颤动、颤抖、颤巍巍、颤音、颤悠、发颤"多读 chàn，写作"颤"；"战栗、打冷战、打战、胆战心惊、冷战、寒战"等词习惯多读 zhàn，写作"战"。

　　②　"账"是"帐"的分化字。古人常把账目记于布帛上悬挂起来以利保存，故称日用的账目为"帐"。后来为了与帷帐分开，另造形声字"账"，表示与钱财有关。"账""帐"并存并用后，形成了几十组异形词。《简化字总表》《现代汉语通用字表》中"账""帐"均收，可见主张分化。二字分工如下："账"用于货币和货物出入的记载、债务等，如"账本、报账、借账、还账"等；"帐"专表用布、纱、绸子等制成的遮蔽物，如"蚊帐、帐篷、青纱帐（比喻用法）"等。

【附录】含有非规范字的异形词(44组)

抵触(*牴触)　　　　　　抵牾(*牴牾)

喋血(*啑血)　　　　　　仿佛(彷*佛、髣*髴)

飞扬(飞*飏)　　　　　　氛围(*雰围)

构陷(*搆陷)　　　　　　浩渺(浩*淼)

红果儿(红*菓儿)　　　　胡同(*衚*衕)

糊口(*餬口)　　　　　　蒺藜(蒺*蔾)

家伙(*傢伙)　　　　　　家具(*傢具)

家什(*傢什)　　　　　　侥幸(*傲*倖、徼*倖)

局促(*侷促、*跼促)　　　撅嘴(*噘嘴)①

克期(*剋期)　　　　　　空蒙(空*濛)

昆仑(*崑*崙)　　　　　　劳动(劳*働)

绿豆(*菉豆)　　　　　　马扎(马*剳)

蒙眬(*矇眬)　　　　　　蒙蒙(*濛*濛)

弥漫(*瀰漫)　　　　　　弥蒙(*瀰*濛)

迷蒙(迷*濛)　　　　　　渺茫(*淼茫)

飘扬(飘*飏)　　　　　　憔悴(*顦*顇)

轻扬(轻*飏)　　　　　　水果(水*菓)

趟地(*蹚地)　　　　　　趟浑水(*蹚浑水)

趟水(*蹚水)　　　　　　纨绔(纨*袴)

丫杈(*桠杈)　　　　　　丫枝(*桠枝)

殷勤(*慇*懃)　　　　　　札记(*剳记)

枝丫(枝*桠)　　　　　　跖骨(*蹠骨)

---

① 编者按:2013年6月发布的《通用规范汉字表》确认"噘"为规范字,用于"噘嘴",不再作为"撅"的异体字。

关于试用新整理 264 组异形词规范词形的建议

【编者按】这 264 组异形词为中国版协校对研究委员会、中国语文报刊协会、国家语委异形词研究课题组、《咬文嚼字》编委会研制,供语言文字管理部门研制《第二批异形词整理表》时参考,新闻出版领域也可参考执行。

教育部、国家语委发布《第一批异形词整理表》,受到了广大群众尤其是语文工作者的欢迎。2002 年 7 月 17 日,教育部、国家语委、新闻出版总署、国家广播电影电视总局、信息产业部和国家工商行政管理总局六部委联合发文,要求在各自系统内认真贯彻执行。但是,《第一批异形词整理表》仅对 338 组异形词进行规范,远远不能满足语文教学、报刊编辑、书籍出版、信息处理等实际工作的需要。

鉴于上述情况,中国版协校对研究委员会、中国语文报刊协会、国家语委异形词研究课题组、《咬文嚼字》编委会四单位,结合工作实践和群众反映,组织专家多次研讨,吸收前人研究成果,沿用整理《第一批异形词整理表》的方针、原则和方法,从通行辞书认定的异形词中抽选出一批群众较常使用、取舍倾向明显的,订成《264 组异形词整理表 (草案)》,先作为行业规范,从 2004 年 1 月起,在各自系统内试用。

我们希望听取更多的反馈意见,总结经验,对本表作进一步修订,供有关部门研制《第二批异形词整理表》参考。

每组异形词连接号前为选定的推荐词形,需要说明的问题,见表后注释(编者按:本书采用脚注方式)。本表所收条目按首字的汉语拼音音序排列,同音的按笔画数由少到多排列。如有特殊读音或容易误读的,在条目后标注汉语拼音。

中国版协校对研究委员会

中国语文报刊协会

国家语委异形词研究课题组

《咬文嚼字》编委会

2003 年 8 月 15 日

A

安分守己—安份守己　　　　暗渡陈仓—暗度陈仓

B

把式—把势　　　　　　　　般配—班配

棒槌—棒棰、棒锤　　　　　曝光—暴光

报道—报导 bàodào—bàodǎo①　　　悲愤—悲忿

悖理—背理　　　　　　　　　　　比划—比画

笔芯—笔心　　　　　　　　　　　筚路蓝缕—荜路蓝缕

辩白—辨白　　　　　　　　　　　辩词—辩辞②

拨浪鼓—波浪鼓、泼浪鼓　　　　　部分—部份

C

菜籽—菜子③　　　　　　　　　　仓皇—仓惶、仓黄、仓遑

策划—策画　　　　　　　　　　　长年累月—常年累月

唱功—唱工　　　　　　　　　　　潮乎乎—潮呼呼、潮忽忽

撤销—撤消　　　　　　　　　　　承上启下—承上起下

吃里爬外—吃里扒外　　　　　　　踟蹰—踟躇

---

① 报道—报导

"报导"的"导"旧读 dào，"报导"和"报道"同音，意义完全相同。1985 年《普通话异读词审音表》确定"导"统读 dǎo，才出现二者读音的分化。

② 辩词—辩辞

"词""辞"，在表示词语和话语时古代通用，故形成了一系列异形复合词。现在表示词语和一般话语多用"词"，如"辩词、词汇、大放厥词、悼词、遁词、贺词、夸大其词、判词、遣词、闪烁其词、誓词、题词"等；表示交际场合得体的言语多用"辞"，如"辞令"等。

③ 菜籽—菜子

"籽"是"子"的分化字。古汉语中"子"除表示孩子等意义外，还表示种子；"籽"专指某些植物的种子。"子""籽"并存并用后，形成了多组异形词。《现代汉语通用字表》"子""籽"并收，可见二字应有所分工。根据人们的使用习惯，"子"指孩子、儿子等意义，也可泛指与植物种子有关的器官(如"子房"等)；"籽"专指植物的种子，如"棉籽、菜籽、籽棉"等。但作为食品的"瓜子"(口语中儿化为 guāzǐr)不写作"瓜籽"。

串联—串连　　　　　　　　词汇—辞汇

辞令—词令

D

耷拉—搭拉　　　　　　　　搭理—答理 dāli

嗒嗒—哒哒　　　　　　　　褡裢—搭裢、搭连、褡连、褡联

打冷战—打冷颤 dǎlěngzhan①　大放厥词—大放厥辞

当当—铛铛　　　　　　　　当作—当做②

倒腾—捣腾　　　　　　　　悼词—悼辞

得意洋洋—得意扬扬　　　　灯芯—灯心③

嘀里嘟噜—滴里嘟噜　　　　调包—掉包

调换—掉换　　　　　　　　盯梢—钉梢

---

① 打冷战—打冷颤

《一表》已对"战"与"颤"构成的异形词作了注释,"颤动、颤抖、颤巍巍、颤音、颤悠、发颤"等词中的"颤"读作 chàn;"战栗、打战、打冷战、胆战心惊、冷战、寒战"等词中表示人发抖意义的"颤"读 zhàn,写作"战"。此处"打冷战"的"战"读轻声 zhan,跟读去声 zhàn 的同形词意义不同。

② 当作—当做

"做"是"作"的后起字。在"制作""从事某种活动"等义项上与"作"通用。但在现实应用中已逐渐分化:"作"多用于抽象对象或不产生实物的活动,动作性较弱;"做"侧重于具体对象或产生实物的活动,动作性较强。据此,对"当作—当做""看作—看做""装聋作哑—装聋做哑""装作—装做""作弊—做弊""作美—做美""作弄—做弄""作声—做声""作秀—做秀"等组异形词进行了整理。

③ 灯芯—灯心

"芯"是"心"的分化字,特指某些植物或圆形物体的条状形中心部分。故对相关的异形词作了整理,如"灯芯"(包括"灯芯草""灯芯绒")、"气门芯"、"笔芯"等都宜用"芯"。

丢三落四—丢三拉四　　　　冬不拉—东不拉

遁词—遁辞　　　　　　　　哆嗦—哆唆

E

峨眉山—峨嵋山

F

发愣—发楞　　　　　　　　幡然醒悟—翻然醒悟

反复—反覆　　　　　　　　愤恨—忿恨

愤怒—忿怒　　　　　　　　夫唱妇随—夫倡妇随

浮屠—浮图　　　　　　　　辐辏—辐凑

福分—福份　　　　　　　　俯首帖耳—俯首贴耳

赋予—赋与

G

胳肢窝—夹肢窝　　　　　　干吗—干嘛

咯噔—格登　　　　　　　　根底—根柢

哽咽—梗咽　　　　　　　　宫廷—宫庭

勾勒—钩勒　　　　　　　　钩针—勾针

够呛—够戗　　　　　　　　孤零零—孤另另、孤伶伶

轱辘—轱轳、毂辘　　　　　故步自封—固步自封

故伎—故技　　　　　　　　痼疾—锢疾、固疾

呱呱叫—刮刮叫

H

哈腰—呵腰

号啕—嚎啕、号咷、嚎咷

和事佬—和事老

黑咕隆咚—黑鼓隆咚、黑古龙冬

哄堂大笑—轰堂大笑

洪亮—宏亮

花里胡哨—花狸狐哨

花销—花消

浑身—混身

寒战—寒颤

好高骛远—好高务远

贺词—贺辞

黑压压—黑鸦鸦

哄笑—轰笑

呼哧—呼蚩、呼嗤、呼吃

花哨—花梢、花稍

皇历—黄历

混沌—浑沌

J

辑佚—辑逸

纪录片—记录片

茧子—趼子①

脚丫子—脚鸭子

较真—叫真

警醒—警省

倔强—倔犟

给予—给与

纪要—记要

交代—交待

脚趾—脚指

精华—菁华

酒盅—酒钟

---

① 茧子—趼子

二者的词义是包孕关系。"趼"是老茧的本字，因其状如蚕茧，人们常用"茧"字代替。今"趼"字几乎不用，故以"茧子""老茧"为推荐词形。

K

开销—开消　　　　　　　侃大山—砍大山

看作—看做　　　　　　　夸大其词—夸大其辞

宽宏大量—宽洪大量

L

老茧—老趼　　　　　　　乐呵呵—乐和和

乐滋滋—乐孜孜　　　　　厉害—利害 lìhai①

伶牙俐齿—伶牙利齿　　　流言蜚语—流言飞语

遛弯儿—蹓弯儿　　　　　乱哄哄—乱烘烘

螺纹—罗纹

M

漫道—慢道　　　　　　　漫说—慢说

毛骨悚然—毛骨耸然、毛骨竦然　　贸然—冒然

棉籽—棉子　　　　　　　渺小—藐小

藐视—渺视　　　　　　　邈远—渺远

冥冥—溟溟　　　　　　　模棱两可—摸棱两可

秣马厉兵—秣马利兵、秣马砺兵　　木樨—木犀

---

① 厉害—利害

在难以对付或忍受、剧烈、凶猛等意义上，二者音义相同。当"利害"不读轻声，读作 lìhài 时，表示事物"利"和"害"的两个方面，为另一个词。

N

闹哄哄—闹轰轰、闹烘烘　　黏稠—粘稠①

黏糊—粘糊　　　　　　　黏土—粘土

黏性—粘性　　　　　　　黏液—粘液

念叨—念道 niàndao　　　暖乎乎—暖呼呼

P

爬犁—扒犁　　　　　　　判词—判辞

皮黄—皮簧　　　　　　　剽悍—慓悍

缥缈—飘渺、漂渺、飘眇、飘邈　平白无故—凭白无故

匍匐—匍伏

Q

启程—起程　　　　　　　起锚—启锚

起讫—起迄　　　　　　　气门芯—气门心

迁就—牵就　　　　　　　遣词—遣辞

枪支—枪枝　　　　　　　情分—情份

---

① 黏稠—粘稠

"粘"字两读，一读 nián，一读 zhān。1955 年《第一批异体字整理表》将"黏"作为"粘"的异体字淘汰，1988 年《现代汉语通用字表》确认"黏"为规范字。这样，二者基本有了分工："黏"读 nián，指胶水或糨糊之类物质所具有的黏糊性质；"粘"读 zhān，指使物体附着在另一个物体上。据此，在"黏稠—粘稠""黏糊—粘糊""黏土—粘土""黏液—粘液"等组异形词中，宜用"黏"。

屈服—屈伏　　　　　　　　取消—取销

雀斑—雀瘢

R

热辣辣—热剌剌　　　　　　如雷贯耳—如雷灌耳

S

散佚—散逸　　　　　　　　砂锅—沙锅

砂壶—沙壶　　　　　　　　砂浆—沙浆

砂糖—沙糖　　　　　　　　煞风景—杀风景

煞尾—杀尾　　　　　　　　霎时—刹时

山巅—山颠　　　　　　　　煽风点火—扇风点火

闪烁其词—闪烁其辞　　　　尚方宝剑—上方宝剑

深省—深醒　　　　　　　　什么—甚么

神父—神甫　　　　　　　　省份—省分

拾遗补缺—拾遗补阙　　　　仕女画—士女画

视域—视阈　　　　　　　　誓词—誓辞

授予—授与　　　　　　　　摔跤—摔交

水分—水份　　　　　　　　水涨船高—水长船高

思辨—思辩　　　　　　　　死乞白赖—死气白赖

夙愿—宿愿　　　　　　　　素来—夙来

宿敌—夙敌　　　　　　　　宿儒—夙儒

宿怨—夙怨

T

体己—梯己 tījǐ

偁傥—俶傥

褪色—退色

题词—题辞

瞳仁—瞳人

托付—托咐

W

玩耍—顽耍

唯独—惟独①

唯利是图—惟利是图

唯其—惟其

唯一—惟一

委顿—萎顿

诿罪—委罪

萎谢—委谢

无精打采—无精打彩

顽皮　玩皮

唯恐—惟恐

唯命是从—惟命是从

唯我独尊—惟我独尊

唯有—惟有

委婉—委宛

萎靡—委靡

文采—文彩②

无上—无尚

---

① 唯独—惟独

"唯"本表示应答的声音,如"唯唯诺诺"。"惟"本是动词,表示思考、想,如"伏惟"。二字都借作副词,都表示"仅""只有"的意思。于是"唯""惟"构成了一批异形词,从现代汉语使用的情况看,用"唯"的词频高。

② 文采—文彩

"彩"是"采"的后起字,古义相通,今已分化。"彩"的意见较实在,指具体的颜色,而"采"多用于比较抽象的引申意义。据此,把"文采""兴高采烈""无精打采"定为推荐词形。

X

唏嘘—欷歔　　　　　　　喜滋滋—喜孜孜

陷阱—陷井　　　　　　　项链—项练

消歇—销歇　　　　　　　销魂—消魂

兴高采烈—兴高彩烈　　　雄赳赳—雄纠纠

漩涡—旋涡　　　　　　　熏陶—薰陶

Y

丫环—丫鬟　　　　　　　押宝—压宝

哑巴—哑吧、哑叭　　　　言不由衷—言不由中

邀功—要功 yāogōng　　　一唱百和——倡百和

一塌糊涂——蹋糊涂、一榻糊涂　　一厢情愿——相情愿

引申—引伸　　　　　　　硬邦邦—硬梆梆、硬帮帮

鱼汛—渔汛①　　　　　　渔鼓—鱼鼓

约摸—约莫　　　　　　　陨落—殒落

Z

在座—在坐　　　　　　　糟蹋—糟踏、糟塌

---

① 鱼汛—渔汛

"鱼"古代有捕鱼的意思,"鱼""渔"相通,以致时有混用。今"鱼"字已没有动词用法。"鱼汛—渔汛"指某些鱼类成群大量出现的时期,故以"鱼汛"为推荐词形。捕鱼工具的"渔具""渔网"(已见《一表》)、打击乐器的"渔鼓"等语词中的"渔"为动作方式,不宜写作"鱼"。

张皇—张惶　　　　　　照相—照像

珍馐—珍羞　　　　　　真相—真象①

支吾—枝梧、枝捂　　　装聋作哑—装聋做哑

装束—妆束　　　　　　装作—装做

仔畜—子畜　　　　　　仔猪—子猪

籽粒—子粒　　　　　　籽棉—子棉

籽实—子实　　　　　　走漏—走露

作弊—做弊　　　　　　作美—做美

作弄—做弄　　　　　　作声—做声

作秀—做秀　　　　　　坐落—座落

座次—坐次　　　　　　座位—坐位

---

① 真相—真象

　　"真相"源于佛教用语,犹言本来面目,引申指事情的真实情况,与"假象"并不构成严格的反义关系,且通用性占绝对优势。根据通用性和理据性原则,宜以"真相"为推荐词形。

普通话水平测试用儿化词语表

【编者按】《普通话水平测试用儿化词语表》供普通话水平测试用，也适应于出版领域。该表主要参照《普通话水平测试用普通话词语表》与《现代汉语词典》编制。在出版物中，本表儿化音节，在书面上一律加"儿"。表中共收词 189 条，按儿化韵母的汉语拼音顺序排列。表中列出原形韵母和所对应的儿化韵，用">"表示条目中儿化音节的注音，只在基本形式后面加 r，如"一会儿 yīhuìr"，不标语音上的实际变化。表后附《常用儿化词语表》。

一

a>ar

刀把儿 dāobàr　　　　　号码儿 hàomǎr

戏法儿 xìfǎr　　　　　在哪儿 zàinǎr

找茬儿 zhǎochár　　　　打杂儿 dǎzár

板擦儿 bǎncār

ai>ar

名牌儿 míngpáir　　　　鞋带儿 xiédàir

壶盖儿 húgàir　　　　　小孩儿 xiǎoháir

加塞儿 jiāsāir

an>ar

快板儿 kuàibǎnr　　　　老伴儿 lǎobànr

蒜瓣儿 suànbànr　　　　脸盘儿 liǎnpánr

脸蛋儿 liǎndànr　　　　收摊儿 shōutānr

栅栏儿 zhàlánr　　　　包干儿 bāogānr

笔杆儿 bǐgǎnr　　　　门槛儿 ménkǎnr

二

ang>ar(鼻化)

药方儿 yàofāngr　　　　赶趟儿 gǎntàngr

香肠儿 xiāngchángr　　　　瓜瓤儿 guārángr

三

ia>iar

掉价儿 diàojiàr　　　　一下儿 yīxiàr

豆芽儿 dòuyár

ian>iar

小辫儿 xiǎobiànr　　　　照片儿 zhàopiānr

扇面儿 shànmiànr　　　　差点儿 chàdiǎnr

一点儿 yīdiǎnr　　　　雨点儿 yǔdiǎnr

聊天儿 liáotiānr　　　　拉链儿 lāliànr

冒尖儿 màojiānr　　　　　坎肩儿 kǎnjiānr

牙签儿 yáqiānr　　　　　露馅儿 lòuxiànr

心眼儿 xīnyǎnr

四

iang>iar（鼻化）

鼻梁儿 bíliángr　　　　　透亮儿 tòuliàngr

花样儿 huāyàngr

五

ua>uar

脑瓜儿 nǎoguār　　　　　大褂儿 dàguàr

麻花儿 máhuār　　　　　笑话儿 xiàohuar

牙刷儿 yáshuār

uai>uar

一块儿 yīkuàir

uan>uar

茶馆儿 cháguǎnr　　　　　饭馆儿 fànguǎnr

火罐儿 huǒguànr　　　　　落款儿 luòkuǎnr

打转儿 dǎzhuǎnr　　　　　拐弯儿 guǎiwānr

好玩儿 hǎowánr　　　　　大腕儿 dàwànr

六

uang>uar(鼻化)

蛋黄儿 dànhuángr　　　　打晃儿 dǎhuàngr

天窗儿 tiānchuāngr

七

üan>üar

烟卷儿 yānjuǎnr　　　　手绢儿 shǒujuànr

出圈儿 chūquānr　　　　包圆儿 bāoyuánr

人缘儿 rényuánr　　　　绕远儿 ràoyuǎnr

杂院儿 záyuànr

八

ei>er

刀背儿 dāobèir　　　　摸黑儿 mōhēir

en>er

老本儿 lǎoběnr　　　　花盆儿 huāpénr

嗓门儿 sǎngménr　　　　把门儿 bǎménr

哥们儿 gēmenr　　　　纳闷儿 nàmènr

后跟儿 hòugēnr　　　　高跟儿鞋 gāogēnrxié

别针儿 biézhēnr 一阵儿 yīzhènr

走神儿 zǒushénr 大婶儿 dàshěnr

小人儿书 xiǎorénrshū 杏仁儿 xìngrénr

刀刃儿 dāorènr

九

eng>er(鼻化)

钢镚儿 gāngbèngr 夹缝儿 jiāfèngr

脖颈儿 bógěngr 提成儿 tíchéngr

十

ie>ier

半截儿 bànjiér 小鞋儿 xiǎoxiér

üe>üer

旦角儿 dànjuér 主角儿 zhǔjuér

十一

uei>uer

跑腿儿 pǎotuǐr 一会儿 yīhuìr

耳垂儿 ěrchuír 墨水儿 mòshuǐr

围嘴儿 wéizuǐr 走味儿 zǒuwèir

uen＞uer

打盹儿 dǎdǔnr　　　　　　胖墩儿 pàngdūnr

砂轮儿 shālúnr　　　　　　冰棍儿 bīnggùnr

没准儿 méizhǔnr　　　　　　开春儿 kāichūnr

ueng＞uer（鼻化）

小瓮儿 xiǎowèngr

十二

-i（前）＞er

瓜子儿 guāzǐr　　　　　　石子儿 shízǐr

没词儿 méicír　　　　　　挑刺儿 tiāocìr

-i（后）＞er

墨汁儿 mòzhīr　　　　　　锯齿儿 jùchǐr

记事儿 jìshìr

十三

i＞i：er

针鼻儿 zhēnbír　　　　　　垫底儿 diàndǐr

肚脐儿 dùqír　　　　　　玩意儿 wányìr

in＞i：er

有劲儿 yǒujìnr　　　　　　送信儿 sòngxìnr

脚印儿 jiǎoyìnr

十四

ing>i：er(鼻化)

花瓶儿 huāpíngr　　　　打鸣儿 dǎmíngr

图钉儿 túdīngr　　　　　门铃儿 ménlíngr

眼镜儿 yǎnjìngr　　　　蛋清儿 dànqīngr

火星儿 huǒxīngr　　　　人影儿 rényǐngr

十五

ü>ü：er

毛驴儿 máolúr　　　　　小曲儿 xiǎoqǔr

痰盂儿 tányúr

ün>ü：er

合群儿 héqúnr

十六

e>er

模特儿 mótèr　　　　　逗乐儿 dòulèr

唱歌儿 chànggēr　　　　挨个儿 āigèr

打嗝儿 dǎgér   饭盒儿 fànhér

在这儿 zàizhèr

十七

u>ur

碎步儿 suìbùr   没谱儿 méipǔr

儿媳妇儿 érxífur   梨核儿 líhúr

泪珠儿 lèizhūr   有数儿 yǒushùr

十八

ong>or（鼻化）

果冻儿 guǒdòngr   门洞儿 méndòngr

胡同儿 hútòngr   抽空儿 chōukòngr

酒盅儿 jiǔzhōngr   小葱儿 xiǎocōngr

iong>ior（鼻化）

小熊儿 xiǎoxióngr

十九

ao>aor

红包儿 hóngbāor   灯泡儿 dēngpàor

半道儿 bàndàor   手套儿 shǒutàor

跳高儿 tiàogāor　　　叫好儿 jiàohǎor

口罩儿 kǒuzhàor　　　绝招儿 juézhāor

口哨儿 kǒushàor　　　蜜枣儿 mìzǎor

二十

iao>iaor

鱼漂儿 yúpiāor　　　火苗儿 huǒmiáor

跑调儿 pǎodiàor　　　面条儿 miàntiáor

豆角儿 dòujiǎor　　　开窍儿 kāiqiàor

二十一

ou>our

衣兜儿 yīdōur　　　老头儿 lǎotóur

年头儿 niántóur　　　小偷儿 xiǎotōur

门口儿 ménkǒur　　　纽扣儿 niǔkòur

线轴儿 xiànzhóur　　　小丑儿 xiǎochǒur

加油儿 jiāyóur

二十二

iou>iour

顶牛儿 dǐngniúr　　　抓阄儿 zhuājiūr

棉球儿 miánqiúr

二十三

uo>uor

火锅儿 huǒguōr　　　　　做活儿 zuòhuór

大伙儿 dàhuǒr　　　　　　邮戳儿 yóuchuōr

小说儿 xiǎoshuōr　　　　　被窝儿 bèiwōr

(o)>or

耳膜儿 ěrmór　　　　　　　粉末儿 fěnmòr

附:常用儿化词表

【A】

挨个儿　挨门儿　矮凳儿　暗处儿　暗号儿　暗花儿
熬头儿

【B】

八成儿　八字儿　疤瘌眼儿　拔火罐儿　拔尖儿　白案儿

白班儿　白干儿　白卷儿　白面儿　百叶儿　摆谱儿

摆设儿　败家子儿　班底儿　板擦儿　半边儿　半道儿

半点儿　半截儿　半路儿　帮忙儿　绑票儿　傍晚儿

包干儿　饱嗝儿　宝贝儿　北边儿　贝壳儿　背面儿

背气儿　背心儿　背影儿　被单儿　被窝儿　奔头儿

本家儿　本色儿　鼻梁儿　笔架儿　笔尖儿　笔套儿
笔调儿　边框儿　变法儿　便门儿　便条儿　标签儿
别名儿　鬓角儿　冰棍儿　病根儿　病号儿　不大离儿
不得劲儿　不对茬儿　不是味儿　布头儿

【C】

擦黑儿　猜谜儿　彩号儿　菜单儿　菜花儿　菜子儿
蚕子儿　藏猫儿　草底儿　草帽儿　茶馆儿　茶花儿
茶几儿　茶盘儿　茶座儿　岔道儿　差不离儿　差点儿
长短儿　长袍儿　敞口儿　唱本儿　唱高调儿　唱片儿
抄道儿　趁早儿　成个儿　秤杆儿　吃喝儿　吃劲儿
尺码儿　虫眼儿　抽筋儿　抽空儿　抽签儿　筹码儿
出活儿　出门儿　出名儿　出数儿　雏儿　橱柜儿
窗洞儿　窗花儿　窗口儿　窗帘儿　窗台儿　床单儿
吹风儿　槌儿　春卷儿　春联儿　戳儿　词儿
瓷瓦儿　葱花儿　从头儿　从小儿　凑热闹儿　凑数儿
粗活儿　醋劲儿　搓板儿

【D】

搭伴儿　搭脚儿　答茬儿　打蹦儿　打盹儿　打嗝儿
打滚儿　打晃儿　打价儿　打愣儿　打鸣儿　打谱儿
打挺儿　打眼儿　打杂儿　打转儿　大褂儿　大伙儿
大婶儿　带儿　带劲儿　单个儿　单间儿　单调儿
蛋黄儿　当面儿　当票儿　刀把儿　刀背儿　刀片儿

刀刃儿　　倒影儿　　道口儿　　得劲儿　　灯泡儿　　底儿

底稿儿　　底座儿　　地方儿　　地面儿　　地盘儿　　地皮儿

地摊儿　　点儿　　　点头儿　　踮脚儿　　电影儿　　垫圈儿

钓竿儿　　调号儿　　调门儿　　掉包儿　　碟儿　　　丁点儿

顶牛儿　　顶事儿　　顶针儿　　定弦儿　　动画片儿　兜儿

斗嘴儿　　豆花儿　　豆角儿　　豆芽儿　　逗乐儿　　逗笑儿

独院儿　　对过儿　　对号儿　　对劲儿　　对口儿　　对联儿

对门儿　　对面儿　　对味儿　　刴眼儿　　多半儿　　多会儿

朵儿

【E】

摁钉儿　　摁扣儿　　耳垂儿　　耳朵眼儿　耳根儿

【F】

发火儿　　翻白眼儿　翻本儿　　反面儿　　饭馆儿　　饭盒儿

饭碗儿　　房檐儿　　肥肠儿　　费劲儿　　坟头儿　　粉末儿

粉皮儿　　粉条儿　　风车儿　　风儿　　　封口儿　　缝儿

【G】

旮旯儿　　盖戳儿　　盖儿　　　赶早儿　　干活儿　　干劲儿

高调儿　　高招儿　　稿儿　　　个儿　　　个头儿　　各行儿

各样儿　　跟班儿　　跟前儿　　工夫儿　　工头儿　　勾芡儿

钩针儿　　够本儿　　够劲儿　　够数儿　　够味儿　　瓜子儿

挂名儿　　乖乖儿　　拐棍儿　　拐角儿　　拐弯儿　　管儿

管事儿　　罐儿　　　光板儿　　光杆儿　　光棍儿　　鬼脸儿
锅贴儿　　蝈蝈儿　　过门儿

【H】

哈哈儿　　还价儿　　行当儿　　好好儿　　好天儿　　好玩儿
好性儿　　好样儿　　号儿　　　号码儿　　合股儿　　合伙儿
合身儿　　河沿儿　　盒儿　　　黑道儿　　红人儿　　猴儿
后边儿　　后跟儿　　后门儿　　胡同儿　　花边儿　　花儿
花卷儿　　花瓶儿　　花纹儿　　花样儿　　花园儿　　花招儿
滑竿儿　　画稿儿　　话茬儿　　环儿　　　慌神儿　　黄花儿
回话儿　　回信儿　　魂儿　　　豁口儿　　火锅儿　　火候儿
火炉儿　　火苗儿　　火星儿

【J】

鸡杂儿　　急性儿　　记事儿　　加油儿　　家底儿　　夹缝儿
夹心儿　　价码儿　　假条儿　　肩膀儿　　箭头儿　　讲稿儿
讲价儿　　讲究儿　　胶卷儿　　胶水儿　　脚尖儿　　叫好儿
叫座儿　　较真儿　　接班儿　　接头儿　　揭底儿　　揭短儿
解闷儿　　解手儿　　借条儿　　紧身儿　　劲头儿　　镜框儿
酒令儿　　酒窝儿　　就手儿　　卷儿　　　诀窍儿　　绝招儿

【K】

开春儿　　开花儿　　开火儿　　开窍儿　　开头儿　　开小差儿
坎肩儿　　靠边儿　　科班儿　　科教片儿　磕碰儿　　壳儿

可口儿　吭气儿　吭声儿　空手儿　空地儿　空格儿
空心儿　抠门儿　抠字眼儿　口袋儿　口风儿　口哨儿
口味儿　口信儿　口罩儿　扣儿　苦头儿　裤衩儿
裤兜儿　裤脚儿　裤腿儿　挎包儿　块儿　快板儿
快手儿　筐儿　葵花子儿

【L】

拉呱儿　拉链儿　拉锁儿　腊八儿　腊肠儿　来回儿
来劲儿　来头儿　篮儿　滥调儿　捞本儿　老伴儿
老本儿　老底儿　老根儿　老话儿　老脸儿　老人儿
老样儿　泪花儿　泪人儿　泪珠儿　累活儿　冷门儿
冷盘儿　愣神儿　离谱儿　里边儿　理儿　力气活儿
连襟儿　脸蛋儿　凉粉儿　凉气儿　两截儿　两口儿
两头儿　亮儿　亮光儿　聊天儿　裂缝儿　裂口儿
零花儿　零活儿　零碎儿　零头儿　领儿　领头儿
溜边儿　刘海儿　留后路儿　柳条儿　遛弯儿　篓儿
露面儿　露馅儿　露相儿　炉门儿　路口儿　轮儿
罗锅儿　落脚儿　落款儿　落音儿

【M】

麻花儿　麻绳儿　麻线儿　马竿儿　马褂儿　买好儿
卖劲儿　满分儿　满座儿　慢性儿　忙活儿　毛驴儿
毛衫儿　冒火儿　冒尖儿　冒牌儿　帽儿　帽檐儿
没词儿　没地儿　没法儿　没劲儿　没门儿　没谱儿

没趣儿　没事儿　没头儿　没样儿　没影儿　媒婆儿

煤球儿　美人儿　美术片儿　门洞儿　门房儿　门槛儿

门口儿　门帘儿　猛劲儿　猕猴儿　谜儿　米粒儿

蜜枣儿　面条儿　面团儿　苗儿　瞄准儿　名词儿

名单儿　名片儿　明儿　明情理儿　摸黑儿　模特儿

末了儿　墨盒儿　墨水儿　墨汁儿　模样儿　木头人儿

【N】

哪儿　哪会儿　哪样儿　纳闷儿　奶名儿　奶皮儿

奶嘴儿　南边儿　南面儿　脑瓜儿　脑门儿　闹病儿

闹气儿　泥人儿　拟稿儿　年根儿　年头儿　念珠儿

鸟儿　牛劲儿　纽扣儿　农活儿　努嘴儿　挪窝儿

【O】

藕节儿

【P】

拍儿　牌儿　牌号儿　派头儿　盘儿　旁边儿

胖墩儿　刨根儿　跑堂儿　跑腿儿　配对儿　配件儿

配角儿　喷嘴儿　盆景儿　皮儿　皮猴儿　皮夹儿

偏方儿　偏旁儿　偏心眼儿　片儿　票友儿　拼盘儿

平手儿　评分儿　瓶塞儿　坡儿　破烂儿　铺盖卷儿

蒲墩儿　蒲扇儿　谱儿

【Q】

漆皮儿	棋子儿	旗袍儿	起劲儿	起名儿	起头儿
起眼儿	气球儿	汽水儿	千层底儿	签儿	前边儿
前儿	前脚儿	前面儿	前身儿	钱串儿	钱票儿
枪杆儿	枪眼儿	枪子儿	腔儿	墙根儿	墙头儿
抢先儿	悄没声儿	桥洞儿	瞧头儿	巧劲儿	俏皮话儿
亲嘴儿	轻活儿	球儿	蛐蛐儿	曲儿	取乐儿
圈儿	缺口儿	缺嘴儿			

【R】

瓢儿	让座儿	绕道儿	绕口令儿	绕圈儿	绕弯儿
绕远儿	热门儿	热闹儿	热天儿	热心肠儿	人家儿
人头儿	人味儿	人样儿	人影儿	人缘儿	日记本儿
日月儿	绒花儿	绒球儿	肉包儿	肉片儿	肉脯儿
肉丝儿	入门儿	入味儿	褥单儿		

【S】

撒欢儿	撒娇儿	撒酒风儿	撒手儿	塞儿	三弦儿
嗓门儿	沙果儿	沙瓤儿	砂轮儿	傻劲儿	色儿
山根儿	闪身儿	扇面儿	上班儿	上辈儿	上边儿
上火儿	上劲儿	上款儿	上联儿	上面儿	上身儿
上座儿	捎脚儿	哨儿	伸腿儿	身板儿	身量儿
身子骨儿	神儿	婶儿	石子儿	实心儿	使劲儿

市面儿　　事儿　　　事由儿　　是味儿　　收口儿　　收条儿

手边儿　　手戳儿　　手绢儿　　手套儿　　手头儿　　手腕儿

手心儿　　手印儿　　书本儿　　书签儿　　书桌儿　　熟道儿

熟人儿　　树梢儿　　树荫儿　　数码儿　　耍心眼儿　双料儿

双响儿　　双眼皮儿　水饺儿　　水牛儿　　水印儿　　顺便儿

顺道儿　　顺脚儿　　顺口儿　　顺路儿　　顺手儿　　顺嘴儿

说话儿　　说情儿　　说头儿　　说闲话儿　丝儿　　　撕票儿

死胡同儿　死心眼儿　死信儿　　四边儿　　四合院儿　松紧带儿

松劲儿　　松仁儿　　松子儿　　送信儿　　俗话儿　　酸枣儿

蒜瓣儿　　蒜黄儿　　蒜泥儿　　算盘儿　　算数儿

随大溜儿　随群儿　　岁数儿　　碎步儿　　孙女儿　　榫儿

锁链儿

【T】

台阶儿　　抬价儿　　摊儿　　　谈天儿　　痰盂儿　　糖葫芦儿

趟儿　　　桃仁儿　　讨好儿　　套儿　　　套间儿　　提成儿

提花儿　　蹄筋儿　　替班儿　　替身儿　　天边儿　　天窗儿

天儿　　　天天儿　　甜头儿　　挑刺儿　　挑儿　　　条儿

跳高儿　　跳绳儿　　跳远儿　　帖儿　　　贴身儿　　听信儿

同伴儿　　铜子儿　　筒儿　　　偷空儿　　偷偷儿　　头儿

头头儿　　图钉儿　　土豆儿　　土方儿　　腿儿　　　托儿

脱身儿

【W】

娃儿	袜套儿	袜筒儿	外边儿	外号儿	外间儿
外面儿	外甥女儿	外套儿	弯儿	玩儿	玩意儿
腕儿	围脖儿	围嘴儿	卫生球儿	味儿	纹路儿
窝儿	物件儿				

【X】

西边儿	稀罕儿	媳妇儿	戏班儿	戏本儿	戏词儿
戏法儿	细活儿	虾仁儿	下巴颏儿	下半天儿	下边儿
下联儿	下手儿	闲话儿	闲空儿	闲篇儿	闲气儿
弦儿	显形儿	现成儿	线头儿	馅儿	香肠儿
香瓜儿	香火儿	香水儿	箱底儿	响动儿	相片儿
像样儿	橡皮筋儿	消食儿	小白菜儿	小半儿	小辈儿
小辫儿	小不点儿	小菜儿	小抄儿	小车儿	小丑儿
小葱儿	小调儿	小工儿	小褂儿	小孩儿	小脚儿
小锣儿	小帽儿	小米儿	小名儿	小跑儿	小钱儿
小曲儿	小人儿	小嗓儿	小舌儿	小市儿	小说儿
小偷儿	小性儿	小灶儿	笑话儿	笑脸儿	笑窝儿
楔儿	歇腿儿	邪道儿	邪门儿	斜纹儿	斜眼儿
鞋帮儿	蟹黄儿	心肝儿	心坎儿	心路儿	心窝儿
心眼儿	信儿	信皮儿	杏儿	杏仁儿	胸脯儿
袖儿	袖口儿	袖筒儿	绣花儿	旋涡儿	

【Y】

压根儿	鸭子儿	牙口儿	牙签儿	牙刷儿	芽儿
雅座儿	烟卷儿	烟头儿	烟嘴儿	言声儿	沿儿
眼儿	眼角儿	眼镜儿	眼皮儿	眼圈儿	眼神儿
眼窝儿	羊倌儿	腰板儿	腰花儿	咬舌儿	咬字儿
药方儿	药面儿	药片儿	药水儿	药丸儿	药味儿
要价儿	爷们儿	页码儿	一半儿	一边儿	一道儿
一点儿	一会儿	一块儿	一溜儿	一溜烟儿	一气儿
一身儿	一手儿	一顺儿	一下儿	一些儿	一早儿
一阵儿	一总儿	衣料儿	因由儿	阴凉儿	阴影儿
音儿	瘾头儿	印儿	印花儿	迎面儿	营生儿
影儿	影片儿	应声儿	应景儿	硬面儿	硬手儿
邮包儿	邮戳儿	油饼儿	油花儿	油门儿	油皮儿
有点儿	有门儿	有趣儿	有数儿	右边儿	鱼虫儿
鱼漂儿	榆钱儿	雨点儿	原封儿	原主儿	圆圈儿
院儿	约会儿	约数儿	月份儿	月牙儿	

【Z】

呇嘴儿	杂牌儿	杂耍儿	杂院儿	脏字儿	早早儿
枣儿	渣儿	栅栏儿	宅门儿	沾边儿	长相儿
掌勺儿	掌灶儿	账本儿	账房儿	爪儿	爪尖儿
找茬儿	照面儿	照片儿	照样儿	罩儿	这儿
这会儿	这样儿	针鼻儿	针箍儿	针眼儿	枕席儿

阵儿	整个儿	正座儿	支着儿	汁儿	枝儿
直溜儿	直心眼儿	侄儿	侄女儿	纸钱儿	指名儿
指望儿	指印儿	中间儿	盅儿	钟点儿	种花儿
重活儿	轴儿	皱纹儿	珠儿	猪倌儿	竹竿儿
主角儿	主心骨儿	住家儿	抓阄儿	转角儿	转脸儿
转弯儿	装相儿	坠儿	准儿	桌面儿	滋味儿
滋芽儿	字儿	字面儿	字帖儿	字眼儿	走板儿
走道儿	走调儿	走神儿	走味儿	走样儿	嘴儿
昨儿	左边儿	作料儿	坐垫儿	坐儿	座位儿
做伴儿	做活儿	做声儿			

普通话水平测试用必读轻声词语表

【编者按】本词语表根据《普通话水平测试用普通话词语表》编制，出版物中的注音读物应参照执行。表中共收词 548 条，其中"子"尾词 207 条，按汉语拼音字母顺序排列。条目中的非轻声音节只标本调，不标变调；条目中的轻声音节，只注音，不标调号。

	帮手 bāngshou	鼻子 bízi
A	梆子 bāngzi	比方 bǐfang
爱人 àiren	膀子 bǎngzi	鞭子 biānzi
案子 ànzi	棒槌 bàngchui	扁担 biǎndan
	棒子 bàngzi	辫子 biànzi
B	包袱 bāofu	别扭 bièniu
巴掌 bāzhang	包涵 bāohan	饼子 bǐngzi
把子 bǎzi	包子 bāozi	拨弄 bōnong
把子 bàzi	豹子 bàozi	脖子 bózi
爸爸 bàba	杯子 bēizi	簸箕 bòji
白净 báijing	被子 bèizi	补丁 bǔding
班子 bānzi	本事 běnshi	不由得 bùyóude
板子 bǎnzi	本子 běnzi	不在乎 bùzàihu

步子 bùzi
部分 bùfen

C

财主 cáizhu
裁缝 cáifeng
苍蝇 cāngying
差事 chāishi
柴火 cháihuo
肠子 chángzi
厂子 chǎngzi
场子 chǎngzi
车子 chēzi
称呼 chēnghu
池子 chízi
尺子 chǐzi
虫子 chóngzi
绸子 chóuzi
除了 chúle
锄头 chútou
畜生 chùsheng
窗户 chuānghu
窗子 chuāngzi
锤子 chuízi

刺猬 cìwei
凑合 còuhe
村子 cūnzi

D

耷拉 dāla
答应 dāying
打扮 dǎban
打点 dǎdian
打发 dǎfa
打量 dǎliang
打算 dǎsuan
打听 dǎting
大方 dàfang
大爷 dàye
大夫 dàifu
带子 dàizi
袋子 dàizi
耽搁 dānge
耽误 dānwu
单子 dānzi
胆子 dǎnzi
担子 dànzi
刀子 dāozi

道士 dàoshi
稻子 dàozi
灯笼 dēnglong
凳子 dèngzi
提防 dīfang
笛子 dízi
底子 dǐzi
地道 dìdao
地方 dìfang
弟弟 dìdi
弟兄 dìxiong
点心 diǎnxin
调子 diàozi
钉子 dīngzi
东家 dōngjia
东西 dōngxi
动静 dòngjing
动弹 dòngtan
豆腐 dòufu
豆子 dòuzi
嘟囔 dūnang
肚子 dǔzi
肚子 dùzi
缎子 duànzi

队伍 duìwu

对付 duìfu

对头 duìtou

多么 duōme

E

蛾子 ézi

儿子 érzi

耳朵 ěrduo

F

贩子 fànzi

房子 fángzi

废物 fèiwu

份子 fènzi

风筝 fēngzheng

疯子 fēngzi

福气 fúqi

斧子 fǔzi

G

盖子 gàizi

甘蔗 gānzhe

杆子 gānzi

杆子 gǎnzi

干事 gànshi

杠子 gàngzi

高粱 gāoliang

膏药 gāoyao

稿子 gǎozi

告诉 gàosu

疙瘩 gēda

哥哥 gēge

胳膊 gēbo

鸽子 gēzi

格子 gézi

个子 gèzi

根子 gēnzi

跟头 gēntou

工夫 gōngfu

弓子 gōngzi

公公 gōnggong

功夫 gōngfu

钩子 gōuzi

姑姑 gūgu

姑娘 gūniang

谷子 gǔzi

骨头 gǔtou

故事 gùshi

寡妇 guǎfu

褂子 guàzi

怪物 guàiwu

关系 guānxi

官司 guānsi

罐头 guàntou

罐子 guànzi

规矩 guīju

闺女 guīnü

鬼子 guǐzi

柜子 guìzi

棍子 gùnzi

锅子 guōzi

果子 guǒzi

H

蛤蟆 háma

孩子 háizi

含糊 hánhu

汉子 hànzi

行当 hángdang

合同 hétong

和尚 héshang

核桃 hétao

盒子 hézi

红火 hónghuo

猴子 hóuzi

后头 hòutou

厚道 hòudao

狐狸 húli

胡萝卜 húluóbo

胡琴 húqin

糊涂 hútu

护士 hùshi

皇上 huángshang

幌子 huǎngzi

活泼 huópo

火候 huǒhou

伙计 huǒji

J

机灵 jīling

脊梁 jǐliang

记号 jìhao

记性 jìxing

夹子 jiāzi

家伙 jiāhuo

架势 jiàshi

架子 jiàzi

嫁妆 jiàzhuang

尖子 jiānzi

茧子 jiǎnzi

剪子 jiǎnzi

见识 jiànshi

毽子 jiànzi

将就 jiāngjiu

交情 jiāoqing

饺子 jiǎozi

叫唤 jiàohuan

轿子 jiàozi

结实 jiēshi

街坊 jiēfang

姐夫 jiěfu

姐姐 jiějie

戒指 jièzhi

金子 jīnzi

精神 jīngshen

镜子 jìngzi

舅舅 jiùjiu

橘子 júzi

句子 jùzi

卷子 juànzi

K

咳嗽 késou

客气 kèqi

空子 kòngzi

口袋 kǒudai

口子 kǒuzi

扣子 kòuzi

窟窿 kūlong

裤子 kùzi

快活 kuàihuo

筷子 kuàizi

框子 kuàngzi

困难 kùnnan

阔气 kuòqi

L

喇叭 lǎba

喇嘛 lǎma

篮子 lánzi

懒得 lǎnde

浪头 làngtou

老婆 lǎopo

老实 lǎoshi

老太太 lǎotàitai

老头子 lǎotóuzi

老爷 lǎoye

老子 lǎozi

姥姥 lǎolao

累赘 léizhui

篱笆 líba

里头 lǐtou

力气 lìqi

厉害 lìhai

利落 lìluo

利索 lìsuo

例子 lìzi

栗子 lìzi

痢疾 lìji

连累 liánlei

帘子 liánzi

凉快 liángkuai

粮食 liángshi

两口子 liǎngkǒuzi

料子 liàozi

林子 línzi

翎子 língzi

领子 lǐngzi

溜达 liūda

聋子 lóngzi

笼子 lóngzi

炉子 lúzi

路子 lùzi

轮子 lúnzi

萝卜 luóbo

骡子 luózi

骆驼 luòtuo

M

妈妈 māma

麻烦 máfan

麻利 máli

麻子 mázi

马虎 mǎhu

码头 mǎtou

买卖 mǎimai

麦子 màizi

馒头 mántou

忙活 mánghuo

冒失 màoshi

帽子 màozi

眉毛 méimao

媒人 méiren

妹妹 mèimei

门道 méndao

眯缝 mīfeng

迷糊 míhu

面子 miànzi

苗条 miáotiao

苗头 miáotou

名堂 míngtang

名字 míngzi

明白 míngbai

蘑菇 mógu

模糊 móhu

木匠 mùjiang

木头 mùtou

N

那么 nàme

奶奶 nǎinai

难为 nánwei

脑袋 nǎodai

脑子 nǎozi

能耐 néngnai

你们 nǐmen

念叨 niàndao

念头 niàntou

娘家 niángjia

镊子 nièzi

奴才 núcai

女婿 nǚxu

暖和 nuǎnhuo

疟疾 nüèji

P

拍子 pāizi

牌楼 páilou

牌子 páizi

盘算 pánsuan

盘子 pánzi

胖子 pàngzi

狍子 páozi

盆子 pénzi

朋友 péngyou

棚子 péngzi

脾气 píqi

皮子 pízi

痞子 pǐzi

屁股 pìgu

片子 piānzi

便宜 piányi

骗子 piànzi

票子 piàozi

漂亮 piàoliang

瓶子 píngzi

婆家 pójia

婆婆 pópo

铺盖 pūgai

Q

欺负 qīfu

旗子 qízi

前头 qiántou

钳子 qiánzi

茄子 qiézi

亲戚 qīnqi

勤快 qínkuai

清楚 qīngchu

亲家 qìngjia

曲子 qǔzi

圈子 quānzi

拳头 quántou

裙子 qúnzi

R

热闹 rènao

人家 rénjia

人们 rénmen

认识 rènshi

日子 rìzi

褥子 rùzi

S

塞子 sāizi

嗓子 sǎngzi

嫂子 sǎozi

扫帚 sàozhou

沙子 shāzi

傻子 shǎzi

扇子 shànzi

商量 shāngliang

晌午 shǎngwu

上司 shàngsi

上头 shàngtou

烧饼 shāobing

勺子 sháozi

少爷 shàoye

哨子 shàozi

舌头 shétou

身子 shēnzi

什么 shénme

婶子 shěnzi

生意 shēngyi

牲口 shēngkou

绳子 shéngzi

师父 shīfu

师傅 shīfu

虱子 shīzi

狮子 shīzi

石匠 shíjiang

石榴 shíliu

石头 shítou

时候 shíhou

实在 shízai

拾掇 shíduo

使唤 shǐhuan

世故 shìgu

似的 shìde

事情 shìqing

柿子 shìzi

收成 shōucheng

收拾 shōushi

首饰 shǒushi

叔叔 shūshu

梳子 shūzi

舒服 shūfu

舒坦 shūtan

疏忽 shūhu

爽快 shuǎngkuai

思量 sīliang

算计 suànji

岁数 suìshu

孙子 sūnzi

T

他们 tāmen

它们 tāmen

她们 tāmen

台子 táizi

太太 tàitai

摊子 tānzi

坛子 tánzi

毯子 tǎnzi

桃子 táozi

特务 tèwu

梯子 tīzi

蹄子 tízi

挑剔 tiāoti

挑子 tiāozi

条子 tiáozi

跳蚤 tiàozao

铁匠 tiějiang

亭子 tíngzi

头发 tóufa

头子 tóuzi

兔子 tùzi

妥当 tuǒdang

唾沫 tuòmo

W

挖苦 wāku

娃娃 wáwa

袜子 wàzi

晚上 wǎnshang

尾巴 wěiba

委屈 wěiqu

为了 wèile

位置 wèizhi

位子 wèizi

蚊子 wénzi

稳当 wěndang

我们 wǒmen

屋子 wūzi

X

稀罕 xīhan

席子 xízi

媳妇 xífu

喜欢 xǐhuan

瞎子 xiāzi

匣子 xiázi

下巴 xiàba

吓唬 xiàhu

先生 xiānsheng

乡下 xiāngxia

箱子 xiāngzi

相声 xiàngsheng

消息 xiāoxi

小伙子 xiǎohuǒzi

小气 xiǎoqi

小子 xiǎozi

笑话 xiàohua

谢谢 xièxie

心思 xīnsi

星星 xīngxing

猩猩 xīngxing

行李 xíngli

性子 xìngzi

兄弟 xiōngdi

休息 xiūxi

秀才 xiùcai

秀气 xiùqi

袖子 xiùzi

靴子 xuēzi

学生 xuésheng

学问 xuéwen

Y

丫头 yātou

鸭子 yāzi

衙门 yámen

哑巴 yǎba

胭脂 yānzhi

烟筒 yāntong

眼睛 yǎnjing

燕子 yànzi

秧歌 yāngge

养活 yǎnghuo

样子 yàngzi

吆喝 yāohe

妖精 yāojing

钥匙 yàoshi

椰子 yēzi

爷爷 yéye

叶子 yèzi

一辈子 yībèizi

衣服 yīfu

衣裳 yīshang

椅子 yǐzi

意思 yìsi

银子 yínzi

影子 yǐngzi

应酬 yìngchou

柚子 yòuzi

冤枉 yuānwang

院子 yuànzi

月饼 yuèbing

月亮 yuèliang

云彩 yúncai

运气 yùnqi

Z

在乎 zàihu

咱们 zánmen

早上 zǎoshang

怎么 zěnme

扎实 zhāshi

眨巴 zhǎba

栅栏 zhàlan

宅子 zháizi

寨子 zhàizi

张罗 zhāngluo

丈夫 zhàngfu

丈人 zhàngren

帐篷 zhàngpeng

帐子 zhàngzi

招呼 zhāohu

招牌 zhāopai

折腾 zhēteng

这个 zhège

这么 zhème

枕头 zhěntou

镇子 zhènzi

芝麻 zhīma

知识 zhīshi

侄子 zhízi

指甲 zhǐjia（zhījia）

指头 zhǐtou（zhítou）

种子 zhǒngzi

珠子 zhūzi

竹子 zhúzi

主意 zhǔyi（zhúyi）

主子 zhǔzi

柱子 zhùzi

爪子 zhuǎzi

转悠 zhuànyou

庄稼 zhuāngjia

庄子 zhuāngzi

壮实 zhuàngshi

状元 zhuàngyuan

锥子 zhuīzi

桌子 zhuōzi

字号 zìhao

自在 zìzai

粽子 zòngzi

祖宗 zǔzong

嘴巴 zuǐba

作坊 zuōfang

琢磨 zuómo

普通话异读词审音表

【编者按】2011 年 10 月,国家语委启动了新中国成立以来第三次普通话审音工作,主要内容是研制普通话审音原则,根据当前语言生活发展需要修订 1985 年发布的《普通话异读词审音表》,成立了由语言学、教育学、普通话研究以及播音主持、科技名词、地名、民族语言等领域专家组成的普通话审音委员会,设立了"普通话审音原则制定及《普通话异读词审音表》修订"课题,课题组经过多年努力,于 2016 年完成《普通话异读词审音表》修订初稿研制(见下表)。目前,此修订稿尚未正式发布,可作参考。

说　明

(1985 年发布的原审音表"说明")

一、本表所审,主要是普通话有异读的词和有异读的作为"语素"的字。不列出多音多义字的全部读音和全部义项,与字典、词典形式不同,例如:"和"字有多种义项和读音,而本表仅列出原有异读的八条词语,分列于 hè 和 huo 两种读音之下(有多种读音,较常见的在前。下同);其余无异读的音、义均不涉及。

二、在字后注明"统读"的,表示此字不论用于任何词语中只读一音(轻声变读不受此限),本表不再举出词例。例如:"阀"字注明"fá(统读)",原表"军阀""学阀""财阀"条和原表所无的"阀门"等词均不再举。

三、在字后不注"统读"的,表示此字有几种读音,本表只审订其中有异读的词语的读音。例如"艾"字本有 ài 和 yì 两音,本表只举"自怨自艾"一词,注明此处读 yì 音;至于 ài 音及其义项,并无异读,不再赘列。

四、有些字有文白二读,本表以"文"和"语"作注。前者一般用于书面语言,用于复音词和文言成语中;后者多用于口语中的单音词及少数日常生活事物的复音词中。这种情况在必要时各举词语为例。例如:"杉"字下注"(一)shān(文):紫~、红~、水~;(二)shā(语):~篙、~木"。

五、有些字除附举词例之外,酌加简单说明,以便读者分辨。说明或按具体字义,或按"动作义""名物义"等区分,例如:"畜"字下注"(一)chù(名物义):~力、家~、牲~、幼~;(二)xù(动作义):~产、~牧、~养"。

六、有些字的几种读音中某音用处较窄,另音用处甚宽,则注"除××(较少的词)念乙音外,其他都念甲音",以避免列举词条繁而未尽、挂一漏万的缺点。例如:"结"字下注"除'~了个果子''开花~果''~巴''~实'念 jiē 之外,其他都念 jié"。

七、由于轻声问题比较复杂,除《初稿》涉及的部分轻声词之外,本表一般不予审订,并删去部分原审的轻声词,例如"麻刀(dao)""容易(yi)"等。

八、本表酌增少量有异读的字或词,作了审订。

九、除因第二、六、七各条说明中所举原因而删略的词条之外,本表又删汰了部分词条。主要原因是:1.现已无异读(如"队伍""理会");2.罕用词语(如"表分""仔密");3.方言土音(如"归里包堆〔zuī〕""告送〔song〕");4.不常用的文言词语(如"刍荛""氍毹");5.音变现象(如"胡里八涂〔tū〕""毛毛腾腾〔tēngtēng〕");6.重复累赘(如原表"色"字的有关词语分列达 23 条之多)。删汰条目不再编入。

十、人名、地名的异读审订,除原表已涉及的少量词条外,留待以后再审。

说　明

(2016 年修订稿"说明")

一、本表为《普通话异读词审音表》(1985 年)的修订版。

二、本表条目按照异读音节的音序排列。

三、审音以异读词(包括单音节词和多音节词)为对象。例如:名物义"瓦"没有异读,动作义存在 wǎ、wà 两读,本表只对动作义"瓦"的读音进行审订。"装订"有 zhuāngdīng 和 zhuāngdìng 两读,是审音对象;"订单、预订"等词没有异读,不审。

四、不审订是否轻声、是否儿化,原表涉及轻声、儿化的条目除外。

五、不审订人名、地名等专有名词的读音,原表涉及人名、地名的条目除外。

六、条目后注明"统读"的,表示涉及此字的所有词语均读此音。例如:熏 xūn(统读),表示"熏香、烟熏、熏陶、煤气熏着了"等中的"熏"都读 xūn。

七、有些条目涉及文白异读,本表以"文"和"语"作注。前者一般用于书面语,后者一般用于口语。这种情况在必要时各举词例。例如:剥 bō(文),bāo(语),表示在"剥削"等书面复合词中读 bō,在"剥皮儿"等口语单用时读 bāo。

八、有些异读涉及词义区别,酌加简单说明,以便读者分辨。例如:泊(一)bó(停留、平静):停泊、泊车、淡泊、飘泊;(二)pō:湖泊、血泊。

九、个别条目中的"旧读""口语也读"等括注,表示在推荐读音之外读古书或口语等特定范围内实际存在的常见读音。

十、此次修订基于以下原则:

1. 以北京语音系统为审音依据。

2. 充分考虑北京语音发展趋势,同时适当参考在官话及其他方言区中的通行程度。

3. 以往审音确定的为普通话使用者广泛接受的读音,保持稳定。

4. 尽量减少没有别义作用或语体差异的异读。

5. 在历史理据和现状调查都不足以硬性划一的情况下暂时保留异读并提出推荐读音。

注:下表为 1985 年发布的原审音表(左)与 2016 年研制的向

社会公开征求意见的新审订审音表(右),"新审订"栏目空表示不作更改。

原审音表(1985年)	新审订(2016年)
A	
阿(一)ā ~訇 ~罗汉 ~木林 ~姨 (二)ē ~谀 ~附 ~胶 ~弥陀佛	
挨(一)āi ~个 ~近 (二)ái ~打 ~说	
癌 ái(统读)	
霭 ǎi(统读)	
蔼 ǎi(统读)	
隘 ài(统读)	
谙 ān(统读)	
埯 ǎn(统读)	
昂 áng(统读)	
凹 āo(统读)	

原审音表(1985 年)	新审订(2016 年)
拗(一)ào ~口 (二)niù 执~ 脾气很~	
坳 ào(统读)	
B	
拔 bá(统读)	
把 bà 印~子	
白 bái(统读)	
	拜 bái ~~(再见;分手)
膀 bǎng 翅~	
蚌(一)bàng 蛤~ (二)bèng ~埠	
傍 bàng(统读)	
磅 bàng 过~	
鲍 bāo(统读)	

续表

原审音表(1985年)	新审订(2016年)
胞 bāo(统读)	
薄(一)báo(语) 常单用,如"纸很~"。 (二)bó(文) 多用于复音词。 ~弱 稀~ 淡~ 尖嘴~舌 单~ 厚~	薄(一)báo(语) 常单用,如"纸很~ 厚~不均"。 (二)bó(文) 多用于复音词。 ~弱 稀~ 淡~ 尖嘴~舌 单~ 厚~
堡(一)bǎo 碉~ ~垒 (二)bǔ ~子 吴~ 瓦窑~ 柴沟~ (三)pù 十里~	
暴(一)bào ~露 (二)pù 一~(曝)十寒	
爆 bào(统读)	
焙 bèi(统读)	
惫 bèi(统读)	
背 bèi ~脊 ~静	
鄙 bǐ(统读)	

续表

原审音表(1985 年)	新审订(2016 年)
俾 bǐ（统读）	
笔 bǐ（统读）	
比 bǐ（统读）	
臂（一）bì 手～ ～膀 （二）bei 胳～	
庇 bì（统读）	
髀 bì（统读）	
避 bì（统读）	
辟 bì 复～	
裨 bì ～补 ～益	
婢 bì（统读）	
痹 bì（统读）	
壁 bì（统读）	
蝙 biān（统读）	
遍 biàn（统读）	

续表

原审音表(1985 年)	新审订(2016 年)
骠(一)biāo 黄~马 (二)piào ~骑　~勇	
傧 bīn (统读)	
缤 bīn (统读)	
濒 bīn (统读)	
鬓 bìn (统读)	
屏(一) bǐng ~除　~弃　~气　~息 (二)píng ~藩　~风	
柄 bǐng (统读)	
波 bō (统读)	
播 bō (统读)	
菠 bō (统读)	
剥(一)bō(文) ~削 (二)bāo(语)	

原审音表(1985 年)	新审订(2016 年)
泊(一)bó 淡~ 飘~ (二)pō 湖~ 血~	泊(一)bó(停留、平静) 停~ ~车 淡~ 飘~ (二)pō 湖~ 血~
帛 bó(统读)	
勃 bó(统读)	
钹 bó(统读)	
伯(一)bó ~~(bo) 老~ (二)bǎi 大~子(丈夫的哥哥)	伯(一)bó ~~(bo) 老~ (二)bāi 大~子(丈夫的哥哥)
箔 bó (统读)	
簸(一)bǒ 颠~ (二)bò ~箕	
膊 bo 胳~	
卜 bo 萝~	
醭 bú (统读)	
哺 bǔ (统读)	

续表

原审音表（1985 年）	新审订（2016 年）
捕 bǔ（统读）	
鹘 bǔ（统读）	
埠 bù（统读）	
C	
残 cán（统读）	
惭 cán（统读）	
灿 càn（统读）	
藏（一）cáng 矿～ （二）zàng 宝～	藏（一）cáng 矿～ 库～（丰富） （二）zàng 宝～ 大～经
糙 cāo（统读）	
嘈 cáo（统读）	
螬 cáo（统读）	
厕 cè（统读）	
岑 cén（统读）	

续表

原审音表(1985 年)	新审订(2016 年)
差(一)chā(文) 不~ 累黍 不~什么 偏~ 色~ ~别 视~ 误~ 电势~ 一念之~ ~池 ~错 言~语错 一~二错 阴错阳~ ~等 ~额 ~价 ~强人意 ~数 ~异 (二)chà(语) ~不多 ~不离 ~点儿 (三)cī 参~	差(一)chā(文) 不~ 累黍 偏~ 色~ ~别 视~ 误~ 电势~ 一念之~ ~池 ~错 言~语错 一~二错 阴错阳~ ~等 ~额 ~价 ~强人意 ~数 ~异 (二)chà(语) 不~什么 ~不多 ~不离 ~点儿 (三)cī 参~
猹 chá(统读)	
搽 chá (统读)	
阐 chǎn (统读)	
羼 chàn (统读)	
颤(一)chàn ~动 发~ (二)zhàn ~栗(战栗) 打~(打战)	颤(一)chàn(统读) (战栗、打战不写作颤)
羼 chàn (统读)	
伥 chāng (统读)	

原审音表(1985年)	新审订(2016年)
场(一)chǎng ~合 ~所 冷~ 捧~ (二)cháng 外~ 圩~ ~院 一~雨 (三)chang 排~	场(一)chǎng ~合 ~所 冷~ 捧~ 外~ 圩~ 一~大雨 (二)cháng ~院 (三)chang 排~
钞 chāo(统读)	
巢 cháo(统读)	
嘲 cháo ~讽 ~骂 ~笑	
耖 chào(统读)	
车(一)chē 安步当~ 杯水~薪 闭门造~ 螳臂当~ (二)jū (象棋棋子名称)	
晨 chén(统读)	
称 chèn ~心 ~意 ~职 对~ 相~	
撑 chēng(统读)	

续表

原审音表（1985 年）	新审订（2016 年）
乘（动作义,念 chéng） 包~制 ~便 ~风破浪 ~客 ~势 ~兴	乘（一）chéng（动作义） 包~制 ~便 ~风破浪 ~客 ~势 ~兴 （佛教术语）大~ 小~ 上~ （二）shèng（名物义） 千~之国
橙 chéng（统读）	
惩 chéng（统读）	
澄（一）chéng（文） ~清（如"~清混乱""~清问题"） （二）dèng（语） 单用,如"把水~清了"	
痴 chī（统读）	
吃 chī（统读）	
弛 chí（统读）	
褫 chǐ（统读）	
尺 chǐ ~寸 ~头	
豉 chǐ（统读）	
侈 chǐ（统读）	
炽 chì（统读）	
春 chōng（统读）	

续表

原审音表（1985 年）	新审订（2016 年）
冲 chòng ～床 ～模	
臭（一）chòu 遗～万年 （二）xiù 乳～ 铜～	
储 chǔ（统读）	
处 chǔ（动作义） ～罚 ～分 ～决 ～理 ～女 ～置	
畜（一）chù（名物义） ～力 家～ 牲～ 幼～ （二）xù（动作义） ～产 ～牧 ～养	畜（一）chù（名物义） ～力 家～ 牲～ 幼～ ～类 （二）xù（动作义） ～产 ～牧 ～养
触 chù（统读）	
搐 chù（统读）	
绌 chù（统读）	
黜 chù（统读）	
闯 chuǎng（统读）	
创（一）chuàng 草～ ～举 首～ ～造 ～作 （二）chuāng ～伤 重～	

原审音表(1985 年)	新审订(2016 年)
绰(一)chuò ~~有余 (二)chuo 宽~	
疵 cī(统读)	
雌 cí(统读)	
赐 cì(统读)	
伺 cì ~候	
枞(一)cōng ~树 (二)zōng ~阳〔地名〕	
从 cóng(统读)	
丛 cóng(统读)	
攒 cuán 万头~动 万箭~心	
脆 cuì(统读)	
撮(一)cuō ~儿 一~儿盐 一~儿匪帮 (二)zuǒ 一~儿毛	

续表

原审音表(1985年)	新审订(2016年)
措 cuò（统读）	
D	
搭 dā（统读）	
答(一)dá 报~ ~复 (二)dā ~理 ~应	
打 dá 苏~ 一~（十二个）	
大(一)dà ~夫（古官名）~王（如爆破~王、钢铁~王） (二)dài ~夫（医生）~黄 ~王（如山~王） ~城〔地名〕	大(一)dà ~夫（古官名）~王（如爆破~王、钢铁~王）~黄 (二)dài ~夫（医生）~王（如山~王）
呆 dāi（统读）	
傣 dǎi（统读）	
逮(一)dài（文）如"~捕" (二)dǎi（语）单用，如"~蚊子""~特务"	

原审音表(1985 年)	新审订(2016 年)
当(一)dāng ~地 ~间儿 ~年(指过去) ~日(指过去) ~天(指过去) ~时(指过去) (二)dàng 一个~俩 安步~车 适~ ~年(同一年) ~日(同一时候) ~天(同一天)	当(一)dāng ~地 ~间儿 ~年(指过去) ~日(指过去) ~天(指过去) ~时(指过去) (二)dàng 一个~俩 安步~车 适~ 勾~ ~年(同一年) ~日(同一时候) ~天(同一天)
档 dàng(统读)	
蹈 dǎo(统读)	
导 dǎo(统读)	
倒(一)dǎo 颠~ 颠~是非 颠~黑白 颠三~四 倾箱~箧 排山~海 ~板 ~嚼 ~仓 ~嗓 ~戈 潦~ (二)dào ~粪(把粪弄碎)	倒(一)dǎo 颠~ 颠~是非 颠~黑白 颠三~四 倾箱~箧 排山~海 ~板 ~嚼 ~仓 ~嗓 ~戈 潦~ (二)dào ~粪(翻动粪肥)
悼 dào(统读)	
纛 dào(统读)	
凳 dèng(统读)	
羝 dī(统读)	
氐 dī〔古民族名〕	

续表

原审音表(1985 年)	新审订(2016 年)
堤 dī(统读)	
提 dī ~防	
的 dí ~当 ~确	的(一)dī 打~ (二)dí ~当 ~确
抵 dǐ (统读)	
蒂 dì (统读)	
缔 dì (统读)	
谛 dì (统读)	
跌 diē (统读)	
蝶 dié (统读)	
订 dìng(统读)	
都(一)dōu ~来了 (二)dū ~市 首~ 大~(大多)	
堆 duī (统读)	
吨 dūn (统读)	
盾 dùn (统读)	

续表

原审音表 (1985 年)	新审订 (2016 年)
多 duō (统读)	
咄 duō (统读)	
掇 (一) duō ("拾取、采取" 义) (二) duo 撺~ 掂~	
裰 duō (统读)	
踱 duó (统读)	
度 duó 忖~ ~德量力	
E	
婀 ē (统读)	
F	
伐 fá (统读)	
阀 fá (统读)	
砝 fá (统读)	
法 fǎ (统读)	
发 fà 理~ 脱~ 结~	
帆 fān (统读)	
藩 fān (统读)	
梵 fàn (统读)	

续表

原审音表（1985年）	新审订（2016年）
坊（一）fāng 牌~　~巷 （二）fáng 粉~　磨~　碾~　染~　油~　谷~	
妨 fáng（统读）	
防 fáng（统读）	
肪 fáng（统读）	
沸 fèi（统读）	
汾 fén（统读）	
讽 fěng（统读）	
肤 fū（统读）	
敷 fū（统读）	
俘 fú（统读）	
浮 fú（统读）	
服 fú ~毒　~药	
拂 fú（统读）	
辐 fú（统读）	
幅 fú（统读）	
甫 fǔ（统读）	
复 fù（统读）	

原审音表（1985 年）	新审订（2016 年）
缚 fù（统读）	
G	
噶 gá（统读）	
冈 gāng（统读）	
刚 gāng（统读）	
岗 gǎng ~楼 ~哨 ~子 门~ 站~ 山~子	
港 gǎng（统读）	
葛（一）gé ~藤 ~布 瓜~ （二）gě〔姓〕（包括单、复姓）	葛 gě（统读）
隔 gé（统读）	
革 gé ~命 ~新 改~	
合 gě（一升的十分之一）	
给（一）gěi（语）单用 （二）jǐ（文） 补~ 供~ 供~制 ~予 配~ 自~ 自足	
亘 gèn（统读）	
更 gēng 五~ ~生	

续表

原审音表(1985 年)	新审订(2016 年)
供(一)gōng ~给 提~ ~销 (二)gòng 口~ 翻~ 上~	
佝 gōu (统读)	
枸 gǒu ~杞	
勾 gòu ~当	
估(除"~衣"读 gù 外,都读 gū)	
骨(除"~碌""~朵"读 gū 外,都读 gǔ)	
谷 gǔ ~雨	
锢 gù(统读)	
冠(一)guān(名物义) ~心病 (二)guàn(动作义) 沐猴而~ ~军	
犷 guǎng(统读)	
庋 guǐ(统读)	

续表

原审音表(1985 年)	新审订(2016 年)
	匮 guì(同"柜") 石室金~《金~要略》
桧 (一)guì[树名] (二)huì[人名]"秦~"	
刽 guì(统读)	
聒 guō(统读)	
蝈 guō(统读)	
过(除姓氏读 guō 外,都读 guò)	
H	
虾 há ~蟆	
哈 (一)hǎ ~达 (二) hà ~什蚂	哈 hā(除姓氏和"哈达"的"哈"读 hǎ 外,都读 hā)
汗 hán 可~	
巷 hàng ~道	
号 háo 寒~虫	

续表

原审音表(1985 年)	新审订(2016 年)
和（一）hè 唱~ 附~ 曲高~寡 （二）huo 搀~ 搅~ 暖~ 热~ 软~	和（一）hè 唱~ 附~ 曲高~寡 （二）huo 掺~ 搅~ 暖~ 热~ 软~
貉（一）hé(文) 一丘之~ （二）háo(语) ~绒 ~子	
壑 hè(统读)	
褐 hè(统读)	
喝 hè ~采 ~道 ~令 ~止 呼幺~六	
鹤 hè（统读）	
黑 hēi（统读）	
亨 hēng(统读)	
横（一）héng ~肉 ~行霸道 （二）hèng 蛮~ ~财	
訇 hōng(统读)	

续表

原审音表(1985 年)	新审订(2016 年)
虹(一)hóng(文) ~彩 ~吸 (二)jiàng(语)单说	虹 hóng(统读) (口语单说也读 jiàng)
讧 hòng（统读）	
囫 hú（统读）	
瑚 hú（统读）	
蝴 hú（统读）	
桦 huà（统读）	
徊 huái（统读）	
踝 huái（统读）	
浣 huàn（统读）	
黄 huáng（统读）	
荒 huang 饥~（指经济困难）	
诲 huì（统读）	
贿 huì（统读）	
会 huì 一~儿 多~儿 ~厌（生理名词）	
混 hùn ~合 ~乱 ~凝土 ~淆 ~血儿 ~杂	
蠖 huò（统读）	

原审音表(1985年)	新审订(2016年)
霍 huò (统读)	
豁 huò ~亮	
获 huò (统读)	
J	
羁 jī(统读)	
击 jī(统读)	
奇 jī ~数	
芨 jī(统读)	
缉 (一)jī 通~ 侦~ (二)qī ~鞋口	
几 jī 茶~ 条~	几 jī 茶~ 条~ ~乎
圾 jī(统读)	
戢 jí(统读)	
疾 jí(统读)	
汲 jí(统续)	
棘 jí(统读)	

续表

原审音表(1985 年)	新审订(2016 年)
藉 jí 狼~(籍)	
嫉 jí(统读)	
脊 jǐ(统读)	
纪(一)jǐ〔姓〕 (二)jì	统读 jì (纪姓旧读 jǐ)
偈 jì ~语	
绩 jì(统读)	
迹 jì(统读)	
寂 jì(统读)	
箕 ji 簸~	
辑 ji 逻~	
茄 jiā 雪~	
夹 jiā ~带 藏掖 ~道儿 ~攻 ~棍 ~生 ~杂~竹桃 ~注	夹 jiā (除夹层、双层义读 jiá,如"~袄 ~衣",其余义读 jiā)
浃 jiā (统读)	
甲 jiǎ (统读)	

原审音表(1985 年)	新审订(2016 年)
歼 jiān（统读）	
鞯 jiān（统读）	
间（一）jiān ~不容发 中~ （二）jiàn 中~儿 ~道 ~谍 ~断 ~或 ~接 ~距 ~隙 ~续 ~阻 ~作 挑拨离~	
趼 jiǎn（统读）	
俭 jiǎn（统读）	
缰 jiāng（统读）	
膙 jiǎng（统读）	
嚼（一）jiáo（语） 味同~蜡 咬文~字 （二）jué（文） 咀~ 过屠门而大~ （三）jiào 倒~（倒嚼）	
侥 jiǎo ~幸	

续表

原审音表(1985年)	新审订(2016年)
角 (一) jiǎo 八~(大茴香) ~落 独~戏 ~膜 ~度 ~儿(犄~) ~楼 勾心斗~ 号~ 口~(嘴~) 鹿~菜 头~ (二) jué ~斗 ~儿(脚色) 口~(吵嘴) 主~儿 配~儿 ~力 捧~儿	
脚 (一) jiǎo 根~ (二) jué ~儿(也作"角儿",脚色)	
剿 (一) jiǎo 围~ (二) chāo ~说 ~袭	
校 jiào ~勘 ~样 ~正	
较 jiào (统读)	
酵 jiào (统读)	
嗟 jiē (统读)	
疖 jiē (统读)	

续表

原审音表（1985年）	新审订（2016年）
结（除"~了个果子""开花~果""~巴""~实"念 jiē 之外，其他都念 jié）	
睫 jié(统读)	
芥（一）jiè ~菜（一般的芥菜）~末 （二）gài ~菜（也作"盖菜"）~蓝菜	芥 jiè（统读）
矜 jīn ~持 自~ ~怜	
仅 jǐn ~~ 绝无~有	
馑 jǐn(统读)	
觐 jìn(统读)	
浸 jìn(统读)	
斤 jin 千~（起重的工具）	（此条删除）
茎 jīng(统读)	
粳 jīng(统读)	粳 gēng(统读)
鲸 jīng(统读)	
颈 gěng 脖~子	颈 jǐng(统读) （"脖梗子"不写作"脖颈子"）

续表

原审音表(1985 年)	新审订(2016 年)
境 jìng(统读)	
痉 jìng(统读)	
劲 jìng 刚~	
窘 jiǒng(统读)	
究 jiū(统读)	
纠 jiū(统读)	
鞠 jū(统读)	
鞫 jū(统读)	
掬 jū(统读)	
苴 jū(统读)	
咀 jǔ ~嚼	
矩(一)jǔ ~形 (二)ju 规~	
俱 jù(统读)	
龟 jūn ~裂(也作"皲裂")	

续表

原审音表(1985 年)	新审订(2016 年)
菌（一）jūn 细～　病～　杆～　霉～ （二）jùn 香～　～子	
俊 jùn（统读））	
K	
卡（一）kǎ ～宾枪　～车　～介苗　～片　～通 （二）qiǎ ～子　关～	
揩 kāi（统读）	
慨 kǎi（统读）	
忾 kài（统读）	
勘 kān（统读）	
看 kān ～管　～护　～守	
慷 kāng（统读）	
拷 kǎo（统读）	
坷 kē ～拉（垃）	
疴 kē（统读）	

原审音表(1985 年)	新审订(2016 年)
壳(一)ké(语) ~儿 贝~儿 脑~ 驳~枪 (二)qiào(文) 地~ 甲~ 躯~	壳 ké (除"地壳、金蝉脱壳"中的"壳"读 qiào 外,其余读为 ké)
可 (一)kě ~~儿的 (二) kè ~汗	
恪 kè(统读)	
刻 kè(统读)	
克 kè ~扣	
空 (一)kōng ~心砖 ~城计 (二)kòng ~心吃药	
眍 kōu (统读)	
矻 kū (统读)	
酷 kù (统读)	
框 kuàng(统读)	
矿 kuàng(统读)	
傀 kuǐ (统读)	

原审音表（1985 年）	新审订（2016 年）
溃（一）kuì ~烂 （二）huì ~脓	
篑 kuì（统读）	
括 kuò（统读）	
L	
垃 lā（统读）	
邋 lā（统读）	
罱 lǎn（统读）	
缆 lǎn（统读）	
蓝 lan 苤~	
琅 láng（统读）	
捞 lāo（统读）	
劳 láo（统读）	
醪 láo（统读）	
烙（一）lào ~印 ~铁 ~饼 （二）luò 炮~（古酷刑）	

续表

原审音表(1985年)	新审订(2016年)
勒 (一)lè(文) ~逼 ~令 ~派 ~索 悬崖~马 (二)lēi(语) 多单用	
擂(除"~台""打~"读 lèi 外,都读 léi)	
礌 léi(统读)	
羸 léi(统读)	
蕾 lěi(统读)	
累(一)lèi (辛劳义,如"受~"〔受劳~〕) (二)léi (如"~赘") (三)lěi (牵连义,如"带~""~及""连~""赔~""牵~""受~")	累(一)lèi(辛劳义、牵连义) 劳~ 受~ 带~ ~及 连~ 牵~ (二)léi ~赘 (三)lěi(积累义、多次义) ~积 ~教不改 硕果~~ 罪行~~
蠡 (一)lí 管窥~测 (二)lǐ ~县 范~	
喱 lí(统读)	
连 lián (统读)	
敛 liǎn (统读)	
恋 liàn (统读)	

原审音表(1985 年)	新审订(2016 年)
量(一) liàng ~入为出 忖~ (二) liang 打~ 掂~	
踉 liàng ~跄	
潦 liáo ~草 ~倒	
劣 liè(统读)	
捩 liè(统读)	
趔 liè(统读)	
拎 līn(统读)	
遴 lín(统读)	
淋 (一)lín ~浴 ~漓 ~巴 (二)lìn ~硝 ~盐 ~病	
蛉 líng(统读)	
榴 liú (统读)	
馏(一)liú(文) 如"干~""蒸~" (二)liù(语) 如"~馒头"	
镏 liú ~金	
碌 liù ~碡	

原审音表(1985 年)	新审订(2016 年)
笼(一)lóng(名物义) ~子 牢~ (二)lǒng(动作义) ~络 ~括 ~统 ~罩	
偻(一)lóu 佝~ (二)lǚ 伛~	
嵝 lou 岖~	
虏 lǔ(统读)	
掳 lǔ(统读)	
露(一)lù(文) 赤身~体 ~天 ~骨 ~头角 藏头~尾 抛头~面 ~头(矿) (二)lòu(语) ~富 ~苗 ~光 ~相 ~马脚 ~头	
椤 lú(统读)	
捋(一)lǚ ~胡子 (二)luō ~袖子	
绿(一)lù(语) (二)lù(文) ~林 鸭~江	

续表

原审音表(1985年)	新审订(2016年)
孪 luán(统读)	
挛 luán(统读)	
掠 lüè(统读)	
囵 lún(统读)	
络 luò ~腮胡子	
落 (一)luò(义) ~膘 ~花生 ~魄 涨~ ~槽 着~ (二)lào(语) ~架 ~色 ~炕 ~枕 ~儿 ~子(一种曲艺) (三)là(语)(遗落义) 丢三~四 ~在后面	
M	
脉 (除"~~"念 mòmò 外,一律念 mài)	
漫 màn(统读)	
蔓(一)màn(文) ~延 不~不支 (二)wàn(语) 瓜~ 压~	
牤 māng(统读)	

原审音表(1985 年)	新审订(2016 年)
氓 máng 流~	
芒 máng(统读)	
铆 mǎo（统读）	
瑁 mào（统读）	
虻 méng（统读）	
盟 méng（统读）	
祢 mí（统读）	
眯（一）mí ~了眼(灰尘等入目,也作"迷") （二）mī ~了一会儿(小睡)　~缝着眼(微微合目)	
靡（一）mí ~费 （二）mǐ 风~　委~　披~	靡 mí(统读)
秘（除"~鲁"读 bì 外,都读 mì）	
泌（一）mì(语) 分~ （二）bì(文) ~阳〔地名〕	

续表

原审音表(1985 年)	新审订(2016 年)
娩 miǎn（统读）	
缈 miǎo（统读）	
皿 mǐn（统读）	
闽 mǐn（统读）	
茗 míng（统读）	
酩 mǐng（统读）	
谬 miù（统读）	
摸 mō（统读）	
模（一）mó ~范 ~式 ~型 ~糊 ~特儿 ~棱 两可 （二）mú ~子 ~具 ~样	
膜 mó（统读）	
摩 mó 按~ 抚~	
嬷 mó（统读）	
墨 mò（统读）	
耱 mò（统读）	
沫 mò（统读）	

续表

原审音表(1985 年)	新审订(2016 年)
缪 móu 绸~	
N	
难 (一) nán 困~(或变轻声) ~兄~弟(难得 的兄弟,现多用作贬义) (二) nàn 排~解纷 发~ 刁~ 责~ ~兄~弟 (共患难或同受苦难的人)	
蝻 nǎn (统读)	
蛲 náo (统读)	
讷 nè (统读)	
馁 něi 统读)	
嫩 nèn (统读)	
恁 nèn (统读)	
妮 nī (统读)	
拈 niān (统读)	
鲇 nián (统读)	
酿 niàng(统读)	

续表

原审音表（1985 年）	新审订（2016 年）
尿（一）niào 糖~症 （二）suī（只用于口语名词） 尿（niào）~ ~脬	
嗫 niè（统读）	
宁　（一）níng 安~ （二）nìng ~可　无~〔姓〕	
忸 niǔ（统读）	
脓 nóng（统读）	
弄　（一）nòng 玩~ （二）lòng ~堂	
暖 nuǎn（统读）	
衄 nù（统读）	
疟（一）nüè（文） ~疾 （二）yào（语） 发~子	

原审音表(1985 年)	新审订(2016 年)
娜(一)nuó 婀~ 袅~ (二)nà (人名)	
O	
殴 ōu(统读)	
呕 ōu(统读)	
P	
杷 pá(统读)	
琶 pá(统读)	
牌 pái(统读)	
排 pǎi ~子车	
迫 pǎi ~击炮	
湃 pài(统读)	
爿 pán(统读)	
胖 pán 心广体~(~为安舒貌)	胖(一)pán 心广体~(安舒义) (二)pàng 心宽体~(发胖义)
蹒 pán(统读)	

原审音表(1985 年)	新审订(2016 年)
畔 pàn（统读）	
乓 pāng（统读）	
滂 pāng（统读）	
脬 pāo（统读）	
胚 pēi（统读）	
喷（一）pēn ~嚏 （二）pèn ~香 （三）pen 嚏~	
澎 péng（统读）	
坯 pī（统读）	
披 pī（统读）	
匹 pǐ（统读）	
僻 pì（统读）	
譬 pì（统读）	
片（一）piàn ~子 唱~ 画~ 相~ 影~ ~儿会 （二）piān（口语一部分词） ~子 ~儿 唱~儿 画~儿 相~儿 影~儿	

原审音表(1985 年)	新审订(2016 年)
剽 piāo(统读)	剽(一) piáo ~窃 (二) piào ~悍
缥 piāo ~缈(飘渺)	
撇 piē ~弃	
聘 pìn (统读)	
乒 pīng (统读)	
颇 pō (统读)	
剖 pōu(统读)	
仆 (一) pū 前~后继 (二) pú ~从	
扑 pū (统读)	

续表

原审音表(1985年)	新审订(2016年)
朴(一)pǔ 俭~ ~素 ~质 (二)pō ~刀 (三)pò ~硝 厚~	
蹼 pǔ(统读)	
瀑 pù ~布	
曝(一)pù 一~十寒 (二)bào ~光(摄影术语)	
Q	
栖 qī 两~	
戚 qī(统读)	
漆 qī(统读)	
期 qī(统读)	
蹊 qī ~跷	
蛴 qí(统读)	

续表

原审音表(1985 年)	新审订(2016 年)
畦 qí(统读)	
其 qí(统读)	
骑 qí(统读)	
企 qǐ(统读)	
绮 qǐ(统读)	
杞 qǐ(统读)	
槭 qì(统读)	
洽 qià(统读)	
签 qiān(统读)	
潜 qián(统读)	
荨 (一) qián(文) ~麻 (二)xún(语) ~麻疹	荨 xún(统读)
嵌 qiàn(统读)	
欠 qian 打哈~	
戕 qiāng(统读)	
镪 qiāng ~水	

续表

原审音表(1985 年)	新审订(2016 年)
强(一)qiáng ~渡 ~取豪夺 ~制 博闻~识	强(一)qiáng ~渡 ~取豪夺 ~制 博闻~识 ~迫
(二)qiǎng 勉~ 牵~ ~词夺理 ~迫 ~颜为笑	(二)qiǎng 勉~ 牵~ ~词夺理 ~颜为笑
(三)jiàng 倔~	(三)jiàng 倔~
襁 qiǎng(统读)	
蹡 qiàng(统读)	
悄(一)qiāo ~~儿的 (二)qiǎo ~默声儿的	
橇 qiāo(统读)	
翘(一)qiào(语) ~尾巴 (二)qiáo(文) ~首 ~楚 连~	
怯 qiè(统读)	
挈 qiè(统读)	
趄 qie 趔~	
侵 qīn(统读)	

续表

原审音表(1985 年)	新审订(2016 年)
衾 qīn（统读）	
噙 qín（统读）	
倾 qīng（统读）	
亲 qìng ~家	
穹 qióng（统读）	
駿 qū（统读）	
曲（麯）qū 大~ 红~ 神~	
渠 qú（统读）	
瞿 qú（统读）	
蠼 qú（统读）	
苣 qǔ ~荬菜	
龋 qǔ（统读）	
趣 qù（统读）	
雀 què ~斑 ~盲症	
R	
髯 rán（统读）	
攘 rǎng（统读）	

原审音表(1985年)	新审订(2016年)
桡 ráo（统读）	
绕 rào（统读）	
任 rén〔姓，地名〕	
妊 rèn（统读）	
扔 rēng（统读）	
容 róng（统读）	
糅 róu（统读）	
茹 rú（统读）	
孺 rú（统读）	
蠕 rú（统读）	
辱 rǔ（统读）	
挼 ruó（统读）	
S	
靸 sǎ（统读）	
噻 sāi（统读）	
散（一）sǎn 懒~ 零零~~ ~漫 （二）sɑn 零~	散（一）sǎn 懒~ 零~ 零零~~ ~漫 （二）sàn ~开 ~落 ~布 ~失
丧 sɑng 哭~着脸	

续表

原审音表（1985 年）	新审订（2016 年）
扫（一）sǎo ~兴 （二）sào ~帚	
埽 sào（统读）	
色（一）sè（文） （二）shǎi（语）	
塞（一）sè（文）动作义 （二）sāi（语）名物义，如"活~" "瓶~"；动作义，如"把洞~住"	（一）sè（文）如"交通堵~""堰~湖" （二）sāi（语）如"活~""瓶~""把瓶口~上"
森 sēn（统读）	
煞（一）shā ~尾 收~ （二）shà ~白	
啥 shá（统读）	
厦（一）shà（语） （二）xià（文） ~门 噶~	厦（一）shà 大~ （二）xià ~门 噶~

续表

原审音表(1985 年)	新审订(2016 年)
杉(一) shān(文) 紫~ 红~ 水~ (二) shā(语) ~篙　~木	杉 shān(统读)
衫 shān(统读)	
姗 shān(统读)	
苫(一) shàn(动作义,如"~布") (二) shān(名物义,如"草~子")	苫(一) shàn(动作义) 如"~布" "把屋顶~上" (二) shān(名物义) 如"草~子"
墒 shāng(统读)	
猞 shē(统读)	
舍 shè 宿~	
慑 shè(统读)	
摄 shè(统读)	
射 shè(统读)	
谁 shéi,又音 shuí	
娠 shēn(统读)	
什(甚) shén ~么	
蜃 shèn(统读)	

续表

原审音表(1985 年)	新审订(2016 年)
葚(一) shèn(文) 桑~ (二)rèn(语) 桑~儿	葚 shèn(统读)
胜 shèng(统读)	
识 shí 常~ ~货 ~字	
似 shì ~的	
室 shì(统读)	
螫(一) shì(文) (二)zhē(语)	螫 shì(统读) ("蜇人"不写作"螫人")
匙 shi 钥~	
殊 shū(统读)	
蔬 shū(统读)	
疏 shū(统读)	
叔 shū(统读)	
淑 shū(统读)	
菽 shū(统读)	
熟(一) shú(文) (二)shóu(语)	

原审音表(1985年)	新审订(2016年)
署 shǔ(统读)	
曙 shǔ(统读)	
漱 shù(统读)	
戍 shù(统读)	
蟀 shuài(统读)	
孀 shuāng(统读)	
说 shuì 游~	说(一)shuō ~服 (二)shuì 游~ ~客
数 shuò ~见不鲜	
硕 shuò(统读)	
蒴 shuò(统读)	
艘 sōu(统读)	
嗾 sǒu(统读)	
速 sù(统读)	
塑 sù(统读)	
虽 suī(统读)	
绥 suí(统读)	
髓 suǐ(统读)	

续表

原审音表(1985 年)	新审订(2016 年)
遂(一)suì 不~ 毛~自荐 (二)suí 半身不~	
隧 suì（统读）	
隼 sǔn（统读）	
莎 suō ~草	
缩(一)suō 收~ (二)sù ~砂密(一种植物)	
唢 suō（统读）	
索 suǒ（统读）	
T	
趿 tā(统读)	
鳎 tǎ(统读)	
獭 tǎ(统读)	

续表

原审音表(1985 年)	新审订(2016 年)
沓(一)tà 重~ (二)ta 疲~ (三)dá 一~纸	沓(一)tà 重~ 疲~ (二)dá 一~纸
苔(一)tái(文) (二)tāi(语)	
探 tàn(统读)	
涛 tāo(统读)	
悌 tì(统读)	
佻 tiāo(统读)	
调 tiáo ~皮	
帖(一)tiē 妥~ 伏伏~~ 俯首~耳 (二)tiě 请~ 字~儿 (三)tiè 字~ 碑~	
听 tīng(统读)	
庭 tíng(统读)	

原审音表（1985 年）	新审订（2016 年）
骰 tóu（统读）	
凸 tū（统读）	
突 tū（统读）	
颓 tuí（统读）	
蜕 tuì（统读）	
臀 tún（统读）	
唾 tuò（统读）	
W	
娲 wā（统读）	
挖 wā（统读）	
瓦 wà ～刀	
喎 wāi（统读）	
蜿 wān（统读）	
玩 wán（统读）	
惋 wǎn（统读）	
脘 wǎn（统读）	
往 wǎng（统读）	
忘 wàng（统读）	
微 wēi（统读）	
巍 wēi（统读）	

续表

原审音表（1985 年）	新审订（2016 年）
薇 wēi（统读）	
危 wēi（统读）	
韦 wéi（统读）	
违 wéi（统读）	
唯 wéi（统读）	
圩（一）wéi ~子 （二）xū ~（墟）场	
纬 wěi（统读）	
委 wěi ~靡	
伪 wěi（统读）	
萎 wěi（统读）	
尾（一）wěi ~巴 （二）yǐ 马~儿	尾（一）wěi（文） ~巴 ~部 （二）yǐ（语） ~巴 马~儿
尉 wèi ~官	
文 wén（统读）	
闻 wén（统读）	

原审音表(1985年)	新审订(2016年)
紊 wěn(统读)	
喔 wō(统读)	
蜗 wō(统读)	
硪 wò(统读)	
诬 wū(统读)	
梧 wú(统读)	
牾 wǔ(统读)	
乌 wù ~拉(也作"靰鞡") ~拉草	
杌 wù(统读)	
鹜 wù(统读)	
X	
夕 xī(统读)	
汐 xī(统读)	
晰 xī(统读)	
析 xī(统读)	
皙 xī(统读)	
昔 xī(统读)	
溪 xī(统读)	
悉 xī(统读)	
熄 xī(统读)	

原审音表（1985 年）	新审订（2016 年）
蜥 xī（统读）	
螅 xī（统读）	
惜 xī（统读）	
锡 xī（统读）	
樨 xī（统读）	
袭 xí（统读）	
檄 xí（统读）	
峡 xiá（统读）	
暇 xiá（统读）	
吓 xià 杀鸡~猴	
鲜 xiān 屡见不~ 数见不~	鲜（一）xiān 屡见不~ 数见不~ （二）xiǎn ~为人知 寡廉~耻
锨 xiān（统读）	
纤 xiān ~维	
涎 xián（统读）	
弦 xián（统读）	
陷 xiàn（统读）	

续表

原审音表（1985 年）	新审订（2016 年）
霰 xiàn（统读）	
向 xiàng（统读）	
相 xiàng ～机行事	
涍 xiáo（统读）	
哮 xiào（统读）	
些 xiē（统读）	
颉 xié ～颃	
携 xié（统读）	
偕 xié（统读）	
挟 xié（统读）	
械 xiè（统读）	
馨 xīn（统读）	
囟 xìn（统读）	
行 xíng 操～ 德～ 发～ 品～	
省 xǐng 内～ 反～ ～亲 不～人事	
芎 xiōng（统读）	
朽 xiǔ（统读）	

续表

原审音表(1985 年)	新审订(2016 年)
宿 xiù 星～ 二十八～	
煦 xù(统读)	
蓿 xu 苜～	
癣 xuǎn(统读)	
削(一)xuē(文) 剥～ ～减 瘦～ (二)xiāo(语) 切～ ～铅笔 ～球	
穴 xué(统读)	
学 xué(统读)	
雪 xuě(统读)	
血 (一)xuè(文)用于复音词及成语,如"贫～""心～""呕心沥～""～泪史""狗～喷头"等。 (二)xiě(语)口语多单用,如"流了点儿～"及几个口语常用词,如"鸡～""～晕""～块子"等。	血 xuě (统读) (口语单用也读 xiě)
谑 xuè(统读)	
寻 xún(统读)	
驯 xùn(统读)	

原审音表(1985 年)	新审订(2016 年)
逊 xùn(统读)	
熏 xùn 煤气~着了	熏 xūn(统读)
徇 xùn(统读)	
殉 xùn(统读)	
蕈 xùn(统读)	
Y	
押 yā(统读)	
崖 yá(统读)	
哑 yǎ ~然失笑	
亚 yà(统读)	
殷 yān ~红	
芫 yán ~荽	
筵 yán(统读)	
沿 yán(统读)	
焰 yàn(统读)	
夭 yāo(统读)	
肴 yáo(统读)	

续表

原审音表(1985年)	新审订(2016年)
杳 yǎo(统读)	
舀 yǎo(统读)	
钥(一)yào(语) ~匙 (二)yuè(文) 锁~	
曜 yào(统读)	
耀 yào(统读)	
椰 yē (统读)	
噎 yē (统读)	
叶 yè ~公好龙	
曳 yè 弃甲~兵 摇~ ~光弹	
屹 yì(统读)	
轶 yì(统读)	
谊 yì(统读)	
懿 yì(统读)	
诣 yì(统读)	
艾 yì 自怨自~	

原审音表(1985 年)	新审订(2016 年)
荫 yìn(统读) ("树~""林~道"应作"树阴""林阴道")	荫(一)yīn ~蔽 ~翳 林~道 绿树成~ (二)yìn 庇~ 福~ ~凉
应(一)yīng ~届 ~名儿 ~许 提出的条件他都~了 是我~下来的任务 (二)yìng ~承 ~付 ~声 ~时 ~验 ~邀 ~用 ~运 ~征 里~外合	应 yìng (除"应该、应当"义读 yīng 外,其他读 yìng) ~届 ~名儿 ~许 ~承 ~付 ~声 ~验 ~用 ~运 里~外合
萦 yíng(统读)	
映 yìng(统读)	
佣 yōng ~工	佣 yōng (除"佣人"读 yòng 外,都读 yōng) 雇~ 女~ ~金
庸 yōng(统读)	
臃 yōng(统读)	
雍 yōng(统读)	
拥 yōng(统读)	
踊 yǒng(统读)	
咏 yǒng(统读)	
泳 yǒng(统读)	

续表

原审音表（1985 年）	新审订（2016 年）
莠 yǒu（统读）	
愚 yú（统读）	
娱 yú（统读）	
愉 yú（统读）	
伛 yǔ（统读）	
屿 yǔ（统读）	
吁 yù 呼～	
跃 yuè（统读）	
晕（一）yūn ～倒 头～ （二）yùn 月～ 血～ ～车	晕（一）yūn（昏迷、发昏义） ～倒 头～ 血～ ～车 （二）yùn（光圈义） 月～ 红～
酝 yùn（统读）	
Z	
匝 zā（统读）	
杂 zá（统读）	
载（一）zǎi 登～ 记～ （二）zài 搭～ 怨声～道 重～ 装～ ～歌～舞	载（一）zǎi 登～ 记～ 下～ （二）zài 搭～ 怨声～道 重～ 装～ ～歌～舞

原审音表（1985 年）	新审订（2016 年）
簪 zān（统读）	
咱 zán（统读）	
暂 zàn（统读）	
凿 záo（统读）	
择（一）zé 选~ （二）zhái ~不开 ~菜 ~席	
贼 zéi（统读）	
憎 zēng（统读）	
甑 zèng（统读）	
喳 zhā 唧唧~~	
轧（除"~钢""~辊"念 zhá 外，其他都念 yà）	
摘 zhāi（统读）	
粘 zhān ~贴	
涨 zhǎng ~落 高~	

续表

原审音表（1985 年）	新审订（2016 年）
着（一）zháo ~慌　~急　~家　~凉　~忙　~迷　~水 ~雨 （二）zhuó ~落　~手　~眼　~意　~重　不~边际 （三）zhāo 失~	
沼 zhǎo（统读）	
召 zhào（统读）	
遮 zhē（统读）	
蛰 zhé（统读）	
辙 zhé（统读）	
贞 zhēn（统读）	
侦 zhēn（统读）	
帧 zhēn（统读）	
胗 zhēn（统读）	
枕 zhěn（统读）	
诊 zhěn（统读）	
振 zhèn（统读）	
知 zhī（统读）	
织 zhī（统读）	

续表

原审音表(1985 年)	新审订(2016 年)
脂 zhī（统读）	
植 zhí（统读）	
殖（一）zhí 繁~ 生~ ~民 （二）shi 骨~	殖 zhí（统读）
指 zhǐ（统读）	
掷 zhì（统读）	
质 zhì（统读）	
蛭 zhì（统读）	
秩 zhì（统读）	
栉 zhì（统读）	
炙 zhì（统读）	
中 zhōng 人~（人口上唇当中处）	
种 zhòng 点~（义同"点播"。动宾结构念 diǎnzhǒng，义为点播种子）	
诌 zhōu（统读）	
骤 zhòu（统读）	

续表

原审音表（1985 年）	新审订（2016 年）
轴 zhòu 大~子戏 压~子	
碡 zhou 碌~	
烛 zhú（统读）	
逐 zhú（统读）	
属 zhǔ ~望	
筑 zhù（统读）	
著 zhù 土~	
转 zhuǎn 运~	
撞 zhuàng（统读）	
幢 （一）zhuàng 一~楼房 （二）chuáng 经~（佛教所设刻有经咒的石柱）	
拙 zhuō（统读）	
茁 zhuó（统读）	
灼 zhuó（统读）	
卓 zhuó（统读）	

续表

原审音表（1985 年）	新审订（2016 年）
综 zōng ~合	
纵 zòng（统读）	
粽 zòng（统读）	
镞 zú（统读）	
组 zǔ（统读）	
钻（一）zuān ~探 ~孔 （二）zuàn ~床 ~杆 ~具	钻（一）zuān ~孔（从孔穴中通过）~探 ~营 ~研 （二）zuàn ~床 ~杆 ~具 ~孔（用钻头打孔） ~头
佐 zuǒ（统读）	
唑 zuò（统读）	
柞（一）zuò ~蚕 ~绸 （二）zhà ~水（在陕西）	
做 zuò（统读）	

续表

原审音表（1985 年）	新审订（2016 年）
作（除"～坊"读 zuō 外，其余都读 zuò）	作（一）zuō ～揖 ～坊 ～弄 ～践 ～死 （二）zuó ～料 （三）zuò ～孽 ～祟

汉语拼音正词法基本规则

（GB/T 16159—2012，代替 GB/T 16159—1996，国家质量监督检验检疫总局、国家标准化管理委员会 2012 年 6 月 29 日发布，2012 年 10 月 1 日起实施）

1　范围

本标准规定了用《汉语拼音方案》拼写现代汉语的规则。内容包括分词连写规则、人名地名拼写规则、大写规则、标调规则、移行规则、标点符号使用规则等。为了适应特殊的需要，同时规定了一些变通规则。

本标准适用于文化教育、编辑出版、中文信息处理及其他方面的汉语拼音拼写。

2　规范性引用文件

下列文件对于本文件的应用是必不可少的。凡是注日期的引用文件，仅注日期的版本适用于本文件。凡是不注日期的引用文件，其最新版本（包括所有的修改单）适用于本文件。

GB/T 15834 标点符号用法

GB/T 28039 中国人名汉语拼音字母拼写规则

《汉语拼音方案》(1958 年 2 月 11 日第一届全国人民代表大会

第五次会议批准）

《中国地名汉语拼音字母拼写规则（汉语地名部分）》（1984 年12 月 25 日中国地名委员会、中国文字改革委员会、国家测绘局发布）

3　术语和定义

下列术语和定义适用于本文件。

3.1　词 word

语言里最小的、可以独立运用的单位。

3.2　汉语拼音方案 scheme for the Chinese phonetic alphabet

给汉字注音和拼写普通话语音的方案，1958 年 2 月 11 日第一届全国人民代表大会第五次会议批准。方案采用拉丁字母，并用附加符号表示声调，是帮助学习汉字和推广普通话的工具。

3.3　汉语拼音正词法 the Chinese phonetic alphabet orthography

汉语拼音的拼写规范及其书写格式的准则。

4　制定原则

4.1　本标准是在《汉语拼音方案》确定的音节拼写规则的基础上进一步规定的词的拼写规则。

4.2　以词为拼写单位，适当考虑语音、语义等因素，并兼顾词的拼写长度。

4.3　按语法词类分节规定分词连写规则。

5　总则

5.1　拼写普通话基本上以词为书写单位。例如：

rén（人）　　　　　　　　pǎo（跑）

hǎo（好）　　　　　　　　nǐ（你）

sān(三)

hěn(很)

hé(和)

ā(啊)

fúróng(芙蓉)

māma(妈妈)

yuèdú(阅读)

zhòngshì(重视)

niánqīng(年轻)

shìwēi(示威)

chuánzhī(船只)

fēicháng(非常)

āiyā(哎呀)

túshūguǎn(图书馆)

gè(个)

bǎ(把)

de(的)

pēng(砰)

qiǎokèlì(巧克力)

péngyou(朋友)

wǎnhuì(晚会)

dìzhèn(地震)

qiānmíng(签名)

niǔzhuǎn(扭转)

dànshì(但是)

dīngdōng(叮咚)

diànshìjī(电视机)

5.2　表示一个整体概念的双音节和三音节结构,连写。例如:

quánguó(全国)

dǎnxiǎo(胆小)

gōngguān(公关)

àiniǎozhōu(爱鸟周)

èzuòjù(恶作剧)

yīdāoqiē(一刀切)

chīdexiāo(吃得消)

zǒulái(走来)

huánbǎo(环保)

chángyòngcí(常用词)

yǎnzhōngdīng(眼中钉)

pòtiānhuāng(破天荒)

duìbùqǐ(对不起)

5.3　四音节及四音节以上表示一个整体概念的名称,按词或语节(词语内部由语音停顿而划分成的片段)分写,不能按词或语

节划分的,全都连写。例如:

wúfèng gāngguǎn(无缝钢管)

huánjìng bǎohù guīhuà(环境保护规划)

jīngtǐguǎn gōnglǜ fàngdàqì(晶体管功率放大器)

Zhōnghuá Rénmín Gònghéguó(中华人民共和国)

Zhōngguó Shèhuì Kēxuéyuàn(中国社会科学院)

yánjiūshēngyuàn(研究生院)

hóngshízìhuì(红十字会)

yúxīngcǎosù(鱼腥草素)

gāoměngsuānjiǎ(高锰酸钾)

gǔshēngwùxuéjiā(古生物学家)

5.4　单音节词重叠,连写;双音节词重叠,分写。例如:

rénrén(人人)　　　　　　niánnián(年年)

kànkan(看看)　　　　　　shuōshuo(说说)

dàdà(大大)　　　　　　　hónghóng de(红红的)

gègè(个个)　　　　　　　tiáotiáo(条条)

yánjiū yánjiū(研究研究)　shāngliang shāngliang(商量商量)

xuěbái xuěbái(雪白雪白)　tōnghóng tōnghóng(通红通红)

重叠并列即 AABB 式结构,连写。例如:

láiláiwǎngwǎng(来来往往)

shuōshuōxiàoxiào(说说笑笑)

qīngqīngchǔchǔ(清清楚楚)

wānwānqūqū(弯弯曲曲)

fāngfāngmiànmiàn(方方面面)

qiānqiānwànwàn(千千万万)

5.5　单音节前附成分(副、总、非、反、超、老、阿、可、无、半等)或单音节后附成分(子、儿、头、性、者、员、家、手、化、们等)与其他词语,连写。例如:

fùbùzhǎng(副部长)

zǒnggōngchéngshī(总工程师)

fùzǒnggōngchéngshī(副总工程师)

fēijīnshǔ(非金属)

fēiyèwù rényuán(非业务人员)

fǎndàndào dǎodàn(反弹道导弹)

chāoshēngbō(超声波)

lǎohǔ(老虎)

āyí(阿姨)

kěnì fǎnyìng(可逆反应)

wútiáojiàn(无条件)

bàndǎotǐ(半导体)

zhuōzi(桌子)

jīnr(今儿)

quántou(拳头)

kēxuéxìng(科学性)

shǒugōngyèzhě(手工业者)

chéngwùyuán(乘务员)

yìshùjiā(艺术家)

tuōlājīshǒu(拖拉机手)

xiàndàihuà(现代化)

háizimen(孩子们)

5.6　为了便于阅读和理解,某些并列的词、语素之间或某些缩略语当中可用连接号。例如:

bā-jiǔ tiān(八九天)

shíqī-bā suì(十七八岁)

rén-jī duìhuà(人机对话)

zhōng-xiǎoxué(中小学)

lù-hǎi-kōngjūn(陆海空军)

biànzhèng-wéiwù zhǔyì(辩证唯物主义)

Cháng-Sānjiǎo(长三角[长江三角洲])

Hù-Níng-Háng Dìqū(沪宁杭地区)

Zhè-Gàn Xiàn(浙赣线)

Jīng-Zàng Gāosù Gōnglù(京藏高速公路)

6　基本规则

6.1　分词连写规则

6.1.1　名词

6.1.1.1　名词与后面的方位词,分写。例如:

shān shàng(山上)

shù xià(树下)

mén wài(门外)

mén wàimian(门外面)

hé li(河里)

hé lǐmian(河里面)

huǒchē shàngmian(火车上面)

xuéxiào pángbiān(学校旁边)

Yǒngdìng Hé shàng(永定河上)

Huáng Hé yǐnán(黄河以南)

6.1.1.2　名词与后面的方位词已经成词的,连写。例如:

tiānshang(天上)　　　　　　　dìxia(地下)

kōngzhōng(空中)　　　　　　　hǎiwài(海外)

6.1.2　动词

6.1.2.1　动词与后面的动态助词"着""了""过",连写。例如:

kànzhe(看着)

tǎolùn bìng tōngguòle(讨论并通过了)

jìnxíngguo(进行过)

6.1.2.2　句末的"了"兼做语气助词,分写。例如:

Zhè běn shū wǒ kàn le.(这本书我看了。)

6.1.2.3　动词与所带的宾语,分写。例如:

kàn xìn(看信)　　　　　　　chī yú(吃鱼)

kāi wánxiào(开玩笑)　　　　jiāoliú jīngyàn(交流经验)

动宾式合成词中间插入其他成分的,分写。

jūle yī gè gōng(鞠了一个躬)

lǐguo sān cì fà(理过三次发)

6.1.2.4　动词(或形容词)与后面的补语,两者都是单音节的,连写;其余情况,分写。例如:

gǎohuài(搞坏)　　　　　　　dǎsǐ(打死)

shútòu(熟透)　　　　　　jiànchéng(建成[楼房])

huàwéi(化为[蒸汽])　　　dàngzuò(当作[笑话])

zǒu jìnlái(走进来)　　　　zhěnglǐ hǎo(整理好)

jiànshè chéng(建设成[公园])　gǎixiě wéi(改写为[剧本])

6.1.3　形容词

6.1.3.1　单音节形容词与用来表示形容词生动形式的前附成分或后附成分,连写。例如:

mēngmēngliàng(蒙蒙亮)　　liàngtángtáng(亮堂堂)

hēigulōngdōng(黑咕隆咚)

6.1.3.2　形容词与后面的"些""一些""点儿""一点儿",分写。例如:

dà xiē(大些)　　　　　　dà yīxiē(大一些)

kuài diǎnr(快点儿)　　　　kuài yīdiǎnr(快一点儿)

6.1.4　代词

6.1.4.1　人称代词、疑问代词与其他词语,分写。例如:

Wǒ ài Zhōngguó.(我爱中国。)

Tāmen huílái le.(他们回来了。)

Shéi shuō de?（谁说的?）

Qù nǎlǐ?（去哪里?）

6.1.4.2　指示代词"这""那",疑问代词"哪"与后面的名词或量词,分写。例如:

zhè rén(这人)

nà cì huìyì(那次会议)

zhè zhī chuán(这只船)

nǎ zhāng bàozhǐ(哪张报纸)

指示代词"这""那",疑问代词"哪"与后面的"点儿""般""边""时""会儿",连写。例如:

zhèdiǎnr(这点儿)　　　　　zhèbān(这般)

zhèbiān(这边)　　　　　　　nàshí(那时)

nàhuìr(那会儿)

6.1.4.3　"各""每""某""本""该""我""你"等与后面的名词或量词,分写。例如:

gè guó(各国)　　　　　　　gè rén(各人)

gè xuékē(各学科)　　　　　měi nián(每年)

měi cì(每次)　　　　　　　mǒu rén(某人)

mǒu gōngchǎng(某工厂)　　běn shì(本市)

běn bùmén(本部门)　　　　gāi kān(该刊)

gāi gōngsī(该公司)　　　　wǒ xiào(我校)

nǐ dānwèi(你单位)

6.1.5　数词和量词

6.1.5.1　汉字数字用汉语拼音拼写,阿拉伯数字则仍保留阿拉伯数字写法。例如:

èr líng líng bā nián(二〇〇八年)

èr fēn zhī yī(二分之一)

wǔ yòu sì fēn zhī sān(五又四分之三)

sān diǎn yī sì yī liù(三点一四一六)

líng diǎn liù yī bā(零点六一八)

635 fēnjī(635 分机)

6.1.5.2　十一到九十九之间的整数,连写。例如:

shíyī(十一)　　　　　　　　shíwǔ(十五)

sānshísān(三十三)　　　　　jiǔshíjiǔ(九十九)

6.1.5.3　"百""千""万""亿"与前面的个位数,连写;"万"
"亿"与前面的十位以上的数,分写,当前面的数词为"十"时,也可
连写。例如:

shí yì líng qīwàn èrqiān sānbǎi wǔshíliù/shíyì líng qīwàn èrqiān
sānbǎi wǔshíliù

(十亿零七万二千三百五十六)

liùshísān yì qīqiān èrbǎi liùshíbā wàn sìqiān líng jiǔshíwǔ

(六十三亿七千二百六十八万四千零九十五)

6.1.5.4　数词与前面表示序数的"第"中间,加连接号。例如:

dì-yī(第一)

dì-shísān(第十三)

dì-èrshíbā(第二十八)

dì-sānbǎi wǔshíliù(第三百五十六)

数词(限于"一"至"十")与前面表示序数的"初",连写。
例如:

chūyī(初一)　　　　　　　　chūshí(初十)

6.1.5.5　代表月日的数词,中间加连接号。例如:

wǔ-sì(五四)　　　　　　　　yīèr-jiǔ(一二·九)

6.1.5.6　数词与量词,分写。例如:

liǎng gè rén(两个人)

yī dà wǎn fàn(一大碗饭)

liǎng jiān bàn wūzi(两间半屋子)

kàn liǎng biàn(看两遍)

数词、量词与表示约数的"多""来""几",分写。

yībǎi duō gè(一百多个)

shí lái wàn rén(十来万人)

jǐ jiā rén(几家人)

jǐ tiān gōngfu(几天工夫)

"十几""几十"连写。例如:

shíjǐ gè rén(十几个人)

jǐshí gēn gāngguǎn(几十根钢管)

两个邻近的数字或表位数的单位并列表示约数,中间加连接号。例如:

sān-wǔ tiān(三五天)   qī-bā gè(七八个)

yì-wàn nián(亿万年)   qiān-bǎi cì(千百次)

复合量词内各并列成分连写。例如:

réncì(人次)

qiānwǎxiǎoshí(千瓦小时)

dūngōnglǐ(吨公里)

qiānkèmǐměimiǎo(千克·米/秒)

6.1.6 副词

副词与后面的词语,分写。例如:

hěn hǎo(很好)   dōu lái(都来)

gèng měi(更美)   zuì dà(最大)

bù lái(不来)   bù hěn hǎo(不很好)

gānggāng zǒu(刚刚走)　　　　　　fēicháng kuài(非常快)

shífēn gǎndòng(十分感动)

6.1.7　介词

介词与后面的其他词语,分写。例如:

zài qiánmiàn zǒu(在前面走)

xiàng dōngbian qù(向东边去)

wèi rénmín fúwù(为人民服务)

cóng zuótiān qǐ(从昨天起)

bèi xuǎnwéi dàibiǎo(被选为代表)

shēng yú 1940 nián(生于 1940 年)

guānyú zhège wèntí(关于这个问题)

cháozhe xiàbian kàn(朝着下边看)

6.1.8　连词

连词与其他词语,分写。例如:

gōngrén hé nóngmín(工人和农民)

tóngyì bìng yōnghù(同意并拥护)

guāngróng ér jiānjù(光荣而艰巨)

bùdàn kuài érqiě hǎo(不但快而且好)

Nǐ lái háishi bù lái?(你来还是不来?)

Rúguǒ xià dàyǔ,bǐsài jiù tuīchí.(如果下大雨,比赛就推迟。)

6.1.9　助词

6.1.9.1　结构助词"的""地""得""之""所"等与其他词语,分写。其中,"的""地""得"前面的词是单音节的,也可连写。例如:

dàdì de nǚ'ér(大地的女儿)

Zhè shì wǒ de shū./Zhè shì wǒde shū.（这是我的书。）

Wǒmen guòzhe xìngfú de shēnghuó.（我们过着幸福的生活。）

Shāngdiàn li bǎimǎnle chī de，chuān de，yòng de./Shāngdiàn li bǎimǎnle chīde，chuānde，yòngde.（商店里摆满了吃的、穿的、用的。）

mài qīngcài luóbo de（卖青菜萝卜的）

Tā zài dàjiē shang mànman de zǒu.（他在大街上慢慢地走。）

Tǎnbái de gàosù nǐ ba.（坦白地告诉你吧。）

Tā yī bù yī gè jiǎoyìnr de gōngzuòzhe.（他一步一个脚印儿地工作着。）

dǎsǎo de gānjìng（打扫得干净）

xiě de bù hǎo/xiěde bù hǎo（写得不好）

hóng de hěn/hóngde hěn（红得很）

lěng de fādǒu/lěngde fādǒu（冷得发抖）

shàonián zhī jiā（少年之家）

zuì fādá de guójiā zhī yī（最发达的国家之一）

jù wǒ suǒ zhī（据我所知）

bèi yīngxióng de shìjì suǒ gǎndòng（被英雄的事迹所感动）

6.1.9.2　语气助词与其他词语，分写。例如：

Nǐ zhīdào ma?（你知道吗?）

Zěnme hái bù lái a?（怎么还不来啊?）

Kuài qù ba!（快去吧!）

Tā yīdìng huì lái de.（他一定会来的。）

Huǒchē dào le.（火车到了。）

Tā xīnli míngbai，zhǐshì bù shuō bàle.（他心里明白，只是不说

罢了。)

6.1.9.3　动态助词

动态助词主要有"着""了""过"。见 6.1.2.1 的规定。

6.1.10　叹词

叹词通常独立于句法结构之外,与其他词语分写。例如:

À! Zhēn měi!（啊! 真美!）

Ńg,nǐ shuō shénme?（嗯,你说什么?）

Ńng,zǒuzhe qiáo ba!（哼,走着瞧吧!）

Tīng míngbai le ma? Wèi!（听明白了吗? 喂!）

Āiyā,wǒ zěnme bù zhīdào ne!（哎呀,我怎么不知道呢!）

6.1.11　拟声词

拟声词与其他词语,分写。例如:

"hōnglōng"yī shēng（"轰隆"一声）

chánchán liúshuǐ（潺潺流水）

mó dāo huòhuò（磨刀霍霍）

jījīzhāzhā jiào gè bù tíng（叽叽喳喳叫个不停）

Dà gōngjī wōwō tí.（大公鸡喔喔啼。）

"Dū——",qìdí xiǎng le.（"嘟——",汽笛响了。）

Xiǎoxī huāhuā de liútǎng.（小溪哗哗地流淌。）

6.1.12　成语和其他熟语

6.1.12.1　成语通常作为一个语言单位使用,以四字文言语句为主。结构上可以分为两个双音节的,中间加连接号。例如:

fēngpíng-làngjìng（风平浪静）

àizēng-fēnmíng（爱憎分明）

shuǐdào-qúchéng(水到渠成)

yángyáng-dàguān(洋洋大观)

píngfēn-qiūsè(平分秋色)

guāngmíng-lěiluò(光明磊落)

diānsān-dǎosì(颠三倒四)

结构上不能分为两个双音节的,全部连写。例如:

céngchūbùqióng(层出不穷)

bùyìlèhū(不亦乐乎)

zǒng'éryánzhī(总而言之)

àimònéngzhù(爱莫能助)

yīyīdàishuǐ(一衣带水)

6.1.12.2 非四字成语和其他熟语内部按词分写。例如:

bēi hēiguō(背黑锅)

yī bíkǒng chū qìr(一鼻孔出气儿)

bā gānzi dǎ bù zháo(八竿子打不着)

zhǐ xǔ zhōuguān fàng huǒ, bù xǔ bǎixìng diǎn dēng(只许州官放火,不许百姓点灯)

xiǎocōng bàn dòufu——yīqīng-èrbái(小葱拌豆腐——一清二白)

6.2 人名地名拼写规则

6.2.1 人名拼写

6.2.1.1 汉语人名中的姓和名分写,姓在前,名在后。复姓连写。双姓中间加连接号。姓和名的首字母分别大写,双姓两个字首字母都大写。笔名、别名等,按姓名写法处理。例如:

Lǐ Huá(李华)　　　　　Wáng Jiànguó(王建国)

Dōngfāng Shuò(东方朔)　　Zhūgě Kǒngmíng(诸葛孔明)

Zhāng-Wáng Shūfāng(张王淑芳)　Lǔ Xùn(鲁迅)

Méi Lánfāng(梅兰芳)　　Zhāng Sān(张三)

Wáng Mázi(王麻子)

6.2.1.2　人名与职务、称呼等,分写;职务、称呼等首字母小写。例如:

Wáng bùzhǎng(王部长)　　Tián zhǔrèn(田主任)

Wú kuàijì(吴会计)　　　Lǐ xiānsheng(李先生)

Zhào tóngzhì(赵同志)　　Liú lǎoshī(刘老师)

Dīng xiōng(丁兄)　　　Zhāng mā(张妈)

Zhāng jūn(张君)　　　Wú lǎo(吴老)

Wáng shì(王氏)　　　　Sūn mǒu(孙某)

Guóqiáng tóngzhì(国强同志)　Huìfāng āyí(慧芳阿姨)

6.2.1.3　"老""小""大""阿"等与后面的姓、名、排行,分写,分写部分的首字母分别大写。例如:

Xiǎo Liú(小刘)　　　　Lǎo Qián(老钱)

Lǎo Zhāngtour(老张头儿)　Dà Lǐ(大李)

Ā Sān(阿三)

6.2.1.4　已经专名化的称呼,连写,开头大写。例如:

Kǒngzǐ(孔子)　　　　Bāogōng(包公)

Xīshī(西施)　　　　Mèngchángjūn(孟尝君)

6.2.2　地名拼写

6.2.2.1　汉语地名中的专名和通名,分写,每一分写部分的首字母大写。例如：

Běijīng Shì(北京市)   Héběi Shěng(河北省)

Yālù Jiāng(鸭绿江)   Tài Shān(泰山)

Dòngtíng Hú(洞庭湖)   Táiwān Hǎixiá(台湾海峡)

6.2.2.2　专名与通名的附加成分,如是单音节的,与其相关部分连写。例如：

Xīliáo Hé(西辽河)

Jǐngshān Hòujiē(景山后街)

Cháoyángménnèi Nánxiǎojiē(朝阳门内南小街)

Dōngsì Shítiáo(东四十条)

6.2.2.3　已专名化的地名不再区分专名和通名,各音节连写。例如：

Hēilóngjiāng(黑龙江[省])   Wángcūn(王村[镇])

Jiǔxiānqiáo(酒仙桥[医院])

不需区分专名和通名的地名,各音节连写。例如：

Zhōukǒudiàn(周口店)   Sāntányìnyuè(三潭印月)

6.2.3　非汉语人名、地名的汉字名称,用汉语拼音拼写。例如：

Wūlánfū(乌兰夫,Ulanhu)

Jièchuān Lóngzhījiè(芥川龙之介,Akutagawa Ryunosuke)

Āpèi Āwàngjìnměi(阿沛·阿旺晋美,Ngapoi Ngawang jigme)

Mǎkèsī(马克思,Marx)

Wūlǔmùqí(乌鲁木齐,Ürümqi)

Lúndūn(伦敦,London)

Dōngjīng(东京,Tokyo)

6.2.4 人名、地名拼写的详细规则,遵循 GB/T 28039《中国人名汉语拼音字母拼写规则》《中国地名汉语拼音字母拼写规则(汉语地名部分)》。

6.3 大写规则

6.3.1 句子开头的字母大写,例如:

Chūntiān lái le.(春天来了。)

Wǒ ài wǒ de jiāxiāng.(我爱我的家乡。)

诗歌每行开头的字母大写。例如:

《Yǒude Rén》(《有的人》)

Zāng Kèjiā(臧克家)

Yǒude rén huózhe,(有的人活着,)

Tā yǐjīng sǐ le;(他已经死了;)

Yǒude rén sǐ le,(有的人死了,)

Tā hái huózhe.(他还活着。)

6.3.2 专有名词的首字母大写。例如:

Běijīng(北京)　　　　　　Chángchéng(长城)

Qīngmíng(清明)　　　　　Jǐngpōzú(景颇族)

Fēilùbīn(菲律宾)

由几个词组成的专有名词,每个词的首字母大写。例如:

Guójì Shūdiàn(国际书店)

Hépíng Bīnguǎn(和平宾馆)

Guāngmíng Rìbào(光明日报)

Guójiā Yǔyán Wénzì Gōngzuò Wěiyuánhuì(国家语言文字工作

委员会)

在某些场合,专有名词的所有字母可全部大写。例如:

XIÀNDÀI HÀNYǓ CÍDIǍN(现代汉语词典)

BĚIJĪNG(北京)

LǏ HUÁ(李华)

DŌNGFĀNG SHUÒ(东方朔)

6.3.3　专有名词成分与普通名词成分连写在一起,是专有名词或视为专有名词的,首字母大写。例如:

Míngshǐ(明史)　　　　　　　　Hànyǔ(汉语)

Yuèyǔ(粤语)　　　　　　　　　Guǎngdōnghuà(广东话)

Fójiào(佛教)　　　　　　　　　Tángcháo(唐朝)

专有名词成分与普通名词成分连写在一起,是一般语词或视为一般语词的,首字母小写。例如:

guǎnggān(广柑)　　　　　　　jīngjù(京剧)

ējiāo(阿胶)　　　　　　　　　zhōngshānfú(中山服)

chuānxiōng(川芎)　　　　　　zàngqīngguǒ(藏青果)

zhāoqín-mùchǔ(朝秦暮楚)　　qiánlúzhījì(黔驴之技)

6.4　缩写规则

6.4.1　连写的拼写单位(多音节词或连写的表示一个整体概念的结构),缩写时取每个汉字拼音的首字母,大写并连写。例如:

Běijīng(缩写:BJ)(北京)

ruǎnwò(缩写:RW)(软卧)

6.4.2　分写的拼写单位(按词或语节分写的表示一个整体概念的结构),缩写时以词或语节为单位取首字母,大写并连写。

例如：

　　guójiā biāozhǔn（缩写：GB）（国家标准）

　　hànyǔ shuǐpíng kǎoshì（缩写：HSK）（汉语水平考试）

　　pǔtōnghuà shuǐpíng cèshì（缩写：PSC）（普通话水平测试）

　　6.4.3　为了给汉语拼音的缩写形式做出标记，可在每个大写字母后面加小圆点，例如：

　　Běijīng（北京）也可缩写：B.J.

　　guójiā biāozhǔn（国家标准）也可缩写：C.B.

　　6.4.4　汉语人名的缩写，姓全写，首字母大写或每个字母大写；名取每个汉字拼音的首字母，大写，后面加小圆点。例如：

　　Lǐ Huá（缩写：Lǐ H.或 LǏ H.）（李华）

　　Wáng Jiànguó（缩写：Wáng J.G.或 WÁNG J.G.）（王建国）

　　Dōngfāng Shuò（缩写：Dōngfāng S.或 DŌNGFĀNG S.）（东方朔）

　　Zhūgě Kǒngmíng（缩写：Zhūgě K.M.或 ZHŪGĚ K.M.）（诸葛孔明）

　　6.5　标调规则

　　6.5.1　声调符号标在一个音节的主要元音（韵腹）上。韵母 iu，ui，声调符号标在后面的字母上面。在 i 上标声调符号，应省去 i 上的小点。例如：

　　āyí（阿姨）　　　　　　　　cèlüè（策略）

　　dàibiǎo（代表）　　　　　　guāguǒ（瓜果）

　　huáishù（槐树）　　　　　　kǎolǜ（考虑）

　　liúshuǐ（流水）　　　　　　xīnxiān（新鲜）

　　轻声音节不标声调，例如：

zhuāngjia(庄稼)   qīngchu(清楚)

kàndeqǐ(看得起)

6.5.2 "一""不"一般标原调,不标变调。例如:

yī jià(一架)   yī tiān(一天)

yī tóu(一头)   yī wǎn(一碗)

bù qù(不去)   bù duì(不对)

bùzhìyú(不至于)

在语言教学等方面,可根据需要按变调标写。例如:

yī tiān(一天)可标为 yì tiān,bù duì(不对)可标为 bú duì。

6.5.3 ABB、AABB 形式的词语,BB 一般标原调,不标变调,例如:

lǜyóuyóu(绿油油)

chéndiàndiàn(沉甸甸)

hēidòngdòng(黑洞洞)

piàopiàoliàngliàng(漂漂亮亮)

有些词语的 BB 在语言实际中只读变调,则标变调。例如:

hóngtōngtōng(红彤彤)

xiāngpēnpēn(香喷喷)

huángdēngdēng(黄澄澄)

6.5.4 在某些场合,专有名词的拼写,也可不标声调。例如:

Li Hua(缩写:Li H.或 LI H.)(李华)

Beijing(北京)

RENMIN RIBAO(人民日报)

WANGFUJING DAJIE(王府井大街)

6.5.5　除了《汉语拼音方案》规定的符号标调法以外,在技术处理上,也可采用数字、字母等标明声调,如采用阿拉伯数字 1、2、3、4、0 分别表示汉语四声和轻声。

6.6　移行规则

6.6.1　移行要按音节分开,在没有写完的地方加连接号。音节内部不可拆分。例如:

guāngmíng(光明)移作"……guāng-

míng"(光明)

不能移作"……gu-

āngmíng"(光明)。

缩写词(如 GB,HSK,汉语人名的缩写部分)不可移行。

Wáng J.G.(王建国)移作"……Wáng-

J.G."(王建国)

不能移作"……Wáng J.-

G."(王建国)。

6.6.2　音节前有隔音符号,移行时,去掉隔音符号,加连接号。例如:

Xī'ān(西安)移作"……Xī-

ān"(西安)

不能移作"……Xī'-

ān"(西安)。

6.6.3　在有连接号处移行时,末尾保留连接号,下行开头补加连接号。例如:

chēshuǐ-mǎlóng(车水马龙)移作"……chēshuǐ-

-mǎlóng"（车水马龙）。

6.7　标点符号使用规则

汉语拼音拼写时，句号使用小圆点"．"，连接号用半字线"-"，省略号也可使用 3 个小圆点"…"，顿号也可用逗号"，"代替，其他标点符号遵循 GB/T 15834 的规定。

7　变通规则

7.1　根据识字需要（如小学低年级和幼儿汉语识字读物），可按字注音。

7.2　辞书注音需要显示成语及其他词语内部结构时，可按词或语素分写。例如：

chīrén shuō mèng（痴人说梦）

wèi yǔ chóumóu（未雨绸缪）

shǒu kǒu rú píng（守口如瓶）

Hēng-Hā èr jiàng（哼哈二将）

Xī Liáo Hé（西辽河）

Nán-Běi Cháo（南北朝）

7.3　辞书注音为了提示轻声音节，音节前可标中圆点。例如：

zhuāng·jia（庄稼）　　　　　　　　qīng·chu（清楚）

kàn·deqǐ（看得起）

如是轻重两读，音节上仍标声调。例如：

hóu·lóng（喉咙）　　　　　　　　zhī·dào（知道）

tǔ·xīngqì（土腥气）

7.4　在中文信息处理方面，表示一个整体概念的多音节结构，可全部连写。例如：

guómínshēngchǎnzǒngzhí（国民生产总值）

jìsuànjītǐcéngchéngxiàngyí（计算机体层成像仪）

shìjièfēiwùzhìwénhuàyíchǎn（世界非物质文化遗产）

附加说明：

本标准由教育部语言文字信息管理司提出并归口。

本标准主要起草单位：中国社会科学院语言研究所、教育部语言文字应用研究所。

本标准主要起草人：董琨、李志江、金惠淑、史定国、王楠、杜翔。

中文书刊名称汉语拼音拼写法

（GB 3259—92，代替 GB 3259—82，国家技术监督局 1992 年 2 月 1 日批准，1992 年 11 月 1 日起实施）

1　主题内容与适用范围

本标准规定了用汉语拼音拼写我国出版的中文书刊名称的方法。

本标准适用于我国正式出版的中文书刊名称的汉语拼音的拼写，也适用于文献资料的信息处理。

国内出版的中文书刊应依照本标准的规定，在封面，或扉页，或封底，或版权页上加注汉语拼音书名、刊名。

2　术语

汉语拼音正词法：用《汉语拼音方案》拼写现代汉语的规则。《汉语拼音方案》确定了音节的拼写规则。汉语拼音正词法是在《汉语拼音方案》的基础上进一步规定词的拼写方法。

3　拼写规则

以词为拼写单位，并适当考虑语音、词义等因素，同时考虑词形长短适度。

4　拼写参考文献

4.1　《汉语拼音正词法基本规则》(国家教育委员会、国家语言文字工作委员会 1988 年 7 月联合公布)。

4.2　《现代汉语词典》《汉语拼音词汇》《汉英词典》。

5　拼写规则

5.1　中文书刊名称拼写基本上以词为书写单位。每个词第一个字母要大写。因设计需要,也可以全用大写。

子夜 Ziye　　　　　　　　珍珠 Zhenzhu

长城恋 Changcheng Lian　　新工具 Xin Gongju

中国青年 Zhongguo Qingnian　　人民日报 Renmin Ribao

幼儿小天地 You'er Xiao Tiandi

行政法概论 Xingzhengfa Gailun

人口经济学 Renkou Jingjixue

散文创作艺术 Sanwen Chuangzuo Yishu

5.2　结合紧密的双音节和三音节的结构(不论词或词组)连写。

海囚 Haiqiu　　　　军魂 Junhun　　　　地火 Dihuo

红楼梦 Hongloumeng　　爆破工 Baopogong　　资本论 Zibenlun

5.3　四音节以上的表示一个整体概念的名称按词(或语节)分开写,不能按词或语节划分的,全部连写。

线性代数 Xianxing Daishu

汽油发电机 Qiyou Fadianji

中华人民共和国森林法

Zhonghua Renmin Gongheguo Senlinfa

高压架空送电线路机械设计

Gaoya Jiakong Songdian Xianlu Jixie Sheji

微积分学 Weijifenxue

极限环论 Jixianhuanlun

非平衡态统计力学 Feipinghengtai Tongji Lixue

5.4　名词与单音节前加成分和单音节后加成分，连写。

超声波 Chaoshengbo　　　　　　现代化 Xiandaihua

5.5　虚词与其他语词分写，小写。因设计需要，也可以大写。

水的世界 Shui de Shijie　　　　大地之歌 Dadi zhi Ge

功和能 Gong he Neng　　　　　红与黑 Hong yu Hei

5.6　并列结构、缩略语等可以用短横。

秦汉史 Qin-Han Shi

英汉词典 Ying-Han Cidian

袖珍真草隶篆四体百家姓 Xiuzhen Zhen-cao-li-zhuan Si Ti Baijiaxing

北京大学和五四运动 Beijing Daxue he Wu-si Yundong

环保通讯 Huan-bao Tongxun

中共党史讲义 Zhong-Gong Dangshi Jiangyi

5.7　汉语人名按姓和名分写，姓和名的开头字母大写。笔名、别名等，按姓名写法处理。

茅盾全集 Mao Dun Quanji

巴金研究专集 Ba Jin Yanjiu Zhuanji

沈从文文集 Shen Congwen Wenji

盖叫天表演艺术 Gai Jiaotian Biaoyan Yishu

已经专名化的称呼,连写,开头大写。

庄子译注 Zhuangzi Yizhu　　　小包公 Xiao Baogong

5.8　汉语地名专名和通名分写,每一分写部分的第一个字母大写。

江苏省地图 Jiangsu Sheng Ditu

九华山 Jiuhua Shan

话说长江 Huashuo Chang Jiang

5.9　某些地名可用中国地名委员会认可的特殊拼法。

陕西日报 Shaanxi Ribao

5.10　书刊名称中的中国少数民族和外国的人名、地名可以按原文的拉丁字母拼法拼写,也可以按汉字注音拼写。

成吉思汗的故事 Chengjisihan de Gushi

怀念班禅大师 Huainian Banchan Dashi

铁托选集 Tietuo Xuanji

居里夫人传 Juli Furen Zhuan

威廉·李卜克内西传 Weilian Libukeneixi Zhuan

在伊犁 Zai Yili

拉萨游记 Lasa Youji

巴黎圣母院 Bali Shengmuyuan

维也纳的旋律 Weiyena de Xuanlü

5.11　数词十一到九十九之间的整数,连写。

十三女性 Shisan Nüxing

财政工作三十五年 Caizheng Gongzuo Sanshiwu Nian

六十年目睹怪现状 Liushi Nian Mudu Guai Xianzhuang

黄自元楷书九十二法 Huang Ziyuan Kaishu Jiushi'er Fa

5.12　"百""千""亿"与前面的个位数,连写;"万""亿"与前面的十位以上的数,分写。

美国二百年大事记 Meiguo Erbai Nian Dashiji

一千零一夜 Yiqian Ling Yi Ye

十万个为什么 Shi Wan Ge Weishenme

5.13　表示序数的"第"与后面的数词中间,加短横。

第二国际史 Di-er Guoji Shi

第三次浪潮 Di-san Ci Langchao

5.14　数词和量词分写。

一条鱼 Yi Tiao Yu

两个小伙子 Liang Ge Xiaohuozi

5.15　阿拉伯数字和外文字母照写。

赠给 18 岁诗人 Zenggei 18 Sui Shiren

1979—1980 中篇小说选集 1979—1980 Zhongpian Xiaoshuo Xuanji

BASIC 语言 BASIC Yuyan

IBM-PC(0520)微型机系统介绍

IBM-PC(0520)Weixingji Xitong Jieshao

5.16　中文书刊的汉语拼音名称一律横写。

附加说明:

本标准由全国文献工作标准化技术委员会提出。

本标准由全国文献工作标准化技术委员会第二分委员会负责起草。

本标准主要起草人:乔风、金惠淑、姜树森。

推荐使用外语词中文译名

【编者按】从 2013 年至 2017 年外语中文译写规范部际联席会议专家委员会先后审议通过并发布了五批推荐使用外语词中文译名,作为规范译名推荐在社会生活各个领域使用。外语中文译写规范部际联席会议制度 2012 年 1 月经国务院批准建立,其主要职能是统筹协调外国人名、地名和事物名称等专有名词的翻译工作,组织制定译写规则,规范已有外语词中文译名及其简称,审定新出现的外语词中文译名及其简称。联席会议由国家语委、中央编译局、外交部、教育部、民政部、国家新闻出版广电总局、国务院新闻办、新华社、中科院组成,国家语委为牵头单位。

第一批推荐使用外语词中文译名

(2013 年 10 月发布)

序号	外语词缩略语	外语词全称	中文译名	或译为
1	AIDS	acquired immunodeficiency syndrome	艾滋病	
2	E-mail	electronic mail	电子邮件	电邮
3	GDP	gross domestic product	国内生产总值	
4	IQ	intelligence quotient	智商	
5	IT	information technology	信息技术	
6	OECD	Organization for Economic Co-operation and Development	经济合作与发展组织	经合组织
7	OPEC	Organization of the Petroleum Exporting Countries	石油输出国组织	欧佩克
8	PM2.5	particulate matter	细颗粒物	
9	WHO	World Health Organization	世界卫生组织	世卫组织
10	WTO	World Trade Organization	世界贸易组织	世贸组织

第二批推荐使用外语词中文译名

（2014 年 8 月发布）

序号	外语词缩略语	外语词全称	中文译名	或译为
1	UN	United Nations	联合国	
2	UNGA	United Nations General Assembly	联合国大会	联大
3	UN Secretariat	United Nations Secretariat	联合国秘书处	
4	UNICJ	United Nations International Court of Justice	联合国国际法院	国际法院
5	UNCTAD	United Nations Conference on Trade and Development	联合国贸易和发展会议	联合国贸发会议
6	IAEA	International Atomic Energy Agency	国际原子能机构	
7	OPCW	Organisation for the Prohibition of Chemical Weapons	禁止化学武器组织	禁化武组织
8	ICAO	International Civil Aviation Organization	国际民用航空组织	国际民航组织
9	ILO	International Labour Organization	国际劳工组织	

续表

序号	外语词缩略语	外语词全称	中文译名	或译为
10	IMO	International Maritime Organization	国际海事组织	
11	ITU	International Telecommunication Union	国际电信联盟	国际电联
12	UNWTO	United Nations World Tourism Organization	世界旅游组织	
13	UPU	Universal Postal Union	万国邮政联盟	万国邮联
14	WIPO	World Intellectual Property Organization	世界知识产权组织	
15	IFC	International Finance Corporation	国际金融公司	
16	UNGEGN	United Nations Group of Experts on Geographical Names	联合国地名专家组	

第三批推荐使用外语词中文译名

（2014 年 12 月发布）

序号	外语词缩略语	外语词全称	中文译名	或译为
1		Committee on Non Governmental Organizations	联合国非政府组织委员会	
2	DFS	Department of Field Support	联合国外勤支助部	联合国外勤部
3	DM	Department of Management	联合国管理事务部	联合国管理部
4	DPKO	Department of Peacekeeping Operations	联合国维持和平行动部	联合国维和部
5	DPA	Department of Political Affairs	联合国政治事务部	联合国政治部
6	EOSG	Executive Office of the Secretary-General	联合国秘书长办公厅	
7	IBRD	International Bank for Reconstruction and Development	国际复兴开发银行	
8	IDA	International Development Association	国际开发协会	

续表

序号	外语词缩略语	外语词全称	中文译名	或译为
9		International Law Commission of United Nations	联合国国际法委员会	
10		Military Staff Committee	安理会军事参谋团	安理会军参团
11	OCHA	Office for the Coordination of Humanitarian Affairs	联合国人道主义事务协调厅	联合国人道协调厅
12	OIOS	Office of Internal Oversight Services	联合国内部监督事务厅	联合国监督厅
13	OLA	Office of Legal Affairs	联合国法律事务厅	联合国法律厅
14		Preparatory Commission for the Comprehensive Nuclear-Test-Ban Treaty Organization	全面禁止核试验条约组织筹备委员会	禁核试组织筹委会
15	UNON	United Nations Office at Nairobi	联合国内罗毕办事处	
16	UNOV	United Nations Office at Vienna	联合国维也纳办事处	
17	UNOPS	United Nations Office for Project Services	联合国项目事务厅	联合国项目厅
18	UNSSC	United Nations System Staff College	联合国系统职员学院	

序号	外语词缩略语	外语词全称	中文译名	或译为
19	UNU	United Nations University	联合国大学	
20		World Bank	世界银行	
21		World Bank Group	世界银行集团	世行集团
22	WMO	World Meteorological Organization	世界气象组织	

第四批推荐使用外语词中文译名

(2016 年 6 月发布)

序号	外语词缩略语	外语词全称	中文译名	或译为
1	3D	three dimensions	三维	3 维
2	4D	four dimensions	四维	4 维
3	APEC	Asia-Pacific Economic Co-operation	亚太经济合作组织	亚太经合组织
4	ATM	automatic teller machine	自动柜员机	自动取款机
5	BRT	bus rapid transit	快速公交系统	快速公交
6	CBD	central business district	中心商务区	中央商务区
7	CEO	chief executive officer	首席执行官	
8	CFO	chief financial officer	首席财务官	
9	CPA	certified public accountant	注册会计师	
10	CPI	consumer price index	消费者价格指数	消费价格指数
11	EMS	express mail service	邮政特快专递	邮政快递
12	FAO	Food and Agriculture Organization of the United Nations	联合国粮食及农业组织	联合国粮农组织

续表

序号	外语词缩略语	外语词全称	中文译名	或译为
13	G20	Group of Twenty	二十国集团	20国集团
14	HIV	human immunodeficiency virus	人类免疫缺陷病毒	艾滋（病）病毒
15	ICU	intensive care unit	重症监护室	重症监护病房
16	IMF	International Monetary Fund	国际货币基金组织	
17	IOC	International Olympic Committee	国际奥林匹克委员会	国际奥委会
18	MBA	Master of Business Administration	工商管理硕士	
19	PM10	particulate matter 10	可吸入颗粒物	
20	UNESCO	United Nations Educational, Scientific and Cultural Organization	联合国教育科学文化组织	联合国教科文组织
21	VIP	very important person	贵宾	要客
22	Wi-Fi	wireless fidelity	无线（局域）网	无线保真
23	WMO	World Meteorological Organization	世界气象组织	
24	WWF	World Wide Fund for Nature	世界自然基金会	

第五批推荐使用外语词中文译名表

（2017 年 8 月发布）

序号	外语词缩略语	外语词全称	中文译名 1	中文译名 2	备注
1	CAC	Codex Alimentarius Commission	国际食品法典委员会		
2	CTC	United Nations Security Council Counter-Terrorism Committee	联合国安全理事会反恐怖主义委员会	安理会反恐委员会	
3	IEA	International Energy Agency	国际能源署		
4	IPCC	Intergovernmental Panel on Climate Change	政府间气候变化专门委员会		
5	ATP	Association of Tennis Professionals	国际男子职业网球协会		
6	FIFA	Fédération Internationale de Football Association（法语）	国际足球联合会	国际足联	International Federation of Association Football（英语）

序号	外语词缩略语	外语词全称	中文译名1	中文译名2	备注
7	IPC	International Paralympic Committee	国际残疾人奥林匹克委员会	国际残奥委会	
8	ITF	International Tennis Federation	国际网球联合会	国际网联	
9	WTA	Women's Tennis Association	国际女子职业网球协会		
10	GEO	Group on Earth Observations	地球观测组织		
11	ICO	International Council of Ophthalmology	国际眼科理事会		
12	G7	Group of Seven	七国集团		

常用敬词和谦词

【编者按】汉语中有不少表示自谦的词(谦词)和对他人表示敬意的词(敬词),这一类词语要正确使用,否则,会出现语用错误。出版物中敬词与谦词误用的例子很多,编辑需要很好地掌握敬词和谦词的用法,才能辨识并改正书稿这方面的错误。

一、常用敬词

1.含"拜"字敬词

拜读:读对方作品。

拜会:去和对方见面。

拜望:看望或探望对方。

拜托:请对方帮忙。

2.含"奉"字敬词

奉告:告诉对方。

奉还:归还对方的物品。

奉送:赠送对方礼物。

3.含"高"字敬词

高就:询问对方在哪里工作。

高龄、高寿:指老人家年龄。

高见:指对方的见解。

高攀:称和对方交朋友或结成亲戚。

高堂:称对方父母。

高足:称对方的学生或徒弟。

4.含"贵"字敬词

贵姓:问对方的姓氏。

贵庚:问对方的年龄。

贵恙:称对方的病。

5.含"惠"字敬词

惠赠:指对方赠予(财物)。

惠存:敬请保存。多用于送对方相片、书籍等纪念品。

惠顾:商家称顾客到来。

惠临:指对方到自己这里来。

惠允:指对方允许自己做某事。

6.含"令"字敬词

令尊:称对方的父亲。

令堂:称对方的母亲。

令爱(媛):称对方的女儿。

令郎:称对方的儿子。

令亲:称对方的亲戚。

7.含"宝"字敬词

宝号:称对方的店铺。

宝眷:称对方的家眷。

8.含"呈"字敬词

呈正:指把自己的作品送交别人批评指正。

呈报:指用公文向上级报告。

呈请:指用公文向上级请示。

9.含"垂"字敬词

垂询:称对方(多指顾客)对本企业事务的询问。

垂问:表示别人(多指长辈或上级)对自己的询问。

垂爱:(书)称对方(多指长辈或上级)对自己的爱护(多用于书信)。

10.含"光"字敬词

光临:称对方到来。

光顾:称他人来访。商家多用以欢迎顾客。

11.含"台"敬词

多见于书信往来。

台甫:旧时用于问人的表字大号。

台驾:旧称对方。

台安、台祺、台绥:您安好、吉祥、平安。

台鉴:旧时书信套语,用在开头的称呼之后,表示请对方看信。

12. 含"芳"字敬词

芳龄:称对方的年龄(多用于年轻女子)。

芳名:称对方的名字(多用于年轻女子)。

13. 含"玉"字敬词

玉体:称对方身体。

玉音:称对方的书信、言辞。

玉照:称对方的照片。

玉成:成全。

昆玉:对别人弟兄的敬称。

14.其他敬词

璧还:用于归还对方物品。

俯就:请对方同意担任某一职务。

斧正:请对方修改文章。

恭候:用于等待对方。

雅正:把自己的书画等送人时表示请对方指教。

华诞:称对方的生日。

墨宝:称对方写的字或画的画。

钧谕:书信中称尊长所说的话。

谨悉:恭敬地知道。

谨启:恭敬地陈述。

奉箴:接到来信。

惠纳、笑纳:请对方接受。

鼎力:大力(表示请托或感谢时用)。

高堂:(书)指父母。

海涵:大度包容(多用于请人特别原谅时)。

驾临、莅临:称对方到来。

阁下:称对方,今多用于外交场合。

乔迁:称对方迁居或升迁。

伉俪:称对方夫妻。

二、常用谦词

1.含"家"字谦词

用于对别人称比自己辈分高或年纪大的亲属。

家父、家严:称自己的父亲。

家母、家慈:称自己的母亲。

家兄:称自己的兄长。

2.含"舍"字谦词

用于对别人称自己的家或辈分低、年龄小的亲属。

舍侄:称自己的侄子。

舍弟:称自己的弟弟。

舍亲:称自己的亲人。

舍间:称自己的家,也称"舍下"。

3.含"鄙"字谦词

鄙人:称自己。

鄙意:称自己的意见。

鄙见:称自己的见解。

4.含"愚"字谦词

愚兄:向比自己年轻的人称自己。

愚见:自己的见解。

5.含"敝"字谦词

敝人:称自己。

敝姓:称自己的姓。

敝校:称自己的学校。

6.含"拙"字谦词

拙笔:称自己的诗文书画。

拙著、拙作:称自己的著作。

拙见:称自己的见解。

拙荆:称自己的妻子。

7.含"小"字谦词

小人:地位低的人自称。

小店:称自己的商店。

8.含"敢"字谦词

敢问:用于向对方询问问题。

敢请:用丁请求对方做某事。

敢烦:用于麻烦对方做某事。

9.含"见"字谦词

见谅:表示请人谅解。

见教:指教(我),如"有何见教"。

10.其他

刍荛之见:称自己浅陋的看法。

后学:后进的学者或读书人,多用于自称。

斗胆:形容大胆(多用作谦词)。

过奖、过誉:用于自己受到表扬或夸奖。

涂鸦:称自己字写得不好或画画得不好。

刍议:指称自己的言论、文章浅陋、不成熟。

犬子:称自己的儿子。

笨鸟先飞:表示自己能力差,恐怕落后,比别人先行一步。

抛砖引玉:表示用自己粗浅的、不成熟的意见引出别人高明的意见。

三、出版物中的敬词、谦词讹例

1.我们家家教很严,令尊常常告诫我们,到社会上要清清白白做人。

"令尊"为敬词,误作谦词。

2.多年不见的老乡捎来了家乡的土产,我推辞不了,最后只好笑纳了。

"笑纳"为敬词,误作谦词。

3.我因临时有急事要办,不能光临贵校座谈会,深表歉意。

"光临"为敬词,误作谦词。

4.某大学校领导在一次教学工作会议上请在座的一位教授发言时说:"吴教授,请您抛砖引玉,为大家先说几句吧。"

"抛砖引玉"为谦词,误作敬词。

5.1985 年,我搬迁新居,秦老(指作家秦瘦鸥——编者注)前来做客时,特赠裱制精良的对联一副为补壁,那对子上写的是"书到用时方恨少,事非经过不知难"。

"补壁"为谦词,误作敬词。

公文常用词语汇释

A

【按期】依照规定或预定的期限。

【按时】依照规定或预定的时间。

【按语】对发文单位批转的或转发的公务文书所做的说明或提示。

【案卷】党政机关、社会团体、企事业单位分类保存以备查考的文件。

B

【备案】向主管机关报告事由存案以备查考。

【本】"自己"的意思，既可以用于机关、团体、单位和个人自称，也可以用于文件本身。

【不日】不久；不几天。

【不宜】不适宜。

【不予】不准；不给。

【颁布】(郑重地)发布。颁：发下；布：公布。一般用于党政领导机关及领导人公布法令、条例及其他重要的法规性文件。

【颁发】①发布(命令、指示、政策等)。②授予。一般用于上级机关发给下级机关或个人奖章、奖状、奖品、奖金及其他奖励物品。

【报经】(向上级)报告并经由(上级处理)。

【报批】(向上级)报告并请求予以批准。

【报请】(向上级机关或有关部门)报告并请示。

【报送】(将有关材料向上级机关)呈报并发送。

【比照】按照已有的(法规、制度、标准、方法、格式等)相比拟对照着行事。也就是按照已有的同一类型的做法或同一范畴的制度对比处理。

【必需】一定要有的;不可缺少的。

【必须】表示事理上和情理上的必要,一定要。

【不贷】不予宽恕。贷:饶恕。

【不尽】不完全是;未必。如:不尽如此。

【不胜】非常;十分(用于感情方面)。如:不胜感激。

【不至于】表示不会达到某种程度。

【不致】不会引起某种后果。

C

【参考】利用有关材料帮助了解情况。

【参酌】参考实际情况,加以斟酌。

【参照】参考并仿照或依照(方法、经验等)。

【查办】①检查办理情况并加以督促。②查明犯罪事实或错误情况加以处理。

【查处】①调查处理。②检查处罚。

【查复】调查了解后做出答复。

【查收】检查或清点后收下。

【查照】示意对方注意文件内容,并按照文件内容办事。

【此布】就这些内容予以公布。用在布告类公文正文的后面,另起一行,不加标点。

【此复】就此答复。用于复函、批复等公文的后面,另起一行,不加标点。

【此令】就此命令。用于命令性文件正文的后面,另起一行,不加标点。

【此致】在此致以(祝愿性的话语)。一般用于信函正文的后面,另起一行,不加标点。

【草拟】起草撰拟。

【呈报】用公文报告上级。

【呈请】用公文请示或请求。

【承蒙】"受到"的雅语。

【存查】保存起来,以备查考。

【存档】把已经处理完毕的公文、资料归入档案,留供以后查考。

D

【大概】不十分精确或不十分详尽;大致的内容或情况。

【大体】大致;就多数情形或主要方面说。

【待】等待。

【大】超过一般。

【大力】用很大的力量。

【当否】是不是恰当合适。

【当即】当时;立即。

【度】量词,表示"次"的意思,如"一度""再度"等。

E

【额外】超出规定的数量或范围。

【讹误】指文字上的错误。

【而】①可以作为连接语意相承的成分。②可以作为连接肯定和否定互相补充的成分。③可以插在主、谓语中间,起"如果"的作用。

F

【发布】宣布(命令、指示、新闻等)。

【凡】凡是。

【反之】与此相反。

【非经】除非经过。

【奉】接受,多指下级接受上级的指示、命令。

【复核】复查核对。

【否】不;不行。

【附件】指随同主要文件一同制定的文件,是随同主要文件发出的有关文件或物品。

【反应】某种事物所引起的意见、态度或行动。

【反映】①反照,比喻把客观事物的实质表现出来。②把客观情况或别人的意见等告诉上级或有关部门。

【奉告】告诉。奉：敬词，用于自己的举动涉及对方时。如：无可奉告(常用于外交辞令)。

【付诸】"把它用在……"或"用它来……"。付：交给；授予。诸：文言词，是"之于"的合音词。如应用文中常用的"付诸实施""付诸行动"。

G

【该】为第二人称，指上文说过的人或事。

【概】①大略；大概。②一律。

【稿】指外发公务文书的未定稿、草稿。

【稿本】公文形成前期所产生的各种文稿，如草稿、讨论稿、修改稿、送审稿。

【根据】依据。多用于公务文书的开端用语。

【公布】公开宣布，让大家知道的意思。多用于政府机关的法律、命令、文告，以及团体、单位的通知事项。

【光临】表示宾客来到的敬辞，多用于请柬、邀请信的末尾处。

【关于】具有提示性质的介词，多与名词组成偏正词组，用作公文题目。

【规程】对某种政策、制度、正确做法和程序所做的分章分条的规定。

【规定】对某一事物的方式、方法、数量、质量所做的决定。

【规范】约定俗成或明文规定的标准。

【规格】指质量的标准，如大小、轻重、精密度、性能等。

【规约】经过相互协议规定下来的共同遵守的条款。

【规则】规定出来供大家共同遵守的制度或章程。

【给以】"给之以……"的省略。后面必须带宾语,其宾语多为抽象事物,如奖励、帮助等。

【贵】敬辞,对对方的地域、单位及其他与之有关事物的尊称。在与平行机关或不相隶属单位之间公文往来时,常以"贵"代替"你的""你们的",表示对对方的尊重。常见于信函中。

H

【函】信件。公函就是公务信件。

【函复】通过信件(公函或便函)进行答复。常用作结束语。也有写作"函答"的。

【函告】用信件告知。

【核定】审核决定。

【核减】审核后决定减少。

【核准】审核后批准。

【核拨】查核后拨给。

【会同】同有关方面会合一起。

【会签】请与文件内容有关的主管部门负责人共同在发文稿上签注意见和姓名。

【汇总】汇集到一起。对象多为资料、数据、表格、文件等。

J

【谨】敬词,表示"郑重""敬重"的意思。

【谨启】恭敬地陈述。用于信函下款末尾的敬辞。

【基于】根据。

【即日】当天。

【亟】急迫。

【鉴戒】警戒；教训。

【鉴于】觉察到；考虑到。

【见】在动词前面用以表示"对我怎么样"的意思。如"见复"，表示"答复我"，"见谅"表示"原谅我"。

【校订】对照可靠的材料复核文件中疑误之处。

【接洽】联系商量。

【届时】到时候。

【经】经过。如"业经"表示业已经过，"均经"表示都已经过。

【径】直接。如"径向"就是"直接向"，"径与"就是"直接同"，"径报"就是"直接报"。

【具名】在文件上签名。

【据】根据；依据。

【决定】对如何行动做出主张。

【决算】根据预算执行的结果而编制的会计报告。

【决议】经过一定会议讨论通过的决定。

【均】全都。

K

【考核】考查审核。

【考察】实地观察、调查。

【考查】用一定的标准来检查衡量(行为、活动)。

【可行】行得通；可以实行。

【恳请】诚恳地邀请或请求。

L

【滥用】胡乱地、过度地使用。

【莅临】来到；来临（多用于贵宾）。

【屡次】多次；一次又一次。

【累计】层层相加；累聚计算。

【立案】在主管机关注册登记、备案。

【立即】立刻。

【列举】一个一个地举出来。

【列席】参加会议有发言权而没有表决权。

【聆听】"听"的文言词语。

【履行】实践自己答应做或应该做的事情。

【论处】判定处分。

M

【明文】用文字表达出来的；见于文字的（规定）。明文规定一般指见于文字，业已公布的法律、规章等。

【免】去掉。如"免去"就是免除掉。

【面洽】当面接洽。

N

【拟定】起草制定。

【拟订】起草制订。

【拟用】准备采用;打算使用。

【拟于】打算在。

【拟稿】起草文稿。

P

【批复】对下级来文的批示答复。

【批示】上级对下级来文批注意见。

【批件】带有上级批示的文件。

【批转】把下级来文批示转发给其他单位执行和参阅。

【批准】上级对下级的意见表示同意。

【批阅】领导对文件阅读并加注批语。

Q

【期】①希望,如"以期"表示"以此希望"。②指"日期",如"定期"表示"规定的日期"、"按期"表示"按照预定的日期"、"如期"表示"符合规定的日期"、"限期"表示"限定日期"。

【启用】指印信开始使用。

【讫】完结;截止。

【迄今】到现在。

【洽商】接洽商谈。

【签订】订立协议、合同、条约并签字。

【签发】主管负责人对公文文稿签署发稿意见。

【签收】收到公文信件后,在送件人的发文簿上签字,表示文已收到。

【签署】在公文上正式签字。

【签章】在文件上签名盖章。

【签注】在文件上批注意见。

【切勿】千万不要。

【切记】牢牢记住。

【切切】千万;务必。

【切实】切合实际;实实在在。

【清查】彻底检查。

【清册】详细登记有关项目的册子。

【清点】清理查点。

【清稿】把文稿誊清。

【清样】最后一次校改后的校样。

【请柬】邀请书,俗称"请帖"。

【请示】向上级请求指示。

【顷】"不久以前"。如"顷闻"表示"不久前听到"、"顷接"表示"不久前接到"、"顷奉"表示"不久前接到上级的(指示)"。

R

【如期】按照规定的日期或期限。

【如实】按照客观实际的本来面目。

【任免】任命和免职。

【任命】下命令任用。

【日程】按日排定的行事程序,如议事日程、工作日程等。

【日内】最近几天里。

【日前】几天前。

【冗】①多余的。②指"繁忙的事"。

【如上】如同上面所叙述或列举的。

【如下】如同下面所叙述或列举的。

S

【擅自】超越权限;自作主张。

【收悉】收到并已了解。

【删】去掉文中的某些字句。常用的词组有:"删除",删去;"删改",去掉并改动;"删节",删去文中可有可无或比较次要的部分。

【缮写】抄写。

【商讨】商量讨论。

【商定】协商确定。

【上报】向上级报告。

【申报】用书面向上级或有关部门报告。

【审定】审查决定。

【审阅】审查阅读。

【审核】审查核定。

【审修】审阅修改。

【审批】审查批示。

【审议】审查讨论。

【施行】实施执行,多用于公布法令规章的生效时间。

【实施】实行,用法同【施行】。

【事宜】事情的安排和处理。

【事由】指本件公文的主要内容。

T

【台鉴】即"请您审阅"。台:旧时对别人的敬称;鉴:审阅的意思。一般见于信函。

【推行】普遍实行;推广(经验、办法等)。

【特此】"特别为此(事)"或"专为此事"的意思。一般用于通知、通报、报告等文件的结尾处。

【提纲】内容的要点。

【提请】提出要求或议题,请会议或上级研究讨论,做出决定。

【提案】向会议提出的议案。

【提要】提出的要点。

【体会】体验领会。

【体式】文件的格式。

【条款(条目)】规章、制度、条约的项目。

【条例】由国家制定或批准的规定某些事项或某一机关的组织、职权等内容的法律文件,也包括团体制定的章程等。

【听取】听的意思,多用于听意见、听反映、听报告。

【通报】①上级机关把工作情况或经验教训用书面形式通告下级单位。②文件的种类之一,指上级机关通告下级机关的文件。

【通病】指一般都有的缺点。

【通告】①普通的通知。②普遍通知的文告,文件的种类之一。

【通顺】指文件的内容没有语法上或逻辑上的毛病。

【通知】①把事项告诉别人知道。②指通知事项的文件,文件的种类之一。

W

【为荷】表示感谢。荷:承受别人的恩惠。常见于公函祈请语末尾,不单独使用。如:请接洽为荷。

【完稿】指文稿写完。

【望】希望;盼望。

【为】为了。

【为此】为了这个。

【为使】为了使得。

【为宜】为妥当或为适当。

【为要】为重要。多用于下行文,提醒下级单位务必按文件规定办理。

【为盼】希望受文者按来文要求去办。多用于函、通知、介绍信的末尾处。

【文稿】文件的草稿。

【未经】没有经过。

【务】"务必"的意思。文件中常用的有"务请""务希""务祈""务求""务期""务使"等。

【勿】表示"禁止"或"劝阻"的意思。

X

【现行】现在正在执行的;现在正在发生效力的。

【希即】希望立即。

【悉】①全;都。②知道。

【系】"是"的意思。

【细则】有关规章制度、措施办法的详细规则。

【下达】向下级传达或发布(命令、指示、意见)。

【现】现在;此刻。

【行】做;实行。

【行将】将要。

【行文】发公文。

【须】须要;必须。

Y

【业经】已经。同"业已"。

【逾期】超过所规定的期限。

【预期】预先所期望的。

【严】"严格"的意思。

【一并】"合在一起"的意思。多在两件以上的事情、问题或文件需要合并处理时用之。

【宜】合适;应当。

【以】"用""拿"的意思。

【以便】用在下半句的开头,表示有了上半句所说的条件,下半句的目的就容易实现。

【以资】用来作为。

【以此】用这个。

【以免】用在下半句的开头，表示前半句话的目的是使下文所说的结果不至于发生。

【以利】以便有利于。

【议案】指提交会议讨论的建议。

【议程】会议进行的程序。

【议题】会议讨论的题目。

【印鉴】留供核对的印章底样。

【印信】指机关、企事业单位的公章。

【应】"应该"的意思。

【应即】应该立即。

【应将】应该把。

【用】"使用"的意思。"用"可以组成："滥用"表示"超过规定限度使用"；"乱用"表示"不按规定使用"；"挪用"表示"移作他用"；"概用"表示"一律用"。

【于】"在"的意思。"于"可以组成："限于"表示"限定在"；"定于"表示"决定在"；"应于"表示"应该在"；"希于"表示"希望在"；"业于"表示"已经在"；"准于"表示"准定在"；"拟于"表示"打算在"。

【予】"给予"的意思。"予"可以组成："应予"表示"应该给予"；"希予"表示"希望给予"；"定予"表示"一定给"；"准予"表示"准许给予"；"特予"表示"特地给予"；"不予"表示"不给予"。

【援用】"引用"的意思。多在比照文件精神处理文件主体以外而又与主体相类似的事项时用之。

【越级】超过直属的上级直接到更高的一级。

Z

【暂行】暂时实行的。

【制定】定出(法律、章程、计划等)。

【制订】创制拟订(方案)。

【兹】现在。

【遵行】遵照实行。

【在案】已经记录在档案之中,可以查考。

【责成】【责令】指定专人或机构负责办好某件事。

【摘由】摘录公文的主要内容。

【展期】把预定的日期往后推迟。

【章程】书面写定的组织规程或办事条例。

【照办】依照办理。

【正本】文件的正式文本。

【值】"遇到""碰上"的意思。

【指令】上级机关对下级单位所做的指示和命令。

【指示】上级对下级说明处理某项问题的原则和方法,也可以指上级指示下级的具体文件。

【指正】指出错误,使之改正。

【制度】要求大家共同遵守的办事规程或行动准则。

【衷心】出自内心。

【准予】表示准许。

【总结】对一个阶段的工作、学习或思想中的各种经验或情况进行分析研究,作出有指导性的结论,如"总结经验";也可以指结论本身,如"年终总结"。

【总则】规章条例最前面的概括性条文。

【遵照】依照;按照。

关于加强对行政机关公文中涉及
字母词审核把关的通知

(国办秘函〔2010〕14 号)

各省、自治区、直辖市人民政府办公厅,国务院各部委、各直属机构办公厅(室):

近些年来,行政机关公文(不含外事公文,下同)中出现使用字母词(由字母构成或其中包含字母的词语)增多的势头,影响了公文的严肃性。这既有外语新名词大量涌现而尚无规范汉语译名的原因,又有一些行政机关使用规范汉字意识淡薄,随意在公文中使用字母词等因素。为进一步规范行政机关公文用字,现就有关事项通知如下:

一、强化在公文中依法使用国家通用语言文字的意识。《中华人民共和国国家通用语言文字法》(以下简称《国家通用语言文字法》)明确规定:"国家机关以普通话和规范汉字为公务用语用字。"行政机关应模范遵守法律,严格依法办事,牢固树立使用国家通用语言文字的意识,养成规范使用国家通用语言文字的良好习惯,在制发公文时自觉使用规范汉字,为全社会作出表率。

二、严格规范使用公文中涉及的字母词。《国家通用语言文字法》规定,"汉语文出版物中需要使用外国语言文字的,应当用国家通用语言文字作必要的注释","外国人名、地名等专有名词和科学技术术语译成国家通用语言文字,由国务院语言文字工作部门或者其他有关部门组织审定"。《国家行政机关公文处理办法》规定,"使用国际组织外文名称或其缩写形式,应当在第一次出现时注明准确的中文译名"。各级行政机关要严格执行有关规定,制发公文时一般不得使用字母词,确需使用字母词的,应在文中首次出现时以括注方式注明已经国务院语言文字工作部门或者其他有关部门审定的汉语译名。行政机关文秘部门在草拟公文时如不能确定字母词准确的汉语译名,要主动征求语言文字部门或者其他有关部门的意见,使用其推荐的汉语译名。此外,对于国家权威机构编写的汉语词典中收录的字母词,已有对应汉语译名的,可使用其汉语译名。

三、切实加强字母词的翻译审定工作。国务院语言文字工作部门要会同有关部门组织制定外语字词的译写规则,对新出现的字母词及时翻译,尤其要加强对汉语译名简称的创制工作,定期向社会推荐字母词的规范译名及其汉语简称。地名主管部门要组织制定国外地名的汉字译写规则,对新出现的国外地名及时进行翻译、审定,向社会提供准确、规范的国外地名译名。

四、加强对公文中涉及字母词的审核把关。各级行政机关文秘部门在草拟、审核公文过程中,应加强对公文中涉及字母词的把关工作,发现不符合规定和要求的,应及时予以纠正。

国务院办公厅秘书局

二〇一〇年四月七日

现代汉语常见字母词

【编者按】根据有关资料编辑。

【AA 制】指聚餐结账时各人平摊出钱或各人算各人账的做法。

【ABC】常指一般常识或浅显的道理。

【ABS】防抱死制动系统。是一种汽车安全控制系统。

【AIDS】获得性免疫缺陷综合征,即艾滋病。

【ATM 】自动柜员机。

【AV】音视频。

【A 股】我国境内(不含港、澳、台)的公司发行的票面价格、市场交易价格、股息红利发放均以人民币计价的普通股票。

【BBS 】电子布告栏系统。

【BP机】无线传呼机,也叫寻呼机。

【BRT】快速公交系统。

【B2B】指企业与企业之间通过专用网络或 Internet 进行数据信息的交换、传递,开展交易活动的商业模式。

【B 超】①B 型超声诊断的简称;②B 型超声诊断仪的简称。

【B 股】我国大陆公司发行的特种股票,在国内证券交易所上市,以美元(沪市)或港币(深市)认购和交易。

【CAD】计算机辅助设计。

【CBD】中央商务区。

【CCTV】中国中央电视台。

【CD】激光唱盘。

【CDMA】一种数字通信技术。

【CD-R】可录光盘。

【CD-ROM】只读光盘。

【CEO】首席执行官。

【CFO】首席财务官。

【CI】①企业标志;②企业形象。

【CIA】美国中央情报局。

【CIP】图书在版编目,印于图书版本记录页中部位置。

【CN】域名 China,中国。

【COM】域名,商业组织、公司。

【CPI】居民消费价格指数。

【CPU】中央处理器。

【CT】①计算机层析成像;②计算机层析成像仪。

【CTO】首席技术官。

【C 语言】一种计算机程序编写语言。

【DDT】滴滴涕,一种杀虫剂。

【DIY】自己动手做。

【DJ】电台音乐节目主持人。

【DNA】脱氧核糖核酸。

【DOC】Word 文档格式。

【DOS】磁盘操作系统。

【DV】数字视频,也指数字摄像机。

【DVD】数字激光视盘。

【eBook 】电子书。

【E-mail 】电子邮件。

【EQ】情商。

【FAX】传真。

【FANS】狂热者、爱好者。俗称"粉丝"。

【FBI】美国联邦调查局。

【FLASH】一种动画创作与应用程序开发工具。

【GB】国家标准。中国国家标准的代号。

【GDP】国内生产总值。

【GPS】全球定位系统。

【GRE】(美国等国家)研究生入学资格考试。

【GSM】全球移动通信系统。

【HSK】汉语水平考试。

【HTML】超文本标示语言。

【HTTP】WWW 服务程序所用的协议。

【IC 卡】使用集成电路芯片实现数据存储与处理的智能卡。

【ID】身份。

【IE】指 IE 浏览器。

【IP】①网络之间互联的协议;②知识产权。

【IPO】首次公开募股。

【IQ】智商。

【ISO】国际标准化组织。

【IT】信息技术。

【JPEG】一种常见的图形存储格式。

【JPG】同"JPEG"。

【KTV】提供卡拉 OK 影音设备与视唱空间的场所。

【K 歌】唱卡拉 OK。

【K 线】记录单位时间内证券等价格变化情况的一种柱状线。

【卡拉 OK】一种音响设备。可供人欣赏机内预先存储或录制的音乐,亦可供人在该设备的伴奏下演唱。

【LAN 】局域网。

【LCD】液晶显示屏。

【LD】激光视盘。

【MB】兆字节。

【MBA】工商管理硕士。

【MPA】公共管理硕士。

【MP3】一种数字音频压缩格式。也指采用这种格式的音频文件及播放这种音频文件的袖珍型电子产品。

【MP4】一种能播放影音文件的袖珍型播放器。也指使用 MPEG-4 的多媒体文件格式。

【MTV】音乐电视。

【OA】办公自动化。

【PC】个人计算机。

【PDF】便携式文件格式。其优点在于跨平台、能保留文件原有格式。互联网上应用广泛。

【PETS】全国英语等级考试。

【pH 值】氢离子浓度指数。

【PK】对决。

【POS 机】电子收款机。

【PS】泛指用软件对原始照片进行修改。

【QQ】一种中文网络即时通信软件。

【Q 版】可爱的卡通化版本。

【ROM】只读存储器。

【SIM 卡】用户身份识别卡。移动通信数字手机中的一种 IC 卡。

【SMS】移动通信的短信息服务。

【SOS】国际曾通用的船舶、飞机等的呼救信号,也用于一般的求救或求助。

【SUV】运动型多功能车。

【TNT】一种烈性炸药。

【TV】电视。

【T 型台】T 形的表演台,多用于时装表演。

【T 恤】一种 T 形短袖上衣。

【UFO】不明飞行物。

【USB】一种外部总线标准,用于规范电脑与外部设备的连接和通信。

【U 盘】优盘。

【VCD】激光压缩视盘。

【VIP】贵宾。

【vs】比赛双方的对比。

【WC】厕所。

【WHO】世界卫生组织。

【Wi-Fi】一种短距离高速无线数据传输技术，主要用于无线上网。

【WSK】全国外语水平考试。

【WTO】世界贸易组织。

【WWW】万维网。

【X光】X射线。

【X染色体】一种决定生物个体性别的性染色体。

【X射线】爱克斯射线。

【Y染色体】一种决定生物个体性别的性染色体。

【ZIP】一种程序压缩的档案文件格式。

术语工作原则与方法

（GB/T 10112—1999，代替 GB/T 10112—1988）

1　范围

本标准规定了制定和编纂各专业领域术语集的基本原则和方法，描述了客体和概念间的种种联系，确立了构成指称和表述定义的一般原则。

本标准适用于各专业领域的术语标准化工作，其他术语工作也可参照使用。

本标准不包括在 GB/T 1.6 中已规定的术语标准的编写规定。

2　引用标准

下列标准所包含的条文，通过在本标准中引用而构成为本标准的条文。本标准出版时，所示版本均为有效。所有标准都会被修订，使用本标准的各方应探讨使用下列标准最新版本的可能性。

GB/T 1.6—1997　标准化工作导则　第 1 单元：标准的起草与表述规则　第 6 部分：术语标准编写规定（neq ISO 10241：1992）

GB/T 15237—1994　术语学基本词汇（neq ISO 1087：1990）

GB/T 16785—1997　术语工作　概念与术语的协调（neq ISO 860：1996）

3　概念

3.1　概述

概念是客体在人们心理上的反映。术语学所指的客体,既包括客观存在并可观察到的事物(具体的如树木、房屋,抽象的如物价、自由),也包括想象产生的事物(如神话人物)。

概念是人们根据客体特性概括而得到的心理构想。对个别客体形成的概念称为个别概念,用名称来指称(如李白、中国科学院、地球)。术语学主要是研究若干客体根据其共有特性抽象形成的一般概念,这些形成概念的共同特性在心理上的反映称为特征,其指称名为术语。这个抽象过程称为概念化过程。

术语学探讨的概念是同某一知识领域所研究的客体相对应的,因而又有其内在的系统性。

在一个知识领域中,概念用定义描述,被赋予约定的指称(即术语)。一组概念可依据概念间的相互关系构建成概念体系。一般来说,概念体系反映相应的知识体系。

3.2　特征

任一客体都具有众多特性,人们根据一群客体所共有的特性形成某一概念。这些共同特性在心理上的反映,称为该概念的特征。

3.2.1　本质特征和区别特征

不同专业领域对同一客体的众多特性侧重有所不同。在某个专业领域中,反映客体根本特性的特征,称为本质特征。因此本质特征是因概念所属专业领域而异的,反映了不同专业领域的不同侧重点。

　　示例:在化学中,水是"氢和氧的化合物",水分子的偶极性使水成为"电解质的良好溶剂从而也是进行电解质反应的重要场所";在物理学中,水是"冰点为 0℃、沸点为 100℃、具有高比热和高表面张力的液体",这同样也是水分子的偶极性的结果;在生物学中,"生命起源于水域,水是生命组织的必要成分,水参与呼吸和光合作用等重大生命过程,水是携带营养物质进出机体的主要介质,大部分生化反应是在水溶液中进行的";在环境科学中,"水是影响气象的重要因素,水既是人类不可或缺的重要资源,水的泛滥又会造成重大灾害";在工程技术中,水的巨大溶解力使它成为"最普遍使用的清洁剂",水的高比热使它成为"蓄热传热的优良介质",水的流动性、不可压缩性以及水位的可变性,使它"用于传递和调节能量",因此水在清洗、调温、水压、水利等各个方面得到应用。对于这些专业领域来讲,水的本质特征各有不同。

　　一个概念虽然有多个特征,但对于术语工作来说,最重要的是其中能据以区分该概念和他概念的特征,这种特征为区别特征(或辨异特征)。用定义描述事物时,必须给出区别特征。

　　示例:"菱形是无直角的等边四边形。"

　　在这里,"无直角"是把菱形同正方形区分开来的区别特征。

　　注:应注意,区别特征并非一定是本质特征。例如把"鸟类"定义为"脊椎动物的一个类群,体覆羽毛,前肢变形为翼"。在这里,羽毛和翼是把鸟类同其他脊椎动物区别开来的区别特征,而不是鸟类的本质特征,"飞行"才是鸟类的本质特征。鸟类之所以能在几千万年来独霸空域,能以远距迁徙避害趋利,能利用其他动物无法或难以利用的资源,主要是因为鸟能飞。应该说,从进化论的角

度来看,飞行本领才是反映鸟类根本特性的本质特征,只是因为个别鸟类如鸵鸟的飞行本领退化了,而另一方面哺乳类的蝙蝠却会飞,因此才不把飞行作为鸟类的区别特征,而用鸟类飞行器官的某些独有特征作为区别特征。这种情况应在"鸟类"的定义后面的注释中加以说明。

3.2.2　内涵和外延

一个概念所反映的客体的全部特征称为概念的内涵。

示例:"船舶是水路交通工具。"这里"水路交通工具"是"船舶"的内涵。

一个概念所指客体的范围称为概念的外延。

示例:"船舶"这一概念的外延包括渔船、客轮、货轮,以及其他形式的船舶。

一般来说,概念的内涵越丰富,外延越小;反之,内涵越贫乏,外延越大。

3.2.3　抽象和划分

抽取事物的共有特性将其概括为概念的心理过程称为抽象。这种抽象过程可以由下向上不断进行,从而建立一个多层次的垂直概念体系,其中的每一个层次称为抽象层面。一般来说,层次越高其概念数目越少,这可视为一个由下而上的聚合过程。

反过来,我们也可以把这个垂直概念体系看作由上而下的划分过程的产物。同一概念可以依据不同的分类标准划分为若干个不同的概念组。例如桌子可按不同的特征类型作出不同的划分。按大小,可分为大、中、小三类;按颜色,可分为黄、黑、白等若干种;按用途,可分为饭桌、书桌、计算机桌等。这里每一种划分标准称为一种维度。

3.3　概念间关系

术语学所讨论的概念彼此之间都存在着各种不同形式的相互联系。正是基于这些关系,我们才有可能把一个专业领域的全部概念组成一个概念体系。

3.3.1　层级关系

根据概念间的包含关系,可将概念区分为上位概念和下位概念。上位概念称为大概念,下位概念称为小概念。按同一标准(同一维度)划分并处于同一层面的概念称为并列概念。

3.3.1.1　属种关系

属种关系指概念外延的包含关系。小概念(种)的外延是大概念(属)外延的一部分。小概念除了具有大概念的一切特征外,还具有本身独有的区别特征。

示例:(属)——树

　　　(种)——乔木、灌木

3.3.1.2　整体—部分关系

整体—部分关系指客体间的包含关系。小概念对应的客体是大概念对应的客体的组成部分。

示例:(整体)——人体

　　　(部分)——脑、心、肺、肾、肝等。

3.3.2　非层级关系

非层级关系也反映了客体间的某些关系,其类型多种多样,见下面列出的各种关系。

序列关系

空间(位置)关系

时间关系

因果关系

源流关系

发展关系

联想关系(又称主题关系或实用关系)

推理关系(前提—结论关系)

形式—内容关系

函数关系(自变量—因变量关系)

物体—属性关系

结构—功能关系

行为—动机(目的)关系

行为—客体关系

生产者—产品关系

工具—操作关系

等等。

3.4　概念体系

一个概念体系是由一组相关的概念构成的。每个概念在体系中都占据一个确切的位置。理想的概念体系应该层次分明,结构合理,正确反映客观事物,便于下定义和规范指称,也便于协调和容纳不同语言的相应术语体系。大多数概念体系是混合体系。概念体系一般是以属种关系为骨架,在个别地方辅以整体—部分关系、序列关系和联想关系等。

3.4.1　多维分类

对于同一客体,不同专业领域采用不同的理论体系和方法进行分类,从不同角度研究它的不同侧面。研究同一对象的各专业领域,共同组成一个相关学科群。

3.4.2　构建步骤

构建概念体系包括一系列交互作用的操作,最后汇编出供专业领域使用的术语集。这些操作包括:

——搜集所研究的专业领域的概念;

——分析各概念的内涵和外延;

——确定各概念在概念体系中的相互关系及位置;

——在概念关系的基础上为概念撰写定义;

——赋予每个概念指称。

4　定义

4.1　概述

定义是对概念的语言描述。它指出某一概念在概念体系中的确切位置,并将该概念同相关概念区分开来。在层级体系中,除了最高层概念外,都可以采用科学定义模式,即:

定义=上位概念+用于区分所定义概念同其他并列概念的区别特征。

4.2　定义的种类

4.2.1　内涵定义

内涵定义,特别是建立在属种关系上的内涵定义,是概念体系中主要使用的定义模式。

示例1:"货轮是运载货物、以机械为动力的船舶。"

这里,"船舶"是属概念(上位概念),"运载货物"是用以将货轮同其他类型船舶(并列概念,如渔船和客轮)区分开来的区别特征(即种差),"以机械为动力"是用以将轮船同非机动船(如帆船、用人力划桨的船)区分开来的区别特征。

内涵定义也可以建立在整体—部分关系或非层级关系上。

示例2:"叶是植物进行光合作用制造糖分的器官。"

这是建立在整体—部分关系上的内涵定义。在这里,"植物"是整体(上位概念),"进行光合作用制造糖分的"是用以将叶同其他部分(并列概念,如根、茎、花)区分开来的区别特征。

示例3:"动机是心理学上说明行为产生的原因。"

这是建立在非层级关系中的因果关系上的内涵定义。在这里,"动机"是原因,"行为"是结果。

4.2.2 外延定义

下位概念如果是众所周知且屈指可数的,可采用外延定义。

示例:"太阳系行星有水星、金星、地球、火星、木星、土星、天王星、海王星和冥王星。"(编者按:2006年8月24日第26届国际天文联会通过决议,将冥王星划为矮行星,从太阳系九大行星中除名。)

4.3 定义撰写要求

4.3.1 准确性

在一个以属种关系为基础的概念体系中,定义要指出该概念在体系中的确切位置,反映符合于本体系的本质特征,待定义的概念一方面继承了上位概念的本质特征,另一方面又借助区别特征同其他并列概念有效地区分开来。系统撰写定义能够保证定义间的协调性。例如为具有共同的上位概念的太阳系各行星撰写定义时,应选取相同的区别特征,如都选取同太阳的距离或平均距等等,即按相同的模式行文,并按相同顺序一一介绍。这种模式的描述更便于比较并列概念间的差别。

4.3.2　适度性

定义要适度,即定义要紧扣概念的外延,不可过宽或过窄。

示例1:"机动车是以汽油为燃料、机械驱动的车辆。"

这个定义下得过窄,因为机动车不限于以汽油为燃料,它将以柴油和其他能源为燃料的热动力机动车以及电车等等都排除在外了。

示例2:"机动车是机械驱动的交通工具。"

这个定义下得过宽,因为这个定义把轮船和飞机都包括进去了。

4.3.3　简明性

定义要简洁,除指明上位概念外,只需写明区别特征。

示例:"船舶是水路交通工具,依靠人力或机械驱动。"

这里的"依靠人力或机械驱动"是冗余的,应删除。

4.3.4　正确使用否定定义

只有在概念本身是否定性的情况下,才可使用否定定义。

示例1:"无性繁殖是不通过生殖细胞的结合而由亲体直接产生子代的繁殖方式。"这是正确使用了否定定义。

示例2:"菱形不是长方形。"这是不正确使用了否定定义,因为"菱形"不是否定性的概念。

4.3.5　避免使用循环定义

如果一个概念用第二个概念下定义,而第二个概念又引用第一个概念,这样写成的定义称为循环定义。这种定义又称同语反复。这里只是将被定义的术语拆开复述一遍。循环定义无助于对概念的理解,因此应该避免。

示例1:"肺炎是肺部的炎症。"这是在同一定义内部的循环解释。

示例2:"艺术品是引发人类美感的制品。""美感是人欣赏艺术品时产生的心理感受。"这两个定义是在同一概念体系中的循环解释。

4.3.6　遵从本族语言习惯

在撰写定义时,要注意本族遣词造句的习惯。例如,跟印欧语系的语言不同,汉语忌讳过长的前置修饰语。因此,如用于说明种差的修饰语较长,应酌情后置。

4.3.7　注释和插图

一些重要的但不能作为区别性的特征,以及典型外延举例,可以写在注释中。一般来说,纳入注释的信息应有助于理解概念,例如有关概念的渊源、习惯用法等资料。

插图可用来说明定义或使定义更加明了,插图用于解释物体结构最为有效。由于插图可显示整体和部分之间的关系(如机器和它的零件),因而适用于补充整体—部分定义。图解和统计图加以适当的语言注解还可表示抽象的关系、流程、数量变化等等。

注:插图要附有说明,否则容易使读者将特例的偶然属性误为概念的本质特征。

5　术语

5.1　概述

术语是专业领域中概念的语言指称。

5.2　术语—概念关系

术语和概念之间应一一对应,即一个术语只表示一个概念(单义性);一个概念只有一个指称,即只由一个术语来表示(单名性)。在相关学科或至少在一个专业领域内应做到这一点,否则会出现异义、多义和同义现象。

5.2.1　异义词

形式和/或发音相同但含义(概念)不同的术语。

示例1:同形同音异义词。如"根"(植物的地下部分)和"根"(代数方程式未知数的值);"质量"(物质含量)和"质量"(产品或工作的品质)。

示例2:同音异形异义词,如"肌腱"、"机件"和"基建"。

示例3:同形异音异义词,如"公差"(gōngchā,机械制造中允许的误差)和"公差"(gōngchāi,临时派遣去做公务)。

5.2.2　多义词

音形全同但有多个(两个以上)含义的术语。同形同音多义词虽然跟同形同音异义词颇为相似,但前者是同源词,由于语言的发展,或者产生新的含义,或者产生引申义和比喻义而成为多义词。在同一专业领域中不宜使用。

示例:"日"(太阳)、"日"(白天)和"日"(时间单位);"运动"(物理学中指物体的位置变化)、"运动"(体育中指锻炼身体的活动)和"运动"(政治、文比和生产上开展的群众性活动)。

5.2.3　同义词

表示同一概念的多个术语。

示例:"概率"、"几率"和"或然率"。

5.3 术语选择和术语构成的要求

5.3.1 单名单义性

在创立新术语之前应先检查有无同义词,并在已有的几个同义词之间,选择能较好满足下面这些对术语的其他要求的术语。

5.3.2 顾名思义性

又称透明性。这里的"义"是指定义。术语应能准确扼要地表达定义的要旨。

5.3.3 简明性

信息交流要求术语尽可能的简明,以提高效率。

5.3.4 派生性

又称能产性。术语应便于构词,特别是组合成词组使用的基本术语更应如此。基本术语越简短,构词能力越强。

5.3.5 稳定性

使用频率较高、范围较广,已经约定俗成的术语,没有重要原因,即使是有不理想之处,也不宜轻易变更。

5.3.6 合乎本族语言习惯

术语要适合本族语言习惯,用字遣词,务求不引起歧义,不要带有褒贬等感情色彩的意蕴。

6 其他

6.1 术语评价

术语的评价是术语标准化工作的一个重要部分,根据上述要求,对术语定出采用级别。

6.2 术语体系间的协调

科学技术的迅猛发展和不同学科间的交叉融汇,导致新概念和新术语的大量出现。跨学科的借用,常在借用后又结合本专业领域的特点加以修改引申。由于文化的差异,不同语种间的翻译也常造成种种语义变化。因此,及时协调相关术语十分重要。

　　注:具体协调原则和方法见 GB/T 16785—1997 《术语工作概念与术语的协调》。

二

专有名词类

关于处理带有歧视或侮辱少数民族性质的称谓、
地名、碑碣、匾联的指示

为加强民族团结,禁止民族间的歧视与侮辱,根据中国人民政治协商会议共同纲领第五十条之规定,对于历史上遗留下来的加于少数民族的称谓及有关少数民族的地名、碑碣、匾联等,如带有歧视和侮辱少数民族意思者,应分别予以禁止、更改、封存或收管。其办法如下:

(一)关于各少数民族的称谓,由各省、市人民政府指定有关机关加以调查,如发现有歧视蔑视少数民族的称谓,应与少数民族代表人物协商,改用适当的称谓,层报中央人民政府政务院审定、公布通行。

(二)关于地名:县(市)及其以下的地名(包括区、乡、街、巷、胡同),如有歧视或侮辱少数民族的意思,由县(市)人民政府征求少数民族代表人物意见,改用适当的名称,报请省人民政府备案。县(市)以上地名,由县(市)以上人民政府征求少数民族代表人物意见,提出更改名称,层报中央人民政府政务院核定。

(三)关于碑碣、匾联:凡各地存有歧视或侮辱少数民族意思之碑碣、匾联,应予撤除或撤换。为供研究历史、文化的参考,对此种碑碣、匾联在撤除后一般不要销毁,而加以封存,由省、市人民政府文教部门统一管理,重要者并须汇报中央文化部文物局。如其中有在历史、文物研究上确具价值而不便迁动者,在取得少数民族同意后,得予保留不撤,惟须附加适当说明。以上均由各省、市人民政府进行调查,提出具体处理办法,报请大行政区人民政府(军政委员会)核准后实行。重要者,须层报中央人民政府政务院核准。

各级有关人民政府在执行以上工作前,应结合民族政策,须先在当地少数民族人民和汉民族人民中进行宣传教育,并与有关民族(包括汉族)的代表协商妥当,在大多数人了解之后始具体执行,以便进一步地加强各民族人民的团结,而不致增加民族隔阂,甚或发生民族纠纷。

此外,关于各民族历史和现状的艺术品(戏剧等)和学校教材中内容不适当处,应如何修改,因较为复杂,尚待各有关机关研究,并望各地民族事务机构提出意见。

政务院

1951 年 5 月 16 日

关于"伊斯兰教"名称问题的通知

在我国汉民族地区，一般都把伊斯兰教称为"回教"，意思是，这个教是回民族信奉的宗教。报纸、杂志也相因成习，经常使用"回教"这个名称。这是不确切的。伊斯兰教是一种国际性的宗教，伊斯兰教这个名称也是国际间通用的名称。我国信仰伊斯兰教的除了回族以外，还有维吾尔、哈萨克、乌兹别克、塔吉克、塔塔尔、柯尔克孜、东乡、撒拉、保安等九个民族，约共一千万人。因此，今后对于伊斯兰教一律不要使用"回教"这个名称，应该称为"伊斯兰教"。

国务院

1956 年 6 月 2 日

僮族改名为壮族

【编者按】出版物中引用文献出现"僮"或"僮族",不宜改为"壮"或"壮族"的,须加说明或注释。

1958年,广西僮族自治区成立。1965年,周恩来总理在一次座谈会上指出,"僮族"的"僮"是旧社会统治阶级对少数民族的歧视,"僮"含有"仆人"的意思;现在全国解放了,少数民族与汉族都是国家的主人,我们应该改变过去的错误看法。周总理建议将"僮族"改为"壮族","壮"有健壮、茁壮、充满活力的意思,希望壮族兄弟身体健壮,壮族自治区发展蓬勃向上。周总理的提议被采纳,1965年10月12日,国务院批复广西壮族自治区人民委员会、云南省人民委员会、广东省人民委员会:"广西壮族自治区人民委员会一九六五年四月二十日报告、云南省民政厅九月二十三日函和广东省人民委员会五月二十九日函均悉。同意将:(一)'僮'族改为'壮'族。(二)广西僮族自治区改为广西壮族自治区,云南省文山僮族苗族自治州改为文山壮族苗族自治州,广东省连山僮族瑶族自治县改为连山壮族瑶族自治县。"[国务院《关于更改僮族及僮族自治地方名称问题的批复》,(65)国内字347号]。

佧瓦族改名为佤族

佤族原名佧瓦族,1963 年 4 月 2 日,云南省人民委员会根据佤族人民的要求,改佧瓦族称谓为佤族,并报请国务院批准。国务院批复同意更名。

毛难族改名为毛南族

　　1956 年 2 月,经国务院批准,毛南族被正式确认为单一民族,当时称为毛难族。1986 年 6 月,应当时广西壮族自治区环江县人民政府及毛南族群众的要求,国务院批准将毛难族改为毛南族(见《国务院关于同意广西壮族自治区将"毛难族"改为"毛南族"给广西壮族自治区人民政府的批复》,国函〔1986〕75 号)。1986 年 11 月 1 日,国务院批准撤销环江县,设立环江毛南族自治县。

崩龙族改名为德昂族

德昂族原名崩龙族,1985 年 7 月 23 日,云南省人民政府根据德昂族群众的要求,向国务院呈文,将族称崩龙族更改为德昂族。1985 年 9 月 17 日,国务院批复同意[见《国务院关于同意更改崩龙族族称给云南省人民政府的批复》,(85)国函字 144 号]。

中国各民族名称的罗马字母拼写法

民族	罗马字母拼写法	字母代码	民族	罗马字母拼写法	字母代码
汉族	Han	HA	土家族	Tujia	TJ
蒙古族	Mongol	MG	哈尼族	Hani	HN
回族	Hui	HU	哈萨克族	Kazak	KZ
藏族	Zang[①]	ZA	傣族	Dai	DA
维吾尔族	Uygur	UG	黎族	Li	LI
苗族	Miao	MH	傈僳族	Lisu	LS
彝族	Yi	YI	佤族	Va	VA
壮族	Zhuang	ZH	畲族	She	SH
布依族	Buyei	BY	高山族	Gaoshan	GS
朝鲜族	Chosen[②]	CS	拉祜族	Lahu	LH
满族	Man	MA	水族	Sui	SU
侗族	Dong	DO	东乡族	Dongxiang	DX
瑶族	Yao	YA	纳西族	Naxi	NX
白族	Bai	BA	景颇族	Jingpo	JP

续表

民族	罗马字母拼写法	字母代码	民族	罗马字母拼写法	字母代码
达斡尔族	Daur	DU	柯尔克孜族	Kirgiz	KG
仫佬族	Mulao	ML	土族	Tu	TU
羌族	Qiang	QI	鄂温克族	Ewenki	EW
布朗族	Blang	BL	德昂族	Deang	DE
撒拉族	Salar	SL	保安族	Bonan	BN
毛南族	Maonan	MN	裕固族	Yugur	YG
仡佬族	Gelao	GL	京族	Gin	GI
锡伯族	Xibe	XB	塔塔尔族	Tatar	TT
阿昌族	Achang	AC	独龙族	Derung	DR
普米族	Pumi	PM	鄂伦春族	Oroqen	OR
塔吉克族	Tajik	TA	赫哲族	Hezhen	HZ
怒族	Nu	NU	门巴族	Monba	MB
乌孜别克族	Uzbek	UZ	珞巴族	Lhoba	LB
俄罗斯族	Russ	RS	基诺族	Jino	JN

注:①藏族的罗马字母拼写法,对外使用时为 Tibetan。

②朝鲜族的罗马字母拼写法,对外使用时为 Korean。

中国各民主党派规范称谓

【编者按】出版物中涉及中国各民主党派的称谓出错的频率较高,下表将与各民主党派称谓相关的内容以表格形式列出,一目了然,便于编校人员掌握。

民主党派排序	民主党派全称	民主党派简称	民主党派地方组织称谓(全称/简称)	民主党派领导成员称谓		民主党派组织成员称谓
				中央正副职领导	地方正副职领导	
1	中国国民党革命委员会	民革	中国国民党革命委员会××省委/民革××省委	主席/副主席	主任委员/副主任委员	党员
2	中国民主同盟	民盟	中国民主同盟××省委/民盟××省委	主席/副主席	主任委员/副主任委员	盟员
3	中国民主建国会	民建	中国民主建国会××省委/民建××省委	主席/副主席	主任委员/副主任委员	会员

续表

民主党派排序	民主党派全称	民主党派简称	民主党派地方组织称谓（全称/简称）	民主党派领导成员称谓		民主党派组织成员称谓
				中央正副职领导	地方正副职领导	
4	中国民主促进会	民进	中国民主促进会××省委/民进××省委	主席/副主席	主任委员/副主任委员	会员
5	中国农工民主党	农工党	中国农工民主党××省委/农工党××省委	主席/副主席	主任委员/副主任委员	党员
6	中国致公党	致公党	中国致公党××省委/致公党××省委	主席/副主席	主任委员/副主任委员	党员
7	九三学社	—	九三学社××省委	主席/副主席	主任委员/副主任委员	社员
8	台湾民主自治同盟	台盟	台湾民主自治同盟××省委/台盟××省委	主席/副主席	主任委员/副主任委员	盟员

注:1.各民主党派地方组织正职领导为主任委员,可简称"主委",副职领导为副主任委员,可简称"副主委","主任委员"和"副主任委员"不能简称"主任"和"副主任"。2.各民主党派组织成员均可通称"成员"。3.九三学社无简称。

关于涉及台湾称谓问题的通知

（领八函〔2005〕598 号）

【编者按】此为外交部致贸促会法律事务部和国家质检总局通关司的函，涉及台湾的中英文称谓问题，出版物应参照执行。

贸促会法律事务部、国家质检总局通关司：

近来，我处在领事认证工作中发现，部分产地证中涉及台湾称谓方面有不妥之处，如对某台湾公司地址表述为"××××，TAIPEI，TAIWAN"。鉴此，现将我有关规定提供如下，请提醒各地方主管机关注意。

一、允许使用的称谓：

1.中国台湾，英译文为：TAIWAN PROVINCE OF CHINA，或 TAIWAN，CHINA，或 CHINESE TAIWAN；

2.中国台北，英译文为：TAIPEI，CHINA，或 CHINESE TAIPEI。

以上英文 TAIWAN 或 TAIPEI 和 CHINA 之间必须有标点，且只能用逗号（，），而不能使用顿号（、）、破折号（—）①或斜杠（／）。

---

① 此处的"破折号（—）"规范表述应为"破折号（——）、连接号（—）"。

二、不得使用的称谓：

1."中华民国"，英译文为：REPUBLIC OF CHINA，简称 ROC；

2."中华民国（台湾）"，英译文为：REPUBLIC OF CHINA（TAI-WAN），简称 ROC（TW）；

3.单独使用"台湾"（TAIWAN）或"台北"（TAIPEI）字样；

4."台北，台湾"，英译文为：TAIPEI，TAIWAN；

5."台湾（或台北）中国"，英译文为：TAIWAN/TAIPEI CHINA；

6."中国　台湾（或台北）"，英译文为：CHINA—TAIWAN/TAI-PEI；

7."中国（台湾或台北）"，英译文为：CHINA（TAIWAN/TAI-PEI）。

如有疑问，请及时联系我司。

外交部领事司

二〇〇五年七月十四日

国家民委党组关于"少数民族"称谓问题的报告(摘录)

(1986 年 6 月 28 日)

……

通过以上对国内外少数民族称谓的初步考察,参照在京民族研究的专家、学者和部分民族工作者的意见,我们对"少数民族""兄弟民族"称谓提出如下看法:

一、关于"少数民族"

1.这个称谓是一个在人口多寡上与汉族相对应的数量概念,在我国不带有歧视少数民族或民族不平等的含义。

2.这个称谓作为除汉族以外其他各民族的统称,我党自一九二六年开始使用,至今已有整六十年的历史,早已约定俗成,为全国各族干部、群众所接受。

但是,"少数民族"称谓,在欧美资本主义国家,是带有权利不平等、受歧视、被统治的含义的。因此,在国际交往中使用这个称谓,容易引起误解,需要加以解释。

二、关于"兄弟民族"

这个称谓表现了我国各民族情同手足,密不可分,谁也离不开谁的关系,给人以亲切之感。但是,这个称谓难以成为除汉族以外其他各民族的统称。我党领导人在提"汉族和各兄弟民族"时,很显然,"兄弟民族"是指汉以外的其他民族,但一般说来,这个概念有时也包括汉族。

有些少数民族同志认为,既是"兄弟",就有老大哥和小弟弟之分,按传统习惯,兄长的权利要大一些,两者的地位就不平等,因此,对这个称谓比较反感。有些国家如南斯拉夫就反对提"兄弟民族"。

综上所述,"少数民族""兄弟民族"是在我国历史发展过程中形成的概念,是为我国各民族所接受的习惯称谓,不带有任何民族不平等的含义。因此,在更为准确的科学的称谓出现之前,可继续沿用"少数民族",同时并用"兄弟民族"。但"兄弟民族"提法应同"汉族"并列使用,以明确其含义。这两种称谓,根据不同情况、不同对象和需要,可以灵活使用。

＊此报告已经中央领导同志同意。

云南省民族事务委员会关于规范使用民族称谓的意见

【编者按】2010 年 3 月 8 日,云南省人民政府办公厅印发《省民委关于规范使用民族称谓的意见》的通知(云政办发〔2010〕29 号),出版物中可参照执行。

规范使用民族称谓,是认真贯彻落实党和国家民族政策的一个重要方面,是尊重各民族的平等权利,维护和增强民族团结的重要体现。近年来,我省一些国家机关、部门和部分新闻媒体,在公务活动、宣传工作和研究领域中存在不规范、不准确使用民族称谓的问题。为进一步规范使用民族称谓,现提出如下意见。

一、我国的民族成分

国务院公布的我国现有 56 个民族名称是:汉、蒙古、回、藏、维吾尔、苗、彝、壮、布依、朝鲜、满、侗、瑶、白、土家、哈尼、哈萨克、傣、黎、傈僳、佤、畲、高山、拉祜、水、东乡、纳西、景颇、柯尔克孜、土、达斡尔、仫佬、羌、布朗、撒拉、毛南、仡佬、锡伯、阿昌、普米、塔吉克、怒、乌孜别克、俄罗斯、鄂温克、德昂、保安、裕固、京、塔塔尔、独龙、鄂伦春、赫哲、门巴、珞巴、基诺。在我国,由于汉族以外的 55 个民族相对于汉族人口较少,习惯上被称为"少数民族"。

除汉族外,我省共有 55 个少数民族成分,按照在我省少数民族的人口多少,排列依次是:彝族、白族、哈尼族、壮族、傣族、苗族、回族、傈僳族、拉祜族、佤族、纳西族、瑶族、景颇族、藏族、布朗族、布依族、阿昌族、普米族、蒙古族、怒族、基诺族、德昂族、水族、满族、独龙族、土家族、侗族、土族、仡佬族、朝鲜族、黎族、维吾尔族、京族、羌族、畲族、仫佬族、哈萨克族、东乡族、达斡尔族、锡伯族、毛南族、高山族、撒拉族、柯尔克孜族、俄罗斯族、塔吉克族、鄂温克族、赫哲族、塔塔尔族、裕固族、保安族、门巴族、乌孜别克族、鄂伦春族、珞巴族。

二、我省的世居少数民族

我省人口在 5000 人以上的世居少数民族有:彝族、白族、哈尼族、壮族、傣族、苗族、回族、傈僳族、拉祜族、佤族、纳西族、瑶族、景颇族、藏族、布朗族、布依族、阿昌族、普米族、蒙古族、怒族、基诺族、德昂族、水族、满族、独龙族等 25 个少数民族。其中,白族、哈尼族、傣族、傈僳族、拉祜族、佤族、纳西族、景颇族、布朗族、阿昌族、普米族、怒族、基诺族、德昂族、独龙族等 15 个少数民族,因 80%以上人口分布在我省,称为特有少数民族;布朗族、阿昌族、普米族、怒族、基诺族、德昂族、独龙族等 7 个少数民族,人口在 10 万人以下,称为我省人口较少民族。

我省有 25 个边境县(市)分别与缅甸、老挝、越南接壤,边境线长 4060 公里。跨境民族是由于长期的历史发展,形成居住地紧靠边境两侧,直接相连,毗邻而居的同一民族。我省有彝族、哈尼族、壮族、傣族、苗族、傈僳族、拉祜族、佤族、瑶族、景颇族、布朗族、布依族、阿昌族、怒族、德昂族、独龙族等 16 个少数民族跨境而居。

三、少数民族的支系及其称谓

我国是一个统一的多民族国家,大多数少数民族历史源远流长,社会经济文化发展不平衡,各民族历史、族源、政治制度、民族关系及地理分布等情况相对复杂,有的少数民族有多个支系,如彝族有撒尼、阿细、僰人等支系,哈尼族有哈尼、碧约等支系,白族有勒墨等支系,瑶族有山瑶等支系。1987 年,省人民政府批复同意我省苦聪人的称谓恢复为拉祜族。2009 年,经国家民委和省人民政府批复同意,将克木人、莽人归属为布朗族。

各地、各部门在公务活动、宣传和研究工作中,要准确把握民族与支系的关系,不能把民族的支系单独作为民族的族称,若特指某个民族的支系时,应规范书写为××族(××人)、××族的××人和××族的××支系。

四、规范使用民族称谓

各地、各部门在公务活动、宣传和研究工作中,要严格执行党和国家的民族政策,遵守民族宣传纪律,规范使用民族称谓,纠正和杜绝以民族自称或他称作为民族称谓的问题。严格按照国家民委、中宣部、统战部、文化部等部门《关于严禁在新闻出版和文艺作品中出现损害民族团结内容的通知》要求,避免伤害少数民族感情和影响团结稳定的事件发生。涉及民族称谓的文字或口头表述,要严格按照国务院公布的我国现有 56 个民族名称作为规范的民族称谓,不能以国家未确认的族称、自称或他称作为民族称谓,更不能使用带有歧视性和污辱性的称谓。

省民委将适时对全省规范使用民族称谓的情况进行监督检查。

关于在中小学地方课程教材中全面落实"十四年抗战"概念的函

（教基二司函〔2017〕1号）

【编者按】不仅中小学教材要落实"十四年抗战"概念，其他出版物也都要落实这一概念。

各省、自治区、直辖市教育厅（教委），新疆生产建设兵团教育局：

根据在教材中要落实"十四年抗战概念"的精神，教育部要求对各级各类教材进行修改，在2017年春季教材中要求全面落实。

请你们对中小学地方课程教材进行全面排查，凡有"八年抗战"字样，改为"十四年抗战"，并视情况修改与此相关的内容，确保树立并突出十四年抗战概念。

教育部基础教育二司

2017年1月3日

中国高等学校自然科学学报
编排规范(修订版)(摘录)

【编者按】本规范摘自《关于印发〈中国高等学校自然科学学报编排规范〉(修订版)的通知》(国家教委办公厅,教技厅〔1998〕1号)。

……

6.3　题名

1)题名应以简明、确切的词语反映文章中最重要的特定内容,要符合编制题录、索引和检索的有关原则,并有助于选定关键词。

2)中文题名一般不宜超过 20 个字,必要时可加副题名。

3)英文题名应与中文题名含义一致。

4)题名应避免使用非公知公用的缩写词、字符、代号,尽量不出现数学式和化学式。

……

6.6　关键词

1)关键词是为了便于做文献索引和检索而选取的能反映论文主题概念的词或词组,一般每篇文章标注 3~8 个。

2)关键词应尽量从《汉语主题词表》等词表中选用规范词——

叙词,未被词表收录的新学科、新技术中的重要术语和地区、人物、文献、产品及重要数据名称,也可作为关键词标出。

3)中、英文关键词应一一对应。

……

6.15　文句和术语

1)文句要通顺、精练,符合语法规范。

2)应使用全国科学技术名词审定委员会审定公布的各学科的名词和 GD 3102—93 规定的量名称。新兴学科的术语及尚无通用汉译名的术语,应在第 1 次出现时加以注释或附原文。

3)使用非公知公用的缩写词,应在第 1 次出现时注明全词。

……

中国高等学校社会科学学报
编排规范（修订版）（摘录）

【编者按】本规范摘自《关于印发〈中国高等学校社会科学学报编排规范〉（修订版）的通知》（教育部办公厅，教社政厅〔2000〕1号）。

……

7　篇名

篇名应简明、具体、确切，能概括文章的特定内容，符合编制题录、索引和检索的有关原则，一般不超过20个字。必要时可加副篇名，用较小字号另行起排。篇名应尽量避免使用非公知公用的缩略语、字符、代号和公式。

8　作者署名及工作单位

8.1　文章均应有作者署名。作者姓名置于篇名下方，团体作者的执笔人也可标注于篇首页地脚位置。译文的署名，应著者在前，译者在后，著者前用方括号标明国籍。各种补白短文，作者姓名亦可标注于正文末尾。

8.2　中国作者姓名的汉语拼音采用姓前名后，中间为空格，姓氏的全部字母均大写，复姓连写；名字的首字母大写，双名中间加连字符,姓氏与名均不缩写。

示例:ZHANG Ying(张颖),WANG Xi-lian(王锡联),ZHUGE Hua(诸葛华)

8.3　对作者应标明其工作单位全称、所在省、城市名及邮政编码,加圆括号置于作者署名下方。

8.4　多位作者的署名之间用逗号隔开;不同工作单位的作者,应在姓名右上角加注不同的阿拉伯数字序号,并在其工作单位名称之前加注与作者姓名序号相同的数字;各工作单位之间连排时以分号隔开。

示例:熊易群[1],贾改莲[2],钟小锋[1],刘建君[1]

(1.陕西师范大学教育系,陕西西安 710062;2.陕西省教育学院教育系,陕西西安 710061)

……

10　关键词

关键词是反映论文主题概念的词或词组,一般每篇可选 3~8 个,应尽量从《汉语主题词表》中选用。未被词表收录的新学科、新技术中的重要术语和地区、人物、文献等名称,也可作为关键词标注。关键词应以与正文不同的字体字号编排在摘要下方。多个关键词之间用分号分隔。中英文关键词应一一对应。中文关键词前以"关键词:"或"[关键词]"作为标识;英文关键词前以"Keywords:"作为标识。

示例:

关键词:《左传》;语言艺术;修辞;交际语言

……

地名管理条例

（国务院 1986 年 1 月 23 日发布，国发〔1986〕11 号）

第一条　为了加强对地名的管理，适应社会主义现代化建设和国际交往的需要，制定本条例。

第二条　本条例所称地名，包括：自然地理实体名称，行政区划名称，居民地名称，各专业部门使用的具有地名意义的台、站、港、场等名称。

第三条　地名管理应当从我国地名的历史和现状出发，保持地名的相对稳定。必须命名和更名时，应当按照本条例规定的原则和审批权限报经批准。未经批准，任何单位和个人不得擅自决定。

第四条　地名的命名应遵循下列规定：

（一）有利于人民团结和社会主义现代化建设，尊重当地群众的愿望，与有关各方协商一致。

（二）一般不以人名作地名。禁止用国家领导人的名字作地名。

（三）全国范围内的县、市以上名称，一个县、市内的乡、镇名称，一个城镇内的街道名称，一个乡内的村庄名称，不应重名，并避免同音。

（四）各专业部门使用的具有地名意义的台、站、港、场等名称，一般应与当地地名统一。

（五）避免使用生僻字。

第五条　地名的更名应遵循下列规定：

（一）凡有损我国领土主权和民族尊严的，带有民族歧视性质和妨碍民族团结的，带有侮辱劳动人民性质和极端庸俗的，以及其他违背国家方针、政策的地名，必须更名。

（二）不符合本条例第四条第三、四、五款规定的地名，在征得有关方面和当地群众同意后，予以更名。

（三）一地多名、一名多写的，应当确定一个统一的名称和用字。

（四）不明显属于上述范围的、可改可不改的和当地群众不同意改的地名，不要更改。

第六条　地名命名、更名的审批权限和程序如下：

（一）行政区划名称的命名、更名，按照国务院《关于行政区划管理的规定》办理。

（二）国内外著名的或涉及两个省（自治区、直辖市）以上的山脉、河流、湖泊等自然地理实体名称，由省、自治区、直辖市人民政府提出意见，报国务院审批。

（三）边境地区涉及国界线走向和海上涉及岛屿归属界线以及载入边界条约和议定书中的自然地理实体名称和居民地名称，由省、自治区、直辖市人民政府提出意见，报国务院审批。

（四）在科学考察中，对国际公有领域新的地理实体命名，由主管部门提出意见,报国务院审批。

(五)各专业部门使用的具有地名意义的台、站、港、场等名称,在征得当地人民政府同意后,由专业主管部门审批。

(六)城镇街道名称,由直辖市、市、县人民政府审批。

(七)其他地名,由省、自治区、直辖市人民政府规定审批程序。

(八)地名的命名、更名工作,可以交地名机构或管理地名工作的单位承办,也可以交其他部门承办;其他部门承办的,应征求地名机构或管理地名工作单位的意见。

第七条　少数民族语地名的汉字译写,外国地名的汉字译写,应当做到规范化。译写规则,由中国地名委员会制定。

第八条　中国地名的罗马字母拼写,以国家公布的"汉语拼音方案"作为统一规范。拼写细则,由中国地名委员会制定。

第九条　经各级人民政府批准和审定的地名,由地名机构负责汇集出版。其中行政区划名称,民政部门可以汇集出版单行本。

出版外国地名译名书籍,需经中国地名委员会审定或由中国地名委员会组织编纂。

各机关、团体、部队、企业、事业单位使用地名时,都以地名机构或民政部门编辑出版的地名书籍为准。

第十条　地名档案的管理,按照中国地名委员会和国家档案局的有关规定执行。

第十一条　地方人民政府应责成有关部门在必要的地方设置地名标志。

第十二条　本条例在实施中遇到的具体问题,由中国地名委员会研究答复。

第十三条　本条例自发布之日起施行。

地名管理条例实施细则

(民政部 1996 年 6 月 18 日发布,民行发〔1996〕17 号)

第一章　总则

第一条　根据《地名管理条例》(以下简称《条例》)的规定,制定本实施细则。

第二条　凡涉及地名的命名与更名、地名的标准化处理、标准地名的使用、地名标志的设置、地名档案的管理等行为,均适用本细则。

第三条　《条例》所称自然地理实体名称,包括山、河、湖、海、岛礁、沙滩、岬角、海湾、水道、地形区等名称;行政区划名称,包括各级行政区域和各级人民政府派出机构所辖区域名称;居民地名称,包括城镇、区片、开发区、自然村、片村、农林牧渔点及街、巷、居民区、楼群(含楼、门号码)、建筑物等名称;各专业部门使用的具有地名意义的台、站、港、场等名称,还包括名胜古迹、纪念地、游览地、企业事业单位等名称。

第四条　地名管理的任务是:依据国家关于地名管理的方针、政策和法规,通过地名管理的各项行政职能和技术手段,逐步实现国家地名标准化和国内外地名译写规范化,为社会主义建设和国际交往服务。

第五条　国家对地名实行统一管理、分级负责制。

第六条　民政部是全国地名管理的主管部门。其职责是:指导和协调全国地名管理工作;制定全国地名工作规划;审核地名的命名和更名;审定并组织编纂全国性标准地名资料和工具图书;指导、监督标准地名的推广使用;管理地名标志和地名档案;对专业部门使用的地名实行监督和协调管理。

第七条　县级以上民政管理部门(或地名委员会)主管本行政区域的地名工作。其职责是:贯彻执行国家关于地名工作的方针、政策、法律、法规;落实全国地名工作规划;审核、承办本辖区地名的命名、更名;推行地名的标准化、规范化;设置地名标志;管理地名档案;完成国家其它地名工作任务。

第二章　　地名的命名与更名

第八条　地名的命名除应遵循《条例》第四条的规定外,还应遵循下列原则:

(一)有利于国家统一、主权和领土完整。

(二)反映当地人文或自然地理特征。

(三)使用规范的汉字或少数民族文字。

(四)不以外国人名、地名命名我国地名。

(五)人民政府不驻在同一城镇的县级以上行政区域名称,其专名不应相同。

一个县(市、区)内的乡、镇、街道办事处名称,一个乡、镇内自然村名称,一个城镇内的街、巷、居民区名称,不应重名;

国内著名的自然地理实体名称不应重名;

一个省、自治区、直辖市行政区域内,较重要的自然地理实体名称不应重名;

上述不应重名范围内的地名避免使用同音字。

(六)不以著名的山脉、河流等自然地理实体名称作行政区域专名;自然地理实体的范围超出本行政区域的,亦不以其名称作本行政区域专名。

(七)县、市、市辖区不以本辖区内人民政府非驻地村镇专名命名。

(八)乡、镇、街道办事处一般应以乡、镇人民政府驻地居民点和街道办事处所在街巷名命名。

(九)新建和改建的城镇街巷、居民区应按照层次化、序列化、规范化的要求予以命名。

第九条 地名的更名除应遵循《条例》第五条的规定外,凡不符合本细则第八条(四)(五)(七)(八)项规定的地名,原则上也应予以更名。需要更改的地名,应随着城乡发展的需要,逐步进行调整。

第十条 地名命名、更名的审批权限按照《地名管理条例》第六条(一)至(七)项规定办理。

第十一条 申报地名的命名、更名时,应将命名、更名的理由及拟废止的旧名、拟采用的新名的含义、来源等一并加以说明。

第十二条 地名的命名、更名由地名管理部门负责承办。行政区域名称的命名、更名,由行政区划和地名管理部门共同协商承办。

专业部门使用的具有地名意义的名称,其命名、更名由该专业部门负责承办,但应事先征得当地地名管理部门的同意。

第三章　　地名的标准化处理

第十三条　凡符合《地名管理条例》规定,并经县级以上人民政府或专业主管部门批准的地名为标准地名。

第十四条　标准地名原则上由专名和通名两部分组成。通名用字应反映所称地理实体的地理属性(类别)。不单独使用通名词组作地名。具体技术要求,以民政部制定的技术规范为准。

第十五条　汉语地名中的方言俗字,一般用字音(或字义)相同或相近的通用字代替。对原有地名中带有一定区域性或特殊含义的通名俗字,经国家语言文字工作委员会审音定字后,可以保留。

第十六条　少数民族自治地方及民族乡名称,一般由地域专名、民族全称(包括“族”字)和相应自治区域通名组成。由多个少数民族组成的民族自治地方名称,少数民族的称谓至多列举三个。

第十七条　少数民族语地名的译写

(一)少数民族语地名,在各自民族语言、文字的基础上,按其标准(通用)语音,依据汉语普通话读音进行汉字译写。对约定俗成的汉字译名,一般不更改。

(二)多民族聚居区的地名,如不同民族有不同的称谓并无惯用汉语名称时,经当地地名管理部门征得有关少数民族的意见后,选择当地使用范围较广的某一语种称谓进行汉字译写。

(三)少数民族语地名的汉字译写,应尽可能采用常用字,避免使用多音、贬义和容易产生歧义的字词。

(四)有文字的少数民族语地名之间的相互译写,以本民族和他民族规范化的语言文字为依据,或者以汉语拼音字母拼写的地名为依据。

(五)少数民族语地名译写的具体技术要求,以民政部商同国务院有关部门制定的或经民政部审定的有关规范为依据。

第十八条　国外地名的汉字译写

(一)国外地名的汉字译写,除少数惯用译名外,以该国官方语言文字和标准音为依据;有两种以上官方语言文字的国家,以该地名所属语区的语言文字为依据。国际公共领域的地理实体名称的汉字译写,以联合国有关组织或国际有关组织颁布的标准名称为依据。

(二)国外地名的汉字译写,以汉语普通话读音为准,不用方言读音。尽量避免使用多音字、生僻字、贬义字。

(三)国外地名专名实行音译,通名一般实行意译。

(四)对国外地名原有的汉译惯用名采取“约定俗成”的原则予以保留。

(五)国外地名译写的具体技术要求,以国家地名管理部门制定的外国地名译名规范为依据。国外地名的译名以国家地名管理部门编纂或审定的地名译名手册中的地名为标准化译名。

第十九条　中国地名的罗马字母拼写

　　(一)《汉语拼音方案》是使用罗马字母拼写中国地名的统一规范。它不仅适用于汉语和国内其他少数民族语,同时也适用于英语、法语、德语、西班牙语、世界语等罗马字母书写的各种语文。

　　(二)汉语地名按《中国地名汉语拼音字母拼写规则(汉语地名部分)》拼写。

　　(三)少数民族的族称按国家技术监督局制定的《中国各民族名称的罗马字母拼写法和代码》的规定拼写。

　　(四)蒙、维、藏语地名以及惯用蒙、维、藏语文书写的少数民族语地名,按《少数民族语地名汉语拼音字母音译转写法》拼写。

　　(五)其他少数民族语地名,原则上以汉译名称按《中国地名汉语拼音字母拼写规则(汉语地名部分)》拼写。

　　(六)台湾省和香港、澳门地区的地名,依据国家有关规定进行拼写。

　　(七)地名罗马字母拼写具体规范由民政部商同国务院有关部门负责修订。

第四章　　标准地名的使用

　　第二十条　　各级地名管理部门和专业主管部门,应当将批准的标准地名及时向社会公布,推广使用。

　　第二十一条　　各级地名管理部门和专业主管部门,负责编纂本行政区域或本系统的各种标准化地名出版物,及时向社会提供法定地名。其他部门不得编纂标准化地名工具图书。

　　第二十二条　　机关、部队、团体、企业、事业单位的公告、文件、证件、影视、商标、广告、牌匾、地图以及出版物等方面所使用的地名,均应以正式公布的标准地名(包括规范化译名)为准,不得擅自更改。

第二十三条　对尚未公布规范汉字译写的外国地名,地名使用单位应根据国家地名管理部门制定的译名规则进行汉字译写。

第五章　地名标志的设置

第二十四条　行政区域界位、城镇街巷、居民区、楼、院、自然村屯、主要道路和桥梁、纪念地、文物古迹、风景名胜、台、站、港、场和重要自然地理实体等地方应当设置地名标志。一定区域内的同类地名标志应当力求统一。

第二十五条　地名标志的主要内容包括:标准地名汉字的规范书写形式;标准地名汉语拼音字母的规范拼写形式。在习惯于用本民族文字书写地名的民族自治区域,可依据民族区域自治法有关文字书写规定,并列该民族文字规范书写形式。

第二十六条　地名标志的设置和管理,由当地地名管理部门负责,其中街、巷、楼、门牌统一由地名主管部门管理,条件尚不成熟的地方,地名主管部门应积极取得有关部门的配合,共同做好标志的管理工作,逐步实现统一管理。专业部门使用的具有地名意义的名称标志,由地名管理部门协调有关专业部门设置和管理。

第二十七条　地名标志的设置和管理所需费用,当地人民政府根据具体情况,可由财政拨款,也可采取受益单位出资或工程预算费列支等方式筹措。

第六章　地名档案的管理

第二十八条　全国地名档案工件由民政部统一指导。各级地名档案管理部门分级管理。地名档案工作在业务上接受档案管理部门的指导、监督。

第二十九条　各级地名档案管理部门保管的地名档案姿料,应不少于本级人民政府审批权限规定的地名数量。

第三十条　地名档案的管理规范,应执行民政部和国家档案局制定的有关规定。

第三十一条　各级地名档案管理部门,要在遵守国家保密规定原则下,积极开展地名信息咨询服务。

第七章　奖励与惩罚

第三十二条　各级地名管理部门应当加强地名工作的管理、监督和检查。对擅自命名、更名或使用不规范地名的单位和个人,应发出违章使用地名通知书,限期纠正;对逾期不改或情节严重、造成不良后果者,地名管理部门应根据有关规定,对其进行处罚。

第三十三条　地名标志为国家法定的标志物。对损坏地名标志的,地名管理部门应责令其赔偿;对偷窃、故意损毁或擅自移动地名标志的,地名管理部门报请有关部门,依据《中华人民共和国治安管理处罚条例》的规定予以处罚;情节恶劣、后果严重触犯刑律的,依法追究刑事责任。

第三十四条　当地人民政府对推广使用标准地名和保护地名标志作出贡献的单位和个人,应当给予表彰或奖励。

第八章　附则

第三十五条　各省、自治区、直辖市人民政府可根据本细则,制定本行政区域的地名管理办法。

第三十六条　本细则由民政部负责解释。

第三十七条　本细则自发布之日起施行。

关于地名用字的若干规定

(国家语言文字工作委员会、中国地名委员会、铁道部、交通部、国家海洋局、国家测绘局 1987 年 3 月 27 日发布)

根据《国务院批转国家语言文字工作委员会关于废止〈第二次汉字简化方案(草案)〉和纠正社会用字混乱现象请示的通知》,以及国务院于 1986 年 1 月公布的《地名管理条例》这两个文件的精神,对地名用字作如下规定:

一、各类地名,包括自然地理实体名称、行政区划名称、居民地名称、各专业部门使用的具有地名意义的台、站、港、场等名称,均应按国家确定的规范汉字书写,不用自造字、已简化的繁体字和已淘汰的异体字。地名的汉字字形,以 1965 年文化部和中国文字改革委员会联合发布的《印刷通用汉字字形表》为准。

二、少数民族语地名和外国地名的汉字译写,应根据中国地名委员会制订的有关规定译写,做到规范化。

三、用汉语拼音字母拼写我国地名,以国家公布的《汉语拼音方案》作为统一规范。其中汉语地名和用汉字书写的少数民族语地名,按 1984 年中国地名委员会、中国文字改革委员会、国家测绘局联合颁发的《中国地名汉语拼音字母拼写规则(汉语地名部分)》

拼写。蒙古语、维吾尔语、藏语等少数民族语地名的拼写,原则上按国家测绘局和中国文字改革委员会 1976 年修订的《少数民族语地名汉语拼音字母音译转写法》拼写。

四、公章、文件、书刊、报纸、标牌等使用地名时,都应以各级政府审定的标准地名为准。

五、对地名书写和拼写中遇到的问题,应与当地地名机构会商解决。

关于更改地名的指示

（政务院 1951 年 12 月 19 日颁布，政政字第 70 号）

全国各地地名中，有经反动政府以反动分子的名字命名的，有带有歧视或侮辱少数民族性质的，有名称重复容易发生错误的。各级人民政府为了肃清反动遗迹，加强民族团结并避免混淆不清，对于此类地名，有的已作了更改；但有的还未更改。为了使此项工作能在统一的原则之下进行起见，特作指示如下：

一、凡经反动政府用国内外反动分子的名字命名的地名（包括县、市、镇、区、乡、街、巷、胡同等名称），应按照下列程序，一律予以更改：

1. 区、乡及市内街、巷的名称，由县、市人民政府征求各界人民代表的意见，拟定适当名称，公布通行；同时报请省人民政府（或人民行政公署，下同）备案。省人民政府并定期汇总报请或报转中央人民政府内务部（以下简称内务部）备查。

2. 中央及大行政区直辖市的区以下的名称，由市人民政府征求各界人民代表的意见，拟定适当名称，公布通行；但区的名称，应报请或报转内务部备查。

3. 县市以上的名称，由省人民政府征求各界人民代表的意见，拟定适当名称并加具意见,报告或报转内务部审核,并报政务院公布通行。

二、第一次革命战争、第二次革命战争或抗日战争期间,由革命政府命名的具有历史意义的地名,被反动政府强改者,由县、市以上人民政府提出恢复原名或另定新名的意见,报请或层报内务部核定,如系县、市以上名称,须报政务院公布通行。

三、关于带有歧视或侮辱少数民族性质的地名,应遵照1951年5月16日本院《关于处理带有歧视或侮辱少数民族性质的称谓、地名、碑碣、匾联的指示》的(二)项办法办理。

四、县和县、市和市重名者,由内务部通知各县、市所隶属的大行政区人民政府(军政委员会)或省人民政府,按照(一)条3款规定办理。

五、县和市或省相同的地名,应否更改由内务部征询各该上级人民政府的意见后,统筹决定。如更改时,可按照(一)条3款规定办理。其区、乡以下及市内街、巷的重复地名,可暂不更改。如县、市人民政府认为必须更改时,可按照(一)1、2两款规定办理。对一地通用数名者,应征得当地人民代表的同意,规定一个通用的名称。

六、纪念革命先烈,一般用碑塔等方式,不更改地名。但已经更改,并经该地上级人民政府批准或群众称呼已成习惯的,仍可沿用。

七、除本指示所指出者外,其他地名,一律不得随便更改;其有必须更改者,应按照本指示(一)条各款所规定的程序办理。同时各级人民政府于地名更改后,必须及时通知所属和有关机关(如邮电、交通等部门)知照。

关于以名山大川变更行政区域称谓问题
座谈会纪要

今年 6 月，民政部行政区划和地名管理司就目前部分县级以上行政区域要求以名山大川变更行政区域称谓的问题，先后两次召集有关专家、学者和行政管理人员进行座谈。

座谈会认为，对于一个新建立的行政区域，一般来说，借用其他知名度较高的自然地理实体名称命名是可以的。但是，对已有名称的现行行政区域，特别是县、市以上行政区域借用名山大川进行更名，其做法是不妥的。其原因之一，名山大川在全国、乃至世界人们的心目中已形成特定形象，不宜扩大其名称的指称范围，以避免造成名字的泛指、泛用，避免造成特定空间形象和地理区域范围上指称的混乱。其原因之二，从要求以名山更名政区名称的城市来看，不论目前还是在今后一个相当时期，其城镇的社会影响和经济地位等各个方面，都是很难与名山大川的社会地位相匹配的。其原因之三，现行政区名称无任何弊端，无任何不妥之处，且沿用之久。如"泰安"之名，不仅是由"泰山"派生而来，而且取名高雅，含义健康、深远。

座谈会认为，通过更名，不是吸引外资、发展经济的必然因素。相反，地名的变动，不仅会给本地区直接造成一定的经济损失（据估算，一个县级市更名后，印章、牌匾等方面的更换经费开支约几十万元）。而且，给国家其他有关部门和人们生活（如交通运输、邮电通信、人们交往）都造成相当数量的经济损失和困难。由于新、旧地名一时联系不起来，也会影响资金的引进和产品的推销。像我国深圳、蛇口、浦东等地不是靠地名，而是靠工作和政策，经济才有了突飞猛进的发展。正是经济的腾飞，其地也就名扬国内外了。因此，称谓知名度的高低，取决于经济发展的程度。

座谈会认为，地名管理必须遵循地名的"稳定性"和"约定俗成"的原则。地名是一种语言现象，应保持地名语词的相对稳定。地名的稳定性是由地名的固有性质决定的。稳定的地名有利于当地的经济发展，有利于人民日常生活和交往。地名是历史形成的，因而又是一定意义上的历史文化遗产。从尊重历史、维护历史文化传统来看，地名也不宜经常变动。座谈会还认为，国务院《地名管理条例》中有关更名应遵循的规定是科学的、合理的，应严格贯彻执行，维护地名管理法规的严肃性。

总之，加强地名管理，保持地名稳定，是加快改革开放步伐，发展社会主义经济的重要措施。通过行政区域更名，特别是以名山大川进行更名提高知名度的做法一般是不可取的。如确因某些特殊情况，行政区域的更名也应从严掌握，并选择适当时机进行。

中华人民共和国民政部
1992 年 7 月 8 日

关于改用汉语拼音方案拼写中国人名地名
作为罗马字母拼写法的实施说明

（国务院 1978 年 9 月 26 日批准发布，国发〔1978〕192 号）

一、用汉语拼音字母拼写的中国人名地名，适用于罗马字母书写的各种语文，如英语、法语、德语、西班牙语、世界语等。

二、在罗马字母各语文中我国国名的译写法不变，"中国"仍用国际通用的现行译法。

三、在各外语中地名的专名部分原则上音译，用汉语拼音字母拼写，通名部分（如省、市、自治区、江、河、湖、海等）采取意译。但在专名是单音节时，某通名部分应视作专名的一部分，先音译，后重复意译。

文学作品、旅游图等出版物中的人名、地名，含有特殊意义，需要意译的，可按现行办法译写。

四、历史地名，原有惯用拼法的，可以不改，必要时也可以改用新拼法，后面括注惯用拼法。

五、香港和澳门两地名，在罗马字母外文版和汉语拼音字母版的地图上，可用汉语拼音字母拼写法，括注惯用拼法和"英占"或"葡占"字样的方式处理（编者按：中国政府分别于 1997 年 7 月 1日、1999 年 12 月 20 日恢复对香港、澳门行使主权，其后之地图不能括注"英占""葡占"字样)。在对外文件和其他书刊中,视情况也可以只用惯用拼法。我驻港澳机构名称的拼法,可不改。

六、一些常见的著名的历史人物的姓名,原来有惯用拼法的(如孔夫子、孙逸仙等),可以不改,必要时也可以改用新拼法,后面括注惯用拼法。

七、海外华侨及外籍华人、华裔的姓名,均以本人惯用拼写法为准。

八、已经使用的商标、牌号,其拼写法可以不改,但新使用的商标、牌号应采用新拼写法。

九、在改变拼写法之前,按惯用拼写法书写和印制的外文文件、护照、证件、合同、协议、出版物以及各种出口商品目录、样本、说明书、单据等,必要时可以继续使用。新印制时,应采用新拼法。

十、各科(动植物、微生物、古生物等)学名命名中的我国人名地名,过去已采取惯用拼法命名的可不改,今后我国科学工作者发现的新种,在订名时凡涉及我国人名地名时,应采用新拼法。

十一、中国人名地名的罗马字母拼写法改用汉语拼音字母拼写后,我对外口语广播的读音暂可不改。经过一个时期的调查研究之后,再确定我们的做法。

十二、蒙、维、藏等少数民族语人名地名的汉语拼音字母拼写法,由中国地名委员会、国家测绘总局、民族事务委员会、民族研究所负责收集、编印有关资料,提供各单位参考。

少数民族语地名按照《少数民族语地名汉语拼音字母音译转写法》转写以后,其中常见地名在国内允许有个过渡。

十三、在电信中,对不便于传递和不符合电信特点的拼写形式可以做技术性的处理,如 yu 代 ü 等。

关于用汉语拼音拼写台湾地名时
括注习惯拼法的请示

（国务院办公厅 1981 年 2 月 9 日审核同意后转发执行）

国务院、中央对台工作领导小组：

　　1977 年 8 月，联合国第三届地名标准化会议通过了我国提出的关于采用汉语拼音方案作为中国地名罗马字母拼法的国际标准的提案。1978 年国务院 192 号文件批转了中国文字改革委员会、外交部、国家测绘总局、中国地名委员会《关于改用汉语拼音方案作为我国人名地名罗马字母拼写法的统一规范的报告》。根据这一文件的精神，我国政府的对外文件均已正式采用汉语拼音方案拼写我国地名。为适应国内外的需要，国家测绘总局出版了汉语拼音版中国地图和汉语拼音中国地名手册，邮电部向国际电联提供了汉语拼音方案拼写的地名资料。当时，我国对外提供的罗马字母地名资料，包括台湾的地名在内，都采用的是汉语拼音方案拼写，这是理所当然的。但是，台湾至今仍在使用威妥玛式等旧拼法，而且反对使用汉语拼音方案；目前国际上虽然在拼写中国地名（包括台湾的地名）时，大多数使用了汉语拼音方案，但他们在对台电信联系等方面，还是沿用旧拼法。根据中央最近确定的对台工作的方针政策,和鉴于用汉语拼音方案拼写台湾地名存在的实际问题,我们的意见是:坚持一个中国,反对"两个中国",坚持我国在联合国地名标准化会议的提案,用汉语拼音方案拼写包括台湾在内的中国地名;同时,又要承认现实,方便使用,有利于对台工作。今后我国向外提供罗马字母地名以及出版汉语拼音版地图时,台湾地名可以在汉语拼音方案拼法的后面括注惯用旧拼法,作为过渡。在我对台邮电联系时,台湾地名也可以单独使用惯用旧拼法,作为一种变通的过渡办法。

　　以上报告如无不妥,请批转有关单位参照执行。

中国地名委员会

中华人民共和国外交部

中国文字改革委员会

国家测绘总局

1981 年 1 月 15 日

关于公布第一批月球地名标准汉字译名的公告

(民政部公告第 182 号)

为了实现月球地名标准化,满足月球探测、科学研究和社会应用的需要,遵照国务院地名管理的有关规定,我部组织力量对国际天文组织公布的月球地名进行了标准化汉字译写。自今日起分批公布。现正式公布第一批(计 468 条)月球地名标准汉字译名。

中华人民共和国民政部

2010 年 8 月 18 日

第一批月球地名标准汉字译名表(468 条)

一、环形山、坑(Crater、craters,367 条)

序号	汉字标准译名	国际通用名	纬度	经度
1	阿贝	Abbe	57.3°S	175.2°E
2	阿贝尔	Abel	34.5°S	87.3°E
3	阿波罗	Apollo	36.1°S	151.8°W

续表

序号	汉字标准译名	国际通用名	纬度	经度
4	阿尔德	Alder	48.6°S	177.4°W
5	阿方索	Alphonsus	13.7°S	3.2°W
6	阿伏伽德罗	Avogadro	63.1°N	164.9°E
7	阿基米德	Archimedes	29.7°N	4°W
8	阿廖欣	Alekhin	68.2°S	131.3°W
9	阿蒙森	Amundsen	84.3°S	85.6°E
10	阿姆斯特朗	Armstrong	1.4°N	25°E
11	阿那克西米尼	Anaximenes	72.5°N	44.5°W
12	阿什布鲁克	Ashbrook	81.4°S	112.5°W
13	阿特拉斯	Atlas	46.7°N	44.4°E
14	埃尔米特	Hermite	86°N	89.9°W
15	埃姆登	Emden	63.3°N	177.3°W
16	埃斯诺-佩尔蒂埃	Esnault-Pelterie	47.7°N	141.4°W
17	艾肯	Aitken	16.8°S	173.4°E
18	爱迪生	Edison	25°N	99.1°E
19	爱丁顿	Eddington	21.3°N	72.2°W
20	爱因斯坦	Einstein	16.3°N	88.7°W
21	安德森	Anderson	15.8°N	171.1°E
22	安斯加尔	Ansgarius	12.7°S	79.7°E
23	奥本海默	Oppenheimer	35.2°S	166.3°W

续表

序号	汉字标准译名	国际通用名	纬度	经度
24	奥尔德林	Aldrin	1.4°N	22.1°E
25	奥尔登	Alden	23.6°S	110.8°E
26	奥尔科特	Olcott	20.6°N	117.8°E
27	奥尔洛夫	Orlov	25.7°S	175°W
28	奥斯特瓦尔德	Ostwald	10.4°N	121.9°E
29	巴贝奇	Babbage	59.7°N	57.1°W
30	巴布科克	Babcock	4.2°N	93.9°E
31	巴尔末	Balmer	20.3°S	69.8°E
32	巴甫洛夫	Pavlov	28.8°S	142.5°E
33	巴罗	Barrow	71.3°N	7.7°E
34	巴纳德	Barnard	29.5°S	85.6°E
35	巴斯德	Pasteur	11.9°S	104.6°E
36	巴塔尼	Albategnius	11.7°S	4.3°E
37	巴伊	Bailly	66.5°S	69.1°W
38	巴约	Baillaud	74.6°N	37.5°E
39	白贝罗	Buys-Ballot	20.8°N	174.5°E
40	柏拉图	Plato	51.6°N	9.4°W
41	班廷	Banting	26.6°N	16.4°E
42	鲍耶	Bolyai	33.6°S	125.9°E
43	贝尔	Bell	21.8°N	96.4°W

续表

序号	汉字标准译名	国际通用名	纬度	经度
44	贝海姆	Behaim	16.5°S	79.4°E
45	比拉	Biela	54.9°S	51.3°E
46	比鲁尼	Al-Biruni	17.9°N	92.5°E
47	毕达哥拉斯	Pythagoras	63.5°N	63°W
48	别利科维奇	Bel'kovich	61.1°N	90.2°E
49	波乔布特	Poczobutt	57.1°N	98.8°W
50	玻尔	Bohr	12.4°N	86.6°W
51	玻尔兹曼	Boltzmann	74.9°S	90.7°W
52	伯德	Byrd	85.3°N	9.8°E
53	伯克霍夫	Birkhoff	58.7°N	146.1°W
54	伯克纳	Berkner	25.2°N	105.2°W
55	伯明翰	Birmingham	65.1°N	10.5°W
56	博斯	Bose	53.5°S	170°W
57	布丰	Buffon	40.4°S	133.4°W
58	布喇格	Bragg	42.5°N	102.9°W
59	布莱克特	Blackett	37.5°S	116.1°W
60	布劳威尔	Brouwer	36.2°S	126°W
61	布里奇曼	Bridgman	43.5°N	137.1°E
62	布利安生	Brianchon	75°N	86.2°W
63	布森戈	Boussingault	70.2°S	54.6°E

序号	汉字标准译名	国际通用名	纬度	经度
64	灿德尔	Tsander(Zander)	6.2°N	149.3°W
65	查普尔	Chappell	54.7°N	177°W
66	查普曼	Chapman	50.4°N	100.7°W
67	达·芬奇	da Vinci	9.1°N	45°E
68	达尔文	Darwin	20.2°S	69.5°W
69	但丁	Dante	25.5°N	180°W
70	道尔顿	Dalton	17.1°N	84.3°W
71	德拜	Debye	49.6°N	176.2°W
72	德拉鲁	De la Rue	59.1°N	52.3°E
73	德朗达尔	Deslandres	33.1°S	4.8°W
74	德里加尔斯基	Drygalski	79.3°S	84.9°W
75	德林杰	Dellinger	6.8°S	140.6°E
76	德扎尔格	Desargues	70.2°N	73.3°W
77	笛卡儿	Descartes	11.7°S	15.7°E
78	第谷	Tycho	43.4°S	11.1°W
79	丢番图	Diophantus	27.6°N	34.3°W
80	多普勒	Doppler	12.6°S	159.6°W
81	厄缶	Eötvös	35.5°S	133.8°E
82	恩底弥昂	Endymion	53.9°N	57°E
83	法布里	Fabry	42.9°N	100.7°E

续表

序号	汉字标准译名	国际通用名	纬度	经度
84	法布里休斯	Fabricius	42.9°S	42°E
85	法拉第	Faraday	42.4°S	8.7°E
86	范德格拉夫	Van de Graaff	27.4°S	172.2°E
87	范德瓦耳斯	Van der Waals	43.9°S	119.9°E
88	范托夫	van't Hoff	62.1°N	131.8°W
89	菲利普斯	Phillips	26.6°S	75.3°E
90	斐索	Fizeau	58.6°S	133.9°W
91	费米	Fermi	19.3°S	122.6°E
92	费斯曼	Fersman	18.7°N	126°W
93	费希纳	Fechner	59°S	124.9°E
94	冯·拜耳	von Baeyer	81.64°S	61.34°E
95	冯·贝凯西	von Békésy	51.9°N	126.8°E
96	冯·卡门	Von Kármán	44.8°S	175.9°E
97	冯·诺伊曼	Von Neumann	40.4°N	153.2°E
98	弗拉卡斯托罗	Fracastorius	21.5°S	33.2°E
99	弗拉克	Vlacq	53.3°S	38.8°E
100	弗拉马里翁	Flammarion	3.4°S	3.7°W
101	弗莱明	Fleming	15°N	109.6°E
102	弗里德曼	Fridman（Friedmann）	12.6°S	126°W
103	弗罗因德利希	Freundlich	25°N	171°E

续表

序号	汉字标准译名	国际通用名	纬度	经度
104	弗洛伊德	Freud	25.8°N	52.3°W
105	伏打	Volta	53.9°N	84.4°W
106	福勒	Fowler	42.3°N	145°W
107	傅立叶	Fourier	30.3°S	53°W
108	富兰克林	Franklin	38.8°N	47.7°E
109	盖奥特	Guyot	11.4°N	117.5°E
110	高斯	Gauss	35.7°N	79°E
111	戈达德	Goddard	14.8°N	89°E
112	哥白尼	Copernicus	9.7°N	20.1°W
113	哥伦布	Colombo	15.1°S	45.8°E
114	格拉西莫维奇	Gerasimovich	22.9°S	122.6°W
115	格里马尔迪	Grimaldi	5.5°S	68.3°W
116	格特纳	Gärtner	59.1°N	34.6°E
117	谷登堡	Gutenberg	8.6°S	41.2°E
118	哈勃	Hubble	22.1°N	86.9°E
119	哈恩	Hahn	31.3°N	73.6°E
120	哈金斯	Huggins	41.1°S	1.4°W
121	哈雷	Halley	8°S	5.7°E
122	哈特维希	Hartwig	6.1°S	80.5°W
123	哈泽	Hase	29.4°S	62.5°E

续表

序号	汉字标准译名	国际通用名	纬度	经度
124	海尔	Hale	74.2°S	90.8°E
125	海因	Hayn	64.7°N	85.2°E
126	海因修斯	Heinsius	39.5°S	17.7°W
127	亥姆霍兹	Helmholtz	68.1°S	64.1°E
128	亥维赛	Heaviside	10.4°S	167.1°E
129	汉诺	Hanno	56.3°S	71.2°E
130	豪森	Hausen	65°S	88.1°W
131	赫·乔·威尔斯	H. G. Wells	40.7°N	122.8°E
132	赫茨普龙	Hertzsprung	2.6°N	129.2°W
133	赫卡泰奥斯	Hecataeus	21.8°S	79.4°E
134	赫拉克利特	Heraclitus	49.2°S	6.2°E
135	赫斯	Hess	54.3°S	174.6°E
136	赫维留	Hevelius	2.2°N	67.6°W
137	赫歇尔	Herschel	5.7°S	2.1°W
138	赫胥黎	Huxley	20.2°N	4.5°W
139	赫兹	Hertz	13.4°N	104.5°E
140	洪堡	Humboldt	27°S	80.9°E
141	胡克	Hooke	41.2°N	54.9°E
142	华莱士	Wallace	20.3°N	8.7°W
143	怀尔德	Wyld	1.4°S	98.1°E

续表

序号	汉字标准译名	国际通用名	纬度	经度
144	霍梅尔	Hommel	54.7°S	33.8°E
145	基巴利契奇	Kibal'chich	3°N	146.5°W
146	基勒	Keeler	10.2°S	161.9°E
147	吉尔伯特	Gilbert	3.2°S	76°E
148	纪尧姆	Guillaume	45.4°N	173.4°W
149	季霍夫	Tikhov	62.3°N	171.7°E
150	加加林	Gagarin	20.2°S	149.2°E
151	伽伐尼	Galvani	49.6°N	84.6°W
152	伽利略	Galilaei	10.5°N	62.7°W
153	伽罗瓦	Galois	14.2°S	151.9°W
154	伽莫夫	Gamow	65.3°N	145.3°E
155	伽桑狄	Gassendi	17.6°S	40.1°W
156	焦尔达诺·布鲁诺	Giordano Bruno	35.9°N	102.8°E
157	焦耳	Joule	27.3°N	144.2°W
158	杰克逊	Jackson	22.4°N	163.1°W
159	杰勒德	Gerard	44.5°N	80°W
160	金斯	Jeans	55.8°S	91.4°E
161	居里	Curie	22.9°S	91°E
162	居维叶	Cuvier	50.3°S	9.9°E
163	卡巴纳	Cabannes	60.9°S	169.6°W

序号	汉字标准译名	国际通用名	纬度	经度
164	卡尔平斯基	Karpinskiy	73.3°N	166.3°E
165	卡诺	Carnot	52.3°N	143.5°W
166	开普勒	Kepler	8.1°N	38°W
167	凯库勒	Kekulé	16.4°N	138.1°W
168	坎贝尔	Campbell	45.3°N	151.4°E
169	康德	Kant	10.6°S	20.1°E
170	康普顿	Compton	55.3°N	103.8°E
171	康托尔	Cantor	38.2°N	118.6°E
172	柯瓦列夫斯卡娅	Kovalevskaya	30.8°N	129.6°W
173	柯西	Cauchy	9.6°N	38.6°E
174	科赫	Koch	42.8°S	150.1°E
175	科里奥利	Coriolis	0.1°N	171.8°E
176	科罗廖夫	Korolev	4°S	157.4°W
177	科马罗夫	Komarov	24.7°N	152.5°E
178	克拉普罗特	Klaproth	69.8°S	26°W
179	克莱奥迈季斯	Cleomedes	27.7°N	56°E
180	克雷蒂安	Chrétien	45.9°S	162.9°E
181	克斯特纳	Kästner	6.8°S	78.5°E
182	库尔恰托夫	Kurchatov	38.3°N	142.1°E
183	库克	Cook	17.5°S	48.9°E

序号	汉字标准译名	国际通用名	纬度	经度
184	库仑	Coulomb	54.7°N	114.6°W
185	拉比列维	Rabbi Levi	34.7°S	23.6°E
186	拉彼鲁兹	La Pérouse	10.7°S	76.3°E
187	拉格朗日	Lagrange	32.3°S	72.8°W
188	拉加拉	Lagalla	44.6°S	22.5°W
189	拉马克	Lamarck	22.9°S	69.8°W
190	拉梅	Lamé	14.7°S	64.5°E
191	拉蒙特	Lamont	4.4°N	23.7°E
192	拉莫尔	Larmor	32.1°N	179.7°W
193	拉姆齐	Ramsay	40.2°S	144.5°E
194	拉瓦锡	Lavoisier	38.2°N	81.2°W
195	莱布尼兹	Leibnitz	38.3°S	179.2°E
196	兰姆	Lamb	42.9°S	100.1°E
197	朗道	Landau	41.6°N	118.1°W
198	朗格马克	Langemak	10.3°S	118.7°E
199	朗缪尔	Langmuir	35.7°S	128.4°W
200	劳厄	Laue	28°N	96.7°W
201	勒夫	Love	6.3°S	129°E
202	勒梅特	Lemaître	61.2°S	149.6°W
203	勒让德	Legendre	28.9°S	70.2°E

续表

序号	汉字标准译名	国际通用名	纬度	经度
204	勒让蒂	Le Gentil	74.6°S	75.7°W
205	雷乔蒙塔努斯	Regiomontanus	28.3°S	1°W
206	楞次	Lents（Lenz）	2.8°N	102.1°W
207	黎曼	Riemann	38.9°N	86.8°E
208	李奥	Lyot	49.8°S	84.5°E
209	李比希	Liebig	24.3°S	48.2°W
210	李普曼	Lippmann	56°S	114.9°W
211	里乔利	Riccioli	3.3°S	74.6°W
212	利玛窦	Riccius	36.9°S	26.5°E
213	利普斯基	Lipskiy	2.2°S	179.5°W
214	列别捷夫	Lebedev	47.3°S	107.8°E
215	列维-齐维塔	Levi-Civita	23.7°S	143.4°E
216	列文虎克	Leeuwenhoek	29.3°S	178.7°W
217	隆哥蒙塔努斯	Longomontanus	49.6°S	21.8°W
218	卢克莱修	Lucretius	8.2°S	120.8°W
219	卢瑟福	Rutherford	10.7°N	137°E
220	伦德马克	Lundmark	39.7°S	152.5°E
221	伦琴	Röntgen	33°N	91.4°W
222	罗巴切夫斯基	Lobachevskiy	9.9°N	112.6°E
223	罗伯茨	Roberts	71.1°N	174.5°W

序号	汉字标准译名	国际通用名	纬度	经度
224	罗伯逊	Robertson	21.8°N	105.2°W
225	罗卡	Rocca	12.7°S	72.8°W
226	罗兰	Rowland	57.4°N	162.5°W
227	罗蒙诺索夫	Lomonosov	27.3°N	98°E
228	罗日杰斯特文斯基	Rozhdestvenskiy	85.2°N	155.4°W
229	罗森贝格尔	Rosenberger	55.4°S	43.1°E
230	罗素	Russell	26.5°N	75.4°W
231	洛伦兹	Lorentz	32.6°N	95.3°W
232	洛希	Roche	42.3°S	136.5°E
233	马赫	Mach	18.5°N	149.3°W
234	马可·波罗	Marco Polo	15.4°N	2°W
235	马克苏托夫	Maksutov	40.5°S	168.7°W
236	迈克耳孙	Michelson	7.2°N	120.7°W
237	迈特纳	Meitner	10.5°S	112.7°E
238	麦克劳林	McLaughlin	47.1°N	92.9°W
239	麦克马思	McMath	17.3°N	165.6°W
240	麦克斯韦	Maxwell	30.2°N	98.9°E
241	麦克唐纳	McDonald	30.4°N	20.9°W
242	麦哲伦	Magelhaens	11.9°S	44.1°E
243	曼德尔施塔姆	Mandel'shtam	5.4°N	162.4°E

序号	汉字标准译名	国际通用名	纬度	经度
244	梅津采夫	Mezentsev	72.1°N	128.7°W
245	梅森	Mersenius	21.5°S	49.2°W
246	梅修斯	Metius	40.3°S	43.3°E
247	门捷列夫	Mendeleev	5.7°N	140.9°E
248	蒙戈尔费埃	Montgolfier	47.3°N	159.8°W
249	孟德尔	Mendel	48.8°S	109.4°W
250	米	Mee	43.7°S	35.3°W
251	米尔恩	Milne	31.4°S	112.2°E
252	米兰科维奇	Milankovič	77.2°N	168.8°E
253	米勒	Miller	39.3°S	0.8°E
254	米奈尔	Minnaert	67.8°S	179.6°E
255	米特拉	Mitra	18°N	154.7°W
256	密立根	Millikan	46.8°N	121.5°E
257	闵科夫斯基	Minkowski	56.5°S	146°W
258	莫尔斯	Morse	22.1°N	175.1°W
259	莫塞莱	Moseley	20.9°N	90.1°W
260	墨卡托	Mercator	29.3°S	26.1°W
261	墨丘利	Mercurius	46.6°N	66.2°E
262	穆图什	Mutus	63.6°S	30.1°E
263	穆谢	Mouchez	78.3°N	26.6°W

序号	汉字标准译名	国际通用名	纬度	经度
264	南森	Nansen	80.9°N	95.3°E
265	能斯脱	Nernst	35.3°N	94.8°W
266	牛顿	Newton	76.7°S	16.9°W
267	努梅罗夫	Numerov	70.7°S	160.7°W
268	诺贝尔	Nobel	15°N	101.3°W
269	欧几里得	Euclides	7.4°S	29.5°W
270	欧姆	Ohm	18.4°N	113.5°W
271	帕克赫斯特	Parkhurst	33.4°S	103.6°E
272	帕帕列克西	Papaleksi	10.2°N	164°E
273	帕申	Paschen	13.5°S	139.8°W
274	帕斯卡	Pascal	74.6°N	70.3°W
275	潘格雷	Pingré	58.7°S	73.7°W
276	泡利	Pauli	44.5°S	137.5°E
277	培根	Baco	51°S	19.1°E
278	蓬泰库朗	Pontécoulant	58.7°S	66°E
279	皮科洛米尼	Piccolomini	29.7°S	32.2°E
280	皮亚齐	Piazzi	36.6°S	67.9°W
281	平山	Hirayama	6.1°S	93.5°E
282	坡印廷	Poynting	18.1°N	133.4°W
283	珀赖因	Perrine	42.5°N	127.8°W

序号	汉字标准译名	国际通用名	纬度	经度
284	普尔巴赫	Purbach	25.5°S	2.3°W
285	普拉斯基特	Plaskett	82.1°N	174.3°E
286	普朗克	Planck	57.9°S	136.8°E
287	普朗特	Prandtl	60.1°S	141.8°E
288	齐奥尔科夫斯基	Tsiolkovskiy	21.2°S	128.9°E
289	齐拉特	Szilard	34°N	105.7°E
290	恰普雷金	Chaplygin	6.2°S	150.3°E
291	钱柏林	Chamberlin	58.9°S	95.7°E
292	钱德勒	Chandler	43.8°N	171.5°E
293	切比雪夫	Chebyshev	33.7°S	133.1°W
294	让桑	Janssen	45.4°S	40.3°E
295	茹科夫斯基	Zhukovskiy	7.8°N	167°W
296	儒勒·凡尔纳	Jules Verne	35°S	147°E
297	儒略·凯撒	Julius Caesar	9°N	15.4°E
298	瑞利	Rayleigh	29.3°N	89.6°E
299	萨哈	Saha	1.6°S	102.7°E
300	萨克罗博斯科	Sacrobosco	23.7°S	16.7°E
301	塞曼	Zeeman	75.2°S	133.6°W
302	赛弗特	Seyfert	29.1°N	114.6°E
303	色诺芬尼	Xenophanes	57.5°N	82°W

序号	汉字标准译名	国际通用名	纬度	经度
304	沙因	Shayn	32.6°N	172.5°E
305	施莱辛格	Schlesinger	47.4°N	138.6°W
306	施吕特	Schlüter	5.9°S	83.3°W
307	史瓦西	Schwarzschild	70.1°N	121.2°E
308	舒伯特	Schubert	2.8°N	81°E
309	舒马赫	Schumacher	42.4°N	60.7°E
310	舒斯特	Schuster	4.2°N	146.5°E
311	斯科特	Scott	82.1°S	48.5°E
312	斯克洛多夫斯卡	Sklodowska	18.2°S	95.5°E
313	斯内利厄斯	Snellius	29.3°S	55.7°E
314	斯潘塞·琼斯	Spencer Jones	13.3°N	165.6°E
315	斯特宾斯	Stebbins	64.8°N	141.8°W
316	斯特藩	Stefan	46°N	108.3°W
317	斯特鲁维	Struve	22.4°N	77.1°W
318	斯文赫定	Hedin	2°N	76.5°W
319	索末菲	Sommerfeld	65.2°N	162.4°W
320	索思	South	58°N	50.8°W
321	汤姆孙	Thomson	32.7°S	166.2°E
322	特朗普勒	Trumpler	29.3°N	167.1°E
323	提丢斯	Titius	26.8°S	100.7°E

续表

序号	汉字标准译名	国际通用名	纬度	经度
324	托勒玫	Ptolemaeus	9.3°S	1.9°W
325	瓦尔特	Walther	33.1°S	1°E
326	瓦斯科·达·伽马	Vasco da Gama	13.6°N	83.9°W
327	瓦特	Watt	49.5°S	48.6°E
328	瓦维洛夫	Vavilov	0.8°S	137.9°W
329	外尔	Weyl	17.5°N	120.2°W
330	威·邦德	W. Bond	65.4°N	4.5°E
331	威尔逊	Wilson	69.2°S	42.4°W
332	威廉	Wilhelm	43.4°S	20.4°W
333	韦伯	Weber	50.4°N	123.4°W
334	韦达	Vieta	29.2°S	56.3°W
335	韦尔纳茨基	Vernadskiy	23.2°N	130.5°E
336	韦格纳	Wegener	45.2°N	113.3°W
337	维纳	Wiener	40.8°N	146.6°E
338	文特里斯	Ventris	4.9°S	158°E
339	伍德	Wood	43°N	120.8°W
340	西奥菲勒斯	Theophilus	11.4°S	26.4°E
341	西尔斯	Seares	73.5°N	145.8°E
342	西哈诺	Cyrano	20.5°S	157.7°E
343	西科尔斯基	Sikorsky	66.1°S	103.2°E

续表

序号	汉字标准译名	国际通用名	纬度	经度
344	西里尔	Cyrillus	13.2°S	24°E
345	希尔伯特	Hilbert	17.9°S	108.2°E
346	希吉努斯	Hyginus	7.8°N	6.3°E
347	席格蒙迪	Zsigmondy	59.7°N	104.7°W
348	席勒	Schiller	51.9°S	39°W
349	谢里曼	Schliemann	2.1°S	155.2°E
350	谢灵顿	Sherrington	11.1°S	118°E
351	休姆	Hume	4.7°S	90.4°E
352	薛定谔	Schrödinger	75°S	132.4°E
353	雅勃洛奇科夫	Yablochkov	60.9°N	128.3°E
354	雅可比	Jacobi	56.7°S	11.4°E
355	亚当斯	Adams	31.9°S	68.2°E
356	亚里士多德	Aristoteles	50.2°N	17.4°E
357	亚历山大	Alexander	40.3°N	13.5°E
358	扬格利	Yangel'	17°N	4.7°E
359	伊卡洛斯	Icarus	5.3°S	173.2°W
360	伊萨耶夫	Isaev	17.5°S	147.5°E
361	依巴谷	Hipparchus	5.1°S	5.2°E
362	因吉拉米	Inghirami	47.5°S	68.8°W
363	约·赫歇尔	J. Herschel	62°N	42°W

续表

序号	汉字标准译名	国际通用名	纬度	经度
364	约费	Ioffe	14.4°S	129.2°W
365	约里奥	Joliot	25.8°N	93.1°E
366	泽莫纳克斯	Demonax	77.9°S	60.8°E
367	兹威基	Zwicky	15.4°S	168.1°E

二、平原 (Planitia、planitiae，1 条)

序号	汉字标准译名	国际通用名	纬度	经度
1	德森萨斯平原	Planitia Descensus	7.1°N	64.4°W

三、峭壁、崖 (Rupes、rupēs，3 条)

序号	汉字标准译名	国际通用名	纬度	经度
1	阿尔泰峭壁	Rupes Altai	24.3°S	22.6°E
2	开尔文峭壁	Rupes Kelvin	27.3°S	33.1°W
3	直壁	Rupes Recta	22.1°S	7.8°W

四、山脊 (Dorsum、dorsa，15 条)

序号	汉字标准译名	国际通用名	纬度	经度
1	阿尔杜伊诺山脊	Dorsum Arduino	24.9°N	35.8°W
2	阿尔甘山脊	Dorsa Argand	28.1°N	40.6°W
3	奥佩尔山脊	Dorsum Oppel	18.7°N	52.6°E
4	巴洛山脊	Dorsa Barlow	15°N	31°E
5	达纳山脊	Dorsa Dana	3°N	90°E
6	盖基山脊	Dorsa Geikie	4.6°S	52.5°E

续表

序号	汉字标准译名	国际通用名	纬度	经度
7	葛利普山脊	Dorsum Grabau	29.4°N	15.9°W
8	哈克山脊	Dorsa Harker	14.5°N	64°E
9	海姆山脊	Dorsum Heim	32°N	29.8°W
10	库什曼山脊	Dorsum Cushman	1°N	49°E
11	齐克尔山脊	Dorsum Zirkel	28.1°N	23.5°W
12	施蒂勒山脊	Dorsa Stille	27°N	19°W
13	索比山脊	Dorsa Sorby	19°N	14°E
14	泰尔米埃山脊	Dorsum Termier	11°N	58°E
15	尤因山脊	Dorsa Ewing	10.2°S	39.4°W

五、山、山脉(Mons、montes,20 条)

序号	汉字标准译名	国际通用名	纬度	经度
1	安培山	Mons Ampère	19°N	4°W
2	惠更斯山	Mons Huygens	20°N	2.9°W
3	吕姆克山	Mons Rümker	40.8°N	58.1°W
4	皮科山	Mons Pico	45.7°N	8.9°W
5	皮通山	Mons Piton	40.6°N	1.1°W
6	勃朗峰	Mont Blanc	45°N	1°E
7	阿尔卑斯山脉	Montes Alpes	46.4°N	0.8°W
8	阿格里科拉山脉	Montes Agricola	29.1°N	54.2°W
9	比利牛斯山脉	Montes Pyrenaeus	15.6°S	41.2°E

序号	汉字标准译名	国际通用名	纬度	经度
10	高加索山脉	Montes Caucasus	38.4°N	10°E
11	海玛斯山脉	Montes Haemus	19.9°N	9.2°E
12	金牛山脉	Montes Taurus	28.4°N	41.1°E
13	喀尔巴阡山脉	Montes Carpatus	14.5°N	24.4°W
14	科迪勒拉山脉	Montes Cordillera	17.5°S	81.6°W
15	里菲山脉	Montes Riphaeus	7.7°S	28.1°W
16	施皮茨贝尔根山脉	Montes Spitzbergen	35°N	5°W
17	特内里费山脉	Montes Teneriffe	47.1°N	11.8°W
18	亚平宁山脉	Montes Apenninus	18.9°N	3.7°W
19	直列山脉	Montes Recti	48°N	20°W
20	侏罗山脉	Montes Jura	47.1°N	34°W

六、洋(Oceanus,1 条)

序号	汉字标准译名	国际通用名	纬度	经度
1	风暴洋	Oceanus Procellarum	18.4°N	57.4°W

七、月谷(Vallis、valles,共 2 条)

序号	汉字标准译名	国际通用名	纬度	经度
1	阿尔卑斯大峡谷	Vallis Alpes	48.5°N	3.2°E
2	布瓦尔谷	Vallis Bouvard	38.3°S	83.1°W

八、月海（Mare、maria，22 条）

序号	汉字标准译名	国际通用名	纬度	经度
1	澄海	Mare Serenitatis	28°N	17.5°E
2	岛海	Mare Insularum	7.5°N	30.9°W
3	东海	Mare Orientale	19.4°S	92.8°W
4	丰富海	Mare Fecunditatis	7.8°S	51.3°E
5	洪堡海	Mare Humboldtianum	56.8°N	81.5°E
6	界海	Mare Marginis	13.3°N	86.1°E
7	静海	Mare Tranquillitatis	8.5°N	31.4°E
8	酒海	Mare Nectaris	15.2°S	35.5°E
9	浪海	Mare Undarum	6.8°N	68.4°E
10	冷海	Mare Frigoris	56°N	1.4°E
11	莫斯科海	Mare Moscoviense	27.3°N	147.9°E
12	南海	Mare Australe	38.9°S	93°E
13	泡沫海	Mare Spumans	1.1°N	65.1°E
14	汽海	Mare Vaporum	13.3°N	3.6°E
15	蛇海	Mare Anguis	22.6°N	67.7°E
16	湿海	Mare Humorum	24.4°S	38.6°W
17	史密斯海	Mare Smythii	1.3°N	87.5°E
18	危海	Mare Crisium	17°N	59.1°E
19	雨海	Mare Imbrium	32.8°N	15.6°W
20	云海	Mare Nubium	21.3°S	16.6°W

续表

序号	汉字标准译名	国际通用名	纬度	经度
21	知海	Mare Cognitum	10°S	23.1°W
22	智海	Mare Ingenii	33.7°S	163.5°E

九、月湖(Lacus,17 条)

序号	汉字标准译名	国际通用名	纬度	经度
1	长存湖	Lacus Perseverantiae	8°N	62°E
2	春湖	Lacus Veris	16.5°S	86.1°W
3	孤独湖	Lacus Solitudinis	27.8°S	104.3°E
4	欢乐湖	Lacus Gaudii	16.2°N	12.6°E
5	恐怖湖	Lacus Timoris	38.8°S	27.3°W
6	梦湖	Lacus Somniorum	38°N	29.2°E
7	秋湖	Lacus Autumni	9.9°S	83.9°W
8	仁慈湖	Lacus Bonitatis	23.2°N	43.7°E
9	时令湖	Lacus Temporis	45.9°N	58.4°E
10	死湖	Lacus Mortis	45°N	27.2°E
11	温柔湖	Lacus Lenitatis	14°N	12°E
12	希望湖	Lacus Spei	43°N	65°E
13	夏湖	Lacus Aestatis	15°S	69°W
14	幸福湖	Lacus Felicitatis	19°N	5°E
15	秀丽湖	Lacus Excellentiae	35.4°S	44°W
16	忧伤湖	Lacus Doloris	17.1°N	9°E

序号	汉字标准译名	国际通用名	纬度	经度
17	怨恨湖	Lacus Odii	19°N	7°E

十、月湾(Sinus、sinūs,11 条)

序号	汉字标准译名	国际通用名	纬度	经度
1	爱湾	Sinus Amoris	18.1°N	39.1°E
2	成功湾	Sinus Successus	0.9°N	59°E
3	和谐湾	Sinus Concordiae	10.8°N	43.2°E
4	虹湾	Sinus Iridum	44.1°N	31.5°W
5	狂暴湾	Sinus Asperitatis	3.8°S	27.4°E
6	浪湾	Sinus Aestuum	10.9°N	8.8°W
7	露湾	Sinus Roris	54°N	56.6°W
8	眉月湾	Sinus Lunicus	31.8°N	1.4°W
9	荣誉湾	Sinus Honoris	11.7°N	18.1°E
10	信赖湾	Sinus Fidei	18°N	2°E
11	中央湾	Sinus Medii	2.4°N	1.7°E

十一、月沼(Palus、paludes,3 条)

序号	汉字标准译名	国际通用名	纬度	经度
1	腐沼	Palus Putredinis	26.5°N	0.4°E
2	睡沼	Palus Somni	14.1°N	45°E
3	疫沼	Palus Epidemiarum	32°S	28.2°W

十二、海角、岬（Promontorium、promontoria，6 条）

序号	汉字标准译名	国际通用名	纬度	经度
1	阿格鲁姆海角	Promontorium Agarum	14°N	66°E
2	阿切鲁西亚海角	Promontorium Archerusia	16.7°N	22°E
3	菲涅耳海角	Promontorium Fresnel	29°N	4.7°E
4	开尔文海角	Promontorium Kelvin	27°S	33°W
5	拉普拉斯岬	Promontorium Laplace	46°N	25.8°W
6	泰纳里厄姆海角	Promontorium Taenarium	19°S	8°W

关于公布第二批月球地名标准汉字译名的公告

（民政部公告第 201 号）

　　为了实现月球地名标准化,满足月球探测、科学研究和社会应用的需要,根据国务院地名管理的有关规定,我部组织力量对国际天文组织公布的月球地名进行了标准化汉字译写,并于 2010 年 8 月 18 日公布了第一批(计 468 条)月球地名标准汉字译名。现正式公布第二批(计 405 条)月球地名标准汉字译名。

中华人民共和国民政部

2011 年 3 月 1 日

第二批月球地名标准汉字译名表（405 条）

一、环形山、坑（Crater、craters,293 条）

序号	汉字标准译名	国际通用名	纬度	经度
1	阿波罗尼奥斯	Apollonius	4.58°N	60.86°E

序号	汉字标准译名	国际通用名	纬度	经度
2	阿尔塔莫诺夫	Artamonov	25.45°N	103.71°E
3	阿尔扎赫尔	Arzachel	18.27°S	1.99°W
4	阿米奇	Amici	9.95°S	171.98°W
5	阿那克西曼德	Anaximander	66.97°N	51.44°W
6	阿努钦	Anuchin	48.85°S	101.63°E
7	阿诺尔德	Arnold	67.02°N	35.82°E
8	阿普顿	Appleton	37.07°N	158.06°E
9	阿维森纳	Avicenna	39.64°N	97.2°W
10	埃尔维	Elvey	9.07°N	100.65°W
11	埃弗谢德	Evershed	35.3°N	159.55°W
12	埃罗	Erro	5.75°N	98.51°E
13	埃文斯	Evans	9.7°S	133.83°W
14	埃因托芬	Einthoven	4.91°S	110.16°E
15	艾布·菲达	Abulfeda	13.87°S	13.9°E
16	艾克曼	Eijkman	63.22°S	142.67°W
17	安东尼亚迪	Antoniadi	69.23°S	173.06°W
18	奥伯斯	Olbers	7.3°N	76.14°W
19	奥伯特	Oberth	62.54°N	154.6°E
20	奥布鲁切夫	Obruchev	38.73°S	162.61°E
21	奥戴	O'Day	30.62°S	157.5°E

续表

序号	汉字标准译名	国际通用名	纬度	经度
22	奥肯	Oken	43.84°S	76.06°E
23	奥雷姆	Oresme	42.71°S	169.45°E
24	巴巴	Bhabha	55.4°S	165.38°W
25	巴德	Baade	44.77°S	82.01°W
26	巴尔比耶	Barbier	24.03°S	158.1°E
27	巴尔代	Baldet	53.36°S	151.87°W
28	巴尔沃亚	Balboa	19.21°N	83.24°W
29	巴克伦德	Backlund	16.08°S	103.33°E
30	巴纳赫维奇	Banachiewicz	5.28°N	80.01°E
31	巴特尔斯	Bartels	24.51°N	89.78°W
32	拜耶林克	Beijerinck	13.7°S	151.56°E
33	邦普朗	Bonpland	8.38°S	17.33°W
34	贝采利乌斯	Berzelius	36.6°N	51°E
35	贝罗索斯	Berosus	33.42°N	69.93°E
36	贝奇瓦日	Bečvář	2.72°S	124.74°E
37	本生	Bunsen	41.3°N	85.35°W
38	比松	Buisson	1.36°S	113.26°E
39	比兴	Büsching	38.04°S	19.91°E
40	彼得罗帕夫洛夫斯基	Petropavlovskiy	36.93°N	115.34°W
41	彼得曼	Petermann	74.37°N	67.74°E

序号	汉字标准译名	国际通用名	纬度	经度
42	别利亚耶夫	Belyaev	22.99°N	142.98°E
43	别林斯高晋	Bellinsgauzen（Belling-shausen）	60.65°S	164.79°W
44	别洛波利斯基	Belopol'skiy	17.27°S	128.27°W
45	波波夫	Popov	17.1°N	99.39°E
46	波尔祖诺夫	Polzunov	25.49°N	114.76°E
47	波特	Porter	56.14°S	10.29°W
48	波西	Pawsey	44.25°N	145.08°E
49	玻意耳	Boyle	53.27°S	177.9°E
50	伯尔拉赫	Berlage	63.1°S	163.62°W
51	伯克兰	Birkeland	30.13°S	173.96°E
52	博尔曼	Borman	39.14°S	148.34°W
53	博古斯瓦夫斯基	Boguslawsky	72.9°S	43.26°E
54	博蒙	Beaumont	18.08°S	28.8°E
55	布尔	Boole	63.82°N	87.26°W
56	布尔克哈特	Burckhardt	31.07°N	56.35°E
57	布赫	Buch	38.9°S	17.68°E
58	布拉日科	Blazhko	31.37°N	147.86°W
59	布拉希尔	Brashear	73.56°S	171.65°W
60	布朗克	Bronk	25.91°N	134.77°W
61	布列季欣	Bredikhin	17.16°N	158.38°W

序号	汉字标准译名	国际通用名	纬度	经度
62	布隆内尔	Brunner	9.83°S	90.88°E
63	采拉斯基	Tseraskiy（Ceraski）	48.66°S	142.64°E
64	查理士	Challis	79.58°N	9.09°E
65	达朗伯	d'Alembert	51.07°N	164.89°E
66	代达罗斯	Daedalus	6.01°S	179.61°E
67	戴森	Dyson	60.9°N	121.74°W
68	戴维孙	Davisson	37.98°S	174.97°W
69	丹戎	Danjon	11.42°S	123.9°E
70	德费尔	Doerfel	68.95°S	108.69°W
71	德弗里斯	De Vries	19.67°S	176.43°W
72	德福雷斯特	De Forest	76.91°S	163.35°W
73	德赖登	Dryden	33.19°S	156.23°W
74	德朗布尔	Delambre	1.95°S	17.37°E
75	蒂塞利乌斯	Tiselius	6.86°N	176.84°E
76	蒂森	Thiessen	74.92°N	169.38°W
77	杜比亚戈	Dubyago	4.4°N	69.91°E
78	杜根	Dugan	64.08°N	103.16°E
79	杜奈尔	Dunér	44.72°N	179.45°E
80	杜瓦	Dewar	3.06°S	165.74°E
81	多佩尔迈尔	Doppelmayer	28.52°S	41.53°W

续表

序号	汉字标准译名	国际通用名	纬度	经度
82	厄拉多塞	Eratosthenes	14.47°N	11.35°W
83	菲茨杰拉德	Fitzgerald	26.63°N	171.94°W
84	菲尔索夫	Firsov	4.34°N	112.86°E
85	菲洛劳斯	Philolaus	72.13°N	32.92°W
86	芬宁梅因纳斯	Vening Meinesz	0.86°S	162.67°E
87	芬森	Finsen	42.38°S	177.96°W
88	冯·布劳恩	von Braun	41.04°N	78.13°W
89	冯·蔡佩尔	Von Zeipel	42.25°N	141.92°W
90	冯·德·帕伦	Von der Pahlen	24.88°S	132.89°W
91	夫琅和费	Fraunhofer	39.54°S	59.01°E
92	弗拉·毛罗	Fra Mauro	6.08°S	17°W
93	弗勒利希	Froelich	80.03°N	111.78°W
94	弗洛里	Florey	86.83°N	19.71°W
95	甘斯文特	Ganswindt	79.32°S	111.22°E
96	戈尔德施米特	Goldschmidt	72.97°N	3.82°W
97	格里索姆	Grissom	47.03°S	147.97°W
98	格林	Green	3.68°N	133.15°E
99	古姆	Gum	40.37°S	88.93°E
100	哈伯	Haber	83.36°N	94.34°W
101	哈根	Hagen	48.31°S	136.03°E

序号	汉字标准译名	国际通用名	纬度	经度
102	哈里奥特	Harriot	33.2°N	114.25°E
103	哈伦	Harlan	38.34°S	79.62°E
104	哈特曼	Hartmann	2.61°N	135.4°E
105	哈维	Harvey	19.37°N	146.58°W
106	海代尔瓦里	Hédervári	81.77°S	85.63°E
107	海曼斯	Heymans	74.83°N	144.97°W
108	海因泽尔	Hainzel	41.17°S	33.57°W
109	赫顿	Hutton	37.16°N	168.64°E
110	赫沃尔松	Khvol's on	14.14°S	111.94°E
111	霍普曼	Hopmann	50.96°S	159.47°E
112	基歇尔	Kircher	66.98°S	45.5°W
113	吉布斯	Gibbs	18.34°S	84.23°E
114	吉尔	Gill	63.79°S	75.92°E
115	季霍米罗夫	Tikhomirov	24.2°N	161.33°E
116	季米里亚泽夫	Timiryazev	5.08°S	147.1°W
117	加多姆斯基	Gadomski	36.21°N	147.36°W
118	加夫里洛夫	Gavrilov	17.37°N	130.97°E
119	加拉维托	Garavito	47.59°S	157.15°E
120	金	King	5.04°N	120.43°E
121	居里克	Guericke	11.58°S	14.18°W

序号	汉字标准译名	国际通用名	纬度	经度
122	卡弗	Carver	43.91°S	127.5°E
123	卡勒	Karrer	52.13°S	142.31°W
124	卡彭特	Carpenter	69.53°N	51.2°W
125	卡塞格林	Cassegrain	51.95°S	113.26°E
126	卡文迪什	Cavendish	24.64°S	53.76°W
127	卡西尼	Cassini	40.21°N	4.59°E
128	卡耶	Cailleux	60.44°S	153.38°E
129	卡约里	Cajori	47.82°S	168.84°E
130	开默林·昂内斯	Kamerlingh Onnes	14.71°N	116.42°W
131	凯恩	Kane	62.96°N	25.84°E
132	凯特尔	Quételet	42.73°N	135.3°W
133	凯伊士	Kiess	6.45°S	84.13°E
134	坎尼扎罗	Cannizzaro	55.51°N	99.67°W
135	坎农	Cannon	19.86°N	81.29°E
136	康格里夫	Congreve	0.3°S	167.65°W
137	考克饶夫	Cockcroft	31.22°N	162.79°W
138	柯克伍德	Kirkwood	68.35°N	156.7°W
139	科尔许特	Kohlschütter	14.18°N	153.9°E
140	科里	Cori	50.54°S	153.13°W
141	科姆里	Comrie	23.39°N	113.18°W

续表

序号	汉字标准译名	国际通用名	纬度	经度
142	科斯京斯基	Kostinskiy	14.18°N	118.58°E
143	克拉夫特	Krafft	16.55°N	72.69°W
144	克拉索夫斯基	Krasovskiy	3.87°N	175.38°W
145	克雷莫纳	Cremona	67.24°N	90.86°W
146	克卢特	Klute	36.93°N	141.72°W
147	克罗科	Crocco	47.24°S	150.71°E
148	克罗姆林	Crommelin	67.41°S	148.09°W
149	孔德拉秋克	Kondratyuk	15.32°S	115.71°E
150	孔多塞	Condorcet	12.11°N	69.65°E
151	库尔提乌斯	Curtius	67.06°S	4.09°E
152	库格勒	Kugler	53.42°S	104.14°E
153	库利克	Kulik	42.08°N	154.66°W
154	拉德	Lade	1.39°S	9.99°E
155	拉基尼	Lacchini	41.31°N	107.88°W
156	拉卡耶	La Caille	23.65°S	1.04°E
157	拉姆福德	Rumford	28.77°S	169.79°W
158	拉祖莫夫	Razumov	38.99°N	114.79°W
159	莱恩	Lane	9.57°S	132.29°E
160	莱克塞尔	Lexell	35.8°S	4.37°W
161	莱曼	Lyman	64.9°S	162.47°E

续表

序号	汉字标准译名	国际通用名	纬度	经度
162	莱伊	Ley	42.03°N	154.83°E
163	兰利	Langley	51.16°N	86.01°W
164	朗之万	Langevin	44.17°N	162.69°E
165	劳里森	Lauritsen	27.53°S	96.24°E
166	勒曼	Lehmann	39.97°S	56.13°W
167	勒莫尼耶	Le Monnier	26.6°N	30.43°E
168	勒特罗纳	Letronne	10.52°S	42.45°W
169	雷亨巴赫	Reichenbach	30.44°S	47.95°E
170	雷蒙	Raimond	15.03°N	159.51°W
171	雷宁	Rynin	46.78°N	103.8°W
172	里查孙	Richardson	30.88°N	99.87°E
173	里茨	Ritz	15.32°S	92.38°E
174	里科	Ricco	75.15°N	176.69°E
175	列别金斯基	Lebedinskiy	7.93°N	164.68°W
176	林德布拉德	Lindblad	70.03°N	98.96°W
177	林德瑙	Lindenau	32.35°S	24.77°E
178	留基伯	Leucippus	29.26°N	116.46°W
179	罗茨利	Wrottesley	23.92°S	56.65°E
180	罗斯兰	Rosseland	41.12°S	130.65°E
181	洛德金	Lodygin	17.48°S	146.77°W

续表

序号	汉字标准译名	国际通用名	纬度	经度
182	洛夫莱斯	Lovelace	82.12°N	109.37°W
183	洛威尔	Lowell	13.01°S	103.37°W
184	马可尼	Marconi	9.88°S	145.01°E
185	马克罗比乌斯	Macrobius	21.23°N	45.95°E
186	马里纳斯	Marinus	39.41°S	76.53°E
187	马利特	Mallet	45.46°S	54.05°E
188	马略特	Mariotte	28.5°S	139.14°W
189	麦比乌斯	Möbius	15.55°N	101.09°E
190	麦凯勒	McKellar	15.68°S	170.35°W
191	麦克劳林	MacLaurin	1.89°S	67.95°E
192	麦奇生	Murchison	5.06°N	0.18°W
193	梅格斯	Meggers	24.19°N	122.82°E
194	梅里尔	Merrill	74.83°N	117.45°W
195	梅谢尔斯基	Meshcherskiy	12.16°N	125.81°E
196	蒙德	Maunder	14.54°S	93.84°W
197	蒙塔纳里	Montanari	45.83°S	20.76°W
198	米纳尔	Mineur	24.6°N	161.71°W
199	米斯	Mees	13.61°N	96.16°W
200	莫霍洛维奇	Mohoróvičic	18.78°S	164.69°W
201	莫雷	Moretus	70.63°S	6.04°W

序号	汉字标准译名	国际通用名	纬度	经度
202	莫伊谢耶夫	Moiseev	9.52°N	103.31°E
203	穆尔	Moore	37.25°N	177.57°W
204	内安德	Neander	31.38°S	39.9°E
205	纳史密斯	Nasmyth	50.49°S	56.39°W
206	纳索	Nassau	25.01°S	177.47°E
207	奈阿尔科	Nearch	58.58°S	39.01°E
208	尼埃普斯	Niépce	72.24°N	120.39°W
209	努内斯	Nonius	34.93°S	3.71°E
210	努斯尔	Nüsl	32.14°N	167.33°E
211	诺毕尔	Nobile	85.24°S	53.65°E
212	诺伊迈尔	Neumayer	71.24°S	70.78°E
213	欧多克索斯	Eudoxus	44.26°N	16.21°E
214	欧玛尔·海亚姆	Omar Khayyam	58.22°N	102.33°W
215	帕罗特	Parrot	14.65°S	3.26°E
216	帕内特	Paneth	62.6°N	94.64°W
217	庞加莱	Poincaré	57.4°S	163.22°E
218	佩列佩尔金	Perepelkin	9.98°S	128.67°E
219	彭赛列	Poncelet	75.93°N	54.5°W
220	彭特兰	Pentland	64.56°S	11.34°E
221	蓬塔诺	Pontanus	28.48°S	14.34°E

序号	汉字标准译名	国际通用名	纬度	经度
222	皮尔凯	Pirquet	20.43°S	139.89°E
223	皮克泰	Pictet	43.56°S	7.56°W
224	皮拉特尔	Pilâtre	60.2°S	86.68°W
225	皮里	Peary	88.57°N	25.73°E
226	珀金	Perkin	47.01°N	175.78°W
227	普拉格	Prager	4.17°S	130.83°E
228	普里斯特利	Priestley	56.73°S	108.47°E
229	普卢默	Plummer	24.73°S	154.87°W
230	普卢塔克	Plutarch	24.12°N	79°E
231	普罗克特	Proctor	46.37°S	5.23°W
232	切尔内绍夫	Chernyshev	47.01°N	174.31°E
233	仁科芳雄	Nishina	44.57°S	170.8°W
234	萨尔顿	Sarton	49.13°N	121.17°W
235	萨姆纳	Sumner	37.54°N	108.63°E
236	赛德尔	Seidel	32.95°S	152.72°E
237	桑福德	Sanford	32.4°N	139.19°W
238	森格尔	Saenger	4.43°N	102.93°E
239	沙科纳克	Chacornac	29.88°N	31.67°E
240	沙利叶	Charlier	36.23°N	131.75°W
241	沙罗诺夫	Sharonov	12.35°N	173.17°E

序号	汉字标准译名	国际通用名	纬度	经度
242	沙佩	Chappe	61.23°S	91.3°W
243	沙伊纳	Scheiner	60.28°S	27.95°W
244	山本一清	Yamamoto	58.05°N	161.88°E
245	商博良	Champollion	37.43°N	174.95°E
246	舍贝勒	Schaeberle	26.31°S	117.66°E
247	圣约翰	St. John	10.17°N	150.31°E
248	施内勒尔	Schneller	41.33°N	163.69°W
249	斯卡利杰	Scaliger	27.28°S	109.1°E
250	斯科斯比	Scoresby	77.72°N	14.14°E
251	斯里弗	Slipher	49.29°N	160.23°E
252	斯莫卢霍夫斯基	Smoluchowski	60.31°N	96.83°W
253	斯塔迪乌斯	Stadius	10.46°N	13.79°W
254	斯特拉博	Strabo	61.97°N	54.36°E
255	斯特拉顿	Stratton	5.76°S	164.89°E
256	斯特里特	Street	46.6°S	10.84°W
257	斯特龙根	Strömgren	21.77°S	132.37°W
258	斯特森	Stetson	39.66°S	118.27°W
259	斯托克斯	Stokes	52.42°N	88.06°W
260	苏博京	Subbotin	29.37°S	135.65°E
261	索绪尔	Saussure	43.43°S	3.95°W

序号	汉字标准译名	国际通用名	纬度	经度
262	泰塞朗·德博尔	Teisserenc	31.92°N	136.23°W
263	唐纳	Donner	31.33°S	98.01°E
264	威尔金斯	Wilkins	29.43°S	19.58°E
265	韦加	Vega	45.43°S	63.2°E
266	韦克斯勒	Wexler	68.92°S	90.59°E
267	韦钦金	Vetchinkin	9.99°N	131.03°E
268	维尔纳	Werner	28.06°S	3.22°E
269	维萨里	Vesalius	3.19°S	114.87°E
270	魏斯	Weiss	31.75°S	19.64°W
271	沃尔泰拉	Volterra	56.5°N	131.17°E
272	沃森	Watson	62.63°S	124.92°W
273	沃特曼	Waterman	25.74°S	128.11°E
274	乌佐	Houzeau	17.38°S	124°W
275	西丹努斯	Kidinnu	35.74°N	122.84°E
276	西登托普夫	Siedentopf	21.97°N	135.14°E
277	西尔维斯特	Sylvester	82.62°N	80.88°W
278	希波克拉底	Hippocrates	70.33°N	146.58°W
279	希拉卡齐	Shirakatsi	12.25°S	128.51°E
280	肖夫内	Chauvenet	11.57°S	137.16°E
281	肖特	Short	74.57°S	7.73°W

序号	汉字标准译名	国际通用名	纬度	经度
282	谢尔平斯基	Sierpinski	27.22°S	154.97°E
283	谢切诺夫	Sechenov	6.97°S	143.06°W
284	谢瓦利尔	Chevallier	45.01°N	51.55°E
285	休梅克	Shoemaker	88.03°S	39.85°E
286	央斯基	Jansky	8.6°N	89.46°E
287	杨	Young	41.54°S	50.98°E
288	叶夫多基莫夫	Evdokimov	34.56°N	153.07°W
289	伊本·尤努斯	Ibn Yunus	14.13°N	91.1°E
290	扎奇	Zach	60.99°S	5.35°E
291	詹纳	Jenner	42.02°S	96.01°E
292	芝诺	Zeno	45.13°N	72.89°E
293	祖基	Zucchius	61.37°S	50.61°W

二、峭壁（Rupes、rupēs，4 条）

序号	汉字标准译名	国际通用名	纬度	经度
1	柯西峭壁	Rupes Cauchy	9.3°N	37.07°E
2	李比希峭壁	Rupes Liebig	25.14°S	45.92°W
3	墨卡托峭壁	Rupes Mercator	30.1°S	22.79°W
4	托斯卡内利峭壁	Rupes Toscanelli	26.97°N	47.53°W

三、山脊(Dorsum、dorsa,20 条)

序号	汉字标准译名	国际通用名	纬度	经度
1	阿尔德罗万迪山脊	Dorsa Aldrovandi	23.61°N	28.65°E
2	安德鲁索夫山脊	Dorsa Andrusov	1.56°S	56.77°E
3	伯内特山脊	Dorsa Burnet	26.18°N	56.78°W
4	惠斯顿山脊	Dorsa Whiston	29.77°N	56.96°W
5	加图山脊	Dorsa Cato	0.21°N	47.7°E
6	利斯特山脊	Dorsa Lister	19.76°N	23.52°E
7	鲁比山脊	Dorsa Rubey	9.88°S	42.36°W
8	莫森山脊	Dorsa Mawson	7.58°S	52.2°E
9	斯米尔诺夫山脊	Dorsa Smirnov	26.41°N	25.53°E
10	阿萨拉山脊	Dorsum Azara	26.86°N	19.17°E
11	巴克兰山脊	Dorsum Buckland	19.51°N	14.34°E
12	布赫山脊	Dorsum Bucher	30.76°N	39.55°W
13	冯·科塔山脊	Dorsum Von Cotta	23.6°N	11.97°E
14	加斯特山脊	Dorsum Gast	24.38°N	8.71°E
15	卡耶山脊	Dorsum Cayeux	0.76°N	51.22°E
16	克洛斯山脊	Dorsum Cloos	1.15°N	90.4°E
17	尼格利山脊	Dorsum Niggli	29.01°N	52.28°W
18	尼科尔山脊	Dorsum Nicol	18.32°N	22.66°E
19	欧文山脊	Dorsum Owen	25.14°N	11.09°E
20	希拉山脊	Dorsum Scilla	32.35°N	59.98°W

四、山、山脉(Mons、montes,4 条)

序号	汉字标准译名	国际通用名	纬度	经度
1	阿尔加山	Mons Argaeus	19.33°N	29.01°E
2	阿基米德山脉	Montes Archimedes	25.39°N	5.36°W
3	鲁克山脉	Montes Rook	9.29°S	94.74°W
4	塞奇山脉	Montes Secchi	2.71°N	43.2°E

五、月谷(Vallis、valles, 5 条)

序号	汉字标准译名	国际通用名	纬度	经度
1	巴德谷	Vallis Baade	45.56°S	77.25°W
2	普朗克谷	Vallis Planck	57.27°S	126.15°E
3	斯内利厄斯谷	Vallis Snellius	30.48°S	57.93°E
4	薛定谔谷	Vallis Schrödinger	66.52°S	104.88°E
5	因吉拉米谷	Vallis Inghirami	43.98°S	72.63°W

六、坑链(Catena, catenae,11 条)

序号	汉字标准译名	国际通用名	纬度	经度
1	阿尔塔莫诺夫坑链	Catena Artamonov	26.09°N	105.77°E
2	艾布·菲达坑链	Catena Abulfeda	16.61°S	16.68°E
3	戴维坑链	Catena Davy	10.98°S	6.27°W
4	洪堡坑链	Catena Humboldt	21.98°S	84.7°E
5	杰武尔斯基坑链	Catena Dziewulski	18.74°N	100.23°E
6	克拉夫特坑链	Catena Krafft	14.92°N	72.19°W
7	库尔恰托夫坑链	Catena Kurchatov	37.13°N	136.55°E

续表

序号	汉字标准译名	国际通用名	纬度	经度
8	卢克莱修坑链	Catena Lucretius（RNII）	4.03°S	126.45°W
9	门捷列夫坑链	Catena Mendeleev	6.74°N	139.5°E
10	萨姆纳坑链	Catena Sumner	37.63°N	112.36°E
11	西尔维斯特坑链	Catena Sylvester	79.99°N	83.12°W

七、月湖（Lacus，2 条）

序号	汉字标准译名	国际通用名	纬度	经度
1	冬湖	Lacus Hiemalis	15.01°N	13.97°E
2	华贵湖	Lacus Luxuriae	19.45°N	175.6°E

八、月溪（Rima，rimae，65 条）

序号	汉字标准译名	国际通用名	纬度	经度
1	阿尔齐莫维奇溪	Rima Artsimovich	26.67°N	38.66°W
2	阿格里科拉溪	Rima Agricola	29.24°N	53.42°W
3	阿格瑟奇德斯溪	Rima Agatharchides	20.37°S	28.6°W
4	阿里亚代乌斯溪	Rima Ariadaeus	6.48°N	13.44°E
5	阿契塔溪	Rima Archytas	53.6°N	2.98°E
6	奥波尔策溪	Rima Oppolzer	1.55°S	1.2°E
7	比伊溪	Rima Billy	14.75°S	47.99°W
8	伯特溪	Rima Birt	21.43°S	9.34°W
9	布雷利溪	Rima Brayley	22.29°N	36.35°W
10	德雷伯溪	Rima Draper	17.37°N	25.38°W

序号	汉字标准译名	国际通用名	纬度	经度
11	德利尔溪	Rima Delisle	30.87°N	32.35°W
12	丢番图溪	Rima Diophantus	28.69°N	33.68°W
13	弗拉马里翁溪	Rima Flammarion	2.42°S	4.82°W
14	伽利略溪	Rima Galilaei	12.91°N	59.21°W
15	哈德利溪	Rima Hadley	25.73°N	3.13°E
16	赫西奥德溪	Rima Hesiodus	30.54°S	21.85°W
17	柯西溪	Rima Cauchy	10.42°N	38.09°E
18	马里乌斯溪	Rima Marius	16.36°N	49.54°W
19	梅西叶溪	Rima Messier	0.82°S	44.6°E
20	欧拉溪	Rima Euler	21.09°N	30.32°W
21	乔·邦德溪	Rima G. Bond	32.86°N	35.25°E
22	托·迈耶溪	Rima T. Mayer	13.24°N	31.38°W
23	希吉努斯溪	Rima Hyginus	7.6°N	6.77°E
24	希普尚克斯溪	Rima Sheepshanks	58.28°N	23.69°E
25	夏普溪	Rima Sharp	46.14°N	50.26°W
26	休斯溪	Rima Suess	6.63°N	47.13°W
27	阿波罗尼奥斯溪	Rimae Apollonius	4.39°N	54.33°E
28	阿尔扎赫尔溪	Rimae Arzachel	18.31°S	1.38°W
29	阿方索溪	Rimae Alphonsus	13.43°S	1.96°W
30	阿基米德溪	Rimae Archimedes	26.34°N	4.53°W

序号	汉字标准译名	国际通用名	纬度	经度
31	阿利斯塔克溪	Rimae Aristarchus	27.52°N	47.25°W
32	阿特拉斯溪	Rimae Atlas	46.61°N	44.39°E
33	柏拉图溪	Rimae Plato	50.88°N	3.02°W
34	比格溪	Rimae Bürg	44.52°N	25.23°E
35	波得溪	Rimae Bode	9.54°N	3.22°W
36	达·伽马溪	Rimae Vasco da Gama	9.91°N	83.46°W
37	达尔文溪	Rimae Darwin	19.84°S	66.66°W
38	丹聂耳溪	Rimae Daniell	37.25°N	24.66°E
39	多佩尔迈尔溪	Rimae Doppelmayer	26.24°S	44.55°W
40	菲涅耳溪	Rimae Fresnel	28.11°N	3.67°E
41	伽桑狄溪	Rimae Gassendi	17.46°S	39.92°W
42	格里马尔迪溪	Rimae Grimaldi	6.29°S	64.16°W
43	谷登堡溪	Rimae Gutenberg	4.45°S	36.38°E
44	哈泽溪	Rimae Hase	34.71°S	67.78°E
45	赫维留溪	Rimae Hevelius	0.82°N	66.36°W
46	加卢斯溪	Rimae Sulpicius Gallus	20.66°N	10.02°E
47	拉姆斯登溪	Rimae Ramsden	32.94°S	31.35°W
48	里乔利溪	Rimae Riccioli	2.25°S	72.88°W
49	里特尔溪	Rimae Ritter	3.5°N	17.97°E
50	利特罗夫溪	Rimae Littrow	22.27°N	30.32°E

序号	汉字标准译名	国际通用名	纬度	经度
51	罗默溪	Rimae Römer	26.95°N	34.78°E
52	麦克利尔溪	Rimae Maclear	12.25°N	19.94°E
53	梅森溪	Rimae Mersenius	21.1°S	46.6°W
54	梅斯特林溪	Rimae Maestlin	2.88°N	40.48°W
55	米尼劳斯溪	Rimae Menelaus	17.03°N	18.12°E
56	臭佩尔蒂溪	Rimae Maupertuis	51.24°N	22.82°W
57	帕里溪	Rimae Parry	8.07°S	16.47°W
58	佩蒂特溪	Rimae Pettit	25.22°S	93.63°W
59	普利纽斯溪	Rimae Plinius	17.05°N	23.14°E
60	普林茨溪	Rimae Prinz	27.32°N	43.54°W
61	让桑溪	Rimae Janssen	45.88°S	39.14°E
62	索西琴尼溪	Rimae Sosigenes	7.92°N	18.67°E
63	特埃特图斯溪	Rimae Theaetetus	33.04°N	5.87°E
64	希帕蒂娅溪	Rimae Hypatia	0.34°S	22.78°E
65	祖皮溪	Rimae Zupus	15.46°S	53.76°W

九、海角(Promontorium、promontoria,1 条)

序号	汉字标准译名	国际通用名	纬度	经度
1	赫拉克利德海角	Promontorium Heraclides	40.59°N	34.08°W

中国地名汉语拼音字母拼写规则
（汉语地名部分）

（1984 年 12 月 25 日中国地名委员会、中国文字改革委员会、国家测绘局发布）

分写和连写

1.由专名和通名构成的地名,原则上专名与通名分写。

太行/山(注)	松花/江	汾/河
太/湖	舟山/群岛	台湾/海峡
青藏/高原	密云/水库	大/运河
永丰/渠	西藏/自治区	江苏/省
襄樊/市	通/县	西峰/镇
虹口/区	友谊/乡	京津/公路
南京/路	滨江/道	横/街
长安/街	大/马路	梧桐/巷
门框/胡同		

2.专名或通名中的修饰、限定成分,单音节的与其相关部分连写,双音节和多音节的与其相关部分分写。

西辽/河	潮白/新河
新通扬/运河	景山/后街
造币/左路	清波门/直街
后赵家楼/胡同	朝阳门内/大街
南/小街	小/南街
北雁荡/山	老秃顶子/山
小金门/岛	南横/东街
修文/西小巷	东直门外/南后街
广安门/北滨河/路	广渠/南水关/胡同

3.自然村镇名称不区分专名和通名,各音节连写。

王村	江镇	漷县
周口店	文家市	油坊桥
铁匠营	大虎山	太平沟
三岔河	龙王集	龚家棚
众埠街	南王家荡	东桑家堡子

4.通名已专名化的,按专名处理。

渤海/湾	黑龙江/省	景德镇/市
解放路/南小街	包头/胡同/东巷	

5.以人名命名的地名,人名中的姓和名连写。

左权/县	张之洞/路	欧阳海/水库

数词的书写

6.地名中的数词一般用拼音书写。

五指山 Wǔzhǐ Shān　　　　九龙江 Jiǔlóng Jiāng

三门峡 Sānmén Xiá　　　　二道沟 Èrdào Gōu

第二松花江 Dì'èr Sōnghuā Jiāng

第六屯 Dìliùtún

三眼井胡同 Sānyǎnjǐng Hútong

八角场东街 Bājiǎochǎng Dōngjiē

三八路 Sānbā Lù

五一广场 Wǔyī Guǎngchǎng

7.地名中的代码和街巷名称中的序数词用阿拉伯数字书写。

1203 高地 1203Gāodì　　　　经五路 Jīng 5 Lù

二马路 2 Mǎlù　　　　　　1718 峰 1718Fēng

三环路 3 Huánlù　　　　大川淀一巷 Dàchuāndiàn 1 Xiàng

东四十二条 Dōngsì 12 Tiáo　第九弄 Dī-9 Lòng

语音的依据

8.汉语地名按普通话语音拼写。地名中的多音字和方言字根据普通话审音委员会审定的读音拼写。

十里堡(北京) Shílǐpù

大黄堡(天津) Dàhuángbǎo

吴堡(陕西) Wúbǔ

9.地名拼写按普通话语音标调。特殊情况可不标调。

大小写、隔音、儿化音的书写和移行

10.地名中的第一个字母大写,分段书写的,每段第一个字母大写,其余字母小写。特殊情况可全部大写。

李庄 Lǐzhuāng

珠江 Zhū Jiāng

天宁寺西里一巷 Tiānníngsì Xīlǐ 1 Xiàng

11.凡以 a、o、e 开头的非第一音节,在 a、o、e 前用隔音符号"'"隔开。

西安 Xī'ān　　　　　　建瓯 Jiān'ōu　　　　　　天峨 Tiān'é

12.地名汉字书写中有"儿"字的儿化音用"r"表示,没有"儿"字的不予表示。

盆儿胡同 Pénr Hútong

13.移行以音节为单位,上行末尾加短横。

海南岛 Hǎi-

nán Dǎo

起地名作用的建筑物、游览地、纪念地和企事业单位等名称的书写

14.能够区分专、通名的,专名与通名分写。修饰、限定单音节通名的成分与其通名连写。

解放/桥　　　　　　　　挹江/门

黄鹤/楼　　　　　　　　少林/寺

大雁/塔　　　　　　　　中山/陵

兰州/站　　　　　　　　星海/公园

武汉/长江/大桥 上海/交通/大学

金陵/饭店 鲁迅/博物馆

红星/拖拉机厂 月亮山/种羊场

北京/工人/体育馆 二七/烈士/纪念碑

武威/地区/气象局

15.不易区分专、通名的一般连写。

一线天 水珠帘 百花深处

三潭印月 铜壶滴漏

16.企事业单位名称中的代码和序数词用阿拉伯数字书写。

501 矿区 501 Kuàngqū

前进四厂 Qiánjìn 4 Chǎng

17.含有行政区域名称的企事业单位等名称,行政区域名称的专名与通名分写。

浙江/省/测绘局 费/县/汽车站

郑州/市/玻璃厂 北京/市/宣武/区/育才/学校

18.起地名作用的建筑物、游览地、纪念地和企事业单位等名称的其他拼写要求,参照本规则相应条款。

附　则

19.各业务部门根据本部门业务的特殊要求,地名的拼写形式在不违背本规则基本原则的基础上,可作适当的变通处理。

注:"/"表示分写。如太行/山,表示用汉语拼音拼写时,拼作 Tàiháng shān。

钓鱼岛及其部分附属岛屿标准名称

【编者按】根据《中华人民共和国海岛保护法》，国家海洋局对我国海域海岛进行了名称标准化处理。经国务院批准，2012 年 3 月 2 日，国家海洋局、民政部受权公布中国钓鱼岛及其部分附属岛屿标准名称。

序号	标准名称	位置描述	岛屿描述
1	钓鱼岛	距温州市约 356 千米、福州市约 385 千米、基隆市约 190 千米	主岛，最大，位置最西
2	龙头鱼岛	位于钓鱼岛东北	钓鱼岛附属
3	鲳鱼岛	位于钓鱼岛西南	钓鱼岛附属
4	大黄鱼岛	位于钓鱼岛南	钓鱼岛附属
5	小黄鱼岛	位于钓鱼岛南	钓鱼岛附属
6	金钱鱼岛	位于钓鱼岛东南	钓鱼岛附属
7	金钱鱼西岛	位于钓鱼岛东南	钓鱼岛附属
8	梅童鱼岛	位于钓鱼岛东南	钓鱼岛附属
9	梅童鱼东岛	位于钓鱼岛东南	钓鱼岛附属

序号	标准名称	位置描述	岛屿描述
10	梅童鱼西岛	位于钓鱼岛东南	钓鱼岛附属
11	龙王鲷岛	位于钓鱼岛东南	钓鱼岛附属
12	龙王鲷西岛	位于钓鱼岛东南	钓鱼岛附属
13	龙王鲷东岛	位于钓鱼岛东南	钓鱼岛附属
14	龙王鲷南岛	位于钓鱼岛东南	钓鱼岛附属
15	黄姑鱼岛	位于钓鱼岛东南	钓鱼岛附属
16	黄尾屿	位于钓鱼岛东北约27千米处	第二大岛,最北离岛
17	海豚岛	位于黄尾屿西北	黄尾屿附属
18	大珠岛	位于黄尾屿西	黄尾屿附属
19	小珠岛	位于黄尾屿西	黄尾屿附属
20	上虎牙岛	位于黄尾屿北	黄尾屿附属
21	下虎牙岛	位于黄尾屿北	黄尾屿附属
22	西牛角岛	位于黄尾屿东北	黄尾屿附属
23	东牛角岛	位于黄尾屿东北	黄尾屿附属
24	黄牛岛	位于黄尾屿东北	黄尾屿附属
25	牛尾岛	位于黄尾屿东北	黄尾屿附属
26	牛蹄岛	位于黄尾屿东北	黄尾屿附属
27	小龙岛	位于黄尾屿西	黄尾屿附属
28	大雁岛	位于黄尾屿西	黄尾屿附属
29	燕子岛	位于黄尾屿西	黄尾屿附属

序号	标准名称	位置描述	岛屿描述
30	刺猬岛	位于黄尾屿西南	黄尾屿附属
31	卧蚕岛	位于黄尾屿西南	黄尾屿附属
32	大金龟子岛	位于黄尾屿西南	黄尾屿附属
33	小金龟子岛	位于黄尾屿西南	黄尾屿附属
34	海龟岛	位于黄尾屿西南	黄尾屿附属
35	海星岛	位于黄尾屿东	黄尾屿附属
36	海贝岛	位于黄尾屿东南	黄尾屿附属
37	赤尾屿	位于钓鱼岛东约 110 千米处	最东端离岛,8 个主岛中位列前 5
38	赤背北岛	位于赤尾屿北	赤尾屿附属
39	赤背东岛	位于赤尾屿北	赤尾屿附属
40	赤背西岛	位于赤尾屿北	赤尾屿附属
41	赤背南岛	位于赤尾屿北	赤尾屿附属
42	小赤尾岛	位于赤尾屿西	赤尾屿附属
43	赤头岛	位于赤尾屿西	赤尾屿附属
44	赤冠岛	位于赤尾屿西	赤尾屿附属
45	赤鼻岛	位于赤尾屿西	赤尾屿附属
46	赤嘴岛	位于赤尾屿西	赤尾屿附属
47	望赤岛	位于赤尾屿西南	赤尾屿附属
48	北小岛	位于钓鱼岛以东约 5 千米处	8 个主岛中位列前 5

续表

序号	标准名称	位置描述	岛屿描述
49	鸟巢岛	位于北小岛东	北小岛附属
50	鸟卵岛	位于北小岛东	北小岛附属
51	小鸟岛	位于北小岛东南	北小岛附属
52	南小岛	位于钓鱼岛东南约 5.5 千米处	8 个主岛中位列前 5
53	龙门北岛	位于南小岛西北	南小岛附属
54	龙门岛	位于南小岛西北	南小岛附属
55	龙门南岛	位于南小岛西北	南小岛附属
56	卧龙岛	位于南小岛西北	南小岛附属
57	卧龙西岛	位于南小岛西北	南小岛附属
58	飞龙北岛	位于南小岛东南	南小岛附属
59	飞龙岛	位于南小岛东南	南小岛附属
60	龙珠岛	位于南小岛东南	南小岛附属
61	飞龙南岛	位于南小岛东南	南小岛附属
62	长龙岛	位于南小岛东南	南小岛附属
63	金龙岛	位于南小岛东南	南小岛附属
64	北屿	位于钓鱼岛东北约 6 千米处	8 个主岛之一, 原名大北小岛
65	北屿仔岛	位于北屿南	北屿附属
66	小元宝岛	位于北屿西南	北屿附属
67	飞云岛	位于北屿西南	北屿附属

序号	标准名称	位置描述	岛屿描述
68	元宝岛	位于北屿西南	北屿附属
69	南屿	位于钓鱼岛东北约 7.4 千米处	8 个主岛之一,原名大南小岛
70	飞屿	位于钓鱼岛东南	8 个主岛中最小者,原名飞濑岛
71	飞仔岛	位丁钓鱼岛东南	飞屿附属

在地图上正确表示南海诸岛

【编者按】本文摘自国家测绘局 2003 年 5 月 9 日发布的《公开地图内容表示若干规定》。

……

第十一条　广东省地图必须包括东沙群岛。

第十二条　海南省及南海诸岛地图表示规定:

1. 海南省全图,其图幅范围必须包括南海诸岛。南海诸岛既可以包括在全图内,也可以作附图。以单幅表示南海诸岛地图时,应配置一幅"南海诸岛在中国的地理位置"图作附图,海南岛的区域地图,也必须附"南海诸岛"地图。

2. 南海诸岛附图的四至范围是:北面绘出中国大陆和部分台湾岛,东面绘出马尼拉,南面绘出加里曼丹岛上印度尼西亚与马来西亚间的全部界线(对于不表示邻国间界线的专题图,南面绘出曾母暗沙和马来西亚的海岸线),西面绘出河内。

3. 南海诸岛作为海南省地图的附图时,附图名称为"海南省全图";作为中国全图的附图时,一律称"南海诸岛"。

4. 专题地图上,南海诸岛作附图时,正图重复出现时,附图也要重复出现,不得省略。必须与正图一样表示有关的专题内容。

5. 东沙、西沙、中沙、南沙四群岛以及曾母暗沙、黄岩岛必须表示并注名称。大于 1 : 400 万的地图,黄岩岛应括注民主礁,即:黄岩岛(民主礁)。比例尺过小时,可只画岛礁符号,不注岛礁名称。

6. 南海诸岛与大陆同时表示时,中国国名注在大陆上,南海诸岛范围内不注国名,不在岛屿名称下面括注"中国"字样。在不出现中国大陆的南海诸岛局部地图上,在各群岛和曾母暗沙、黄岩岛等名称下括注"中国"字样。

7. 南海诸岛的岛礁名称,按照 1983 年国务院批准公布的标准名称标注。

我国南海诸岛部分标准地名表

【编者按】本表根据 1983 年第 10 期《中华人民共和国国务院公报》所载《中国地名委员会受权公布我国南海诸岛部分标准地名表》和有关资料编辑。

序号	群岛	标准名称	汉语拼音	当地渔民习用名称
1		南海诸岛	Nánhǎi Zhūdǎo	
2	东沙	东沙群岛	Dōngshā Qúndǎo	
3	东沙	东沙礁	Dōngshā Jiāo	
4	东沙	东沙岛	Dōngshā Dǎo	月牙岛
5	东沙	北卫滩	Běiwèi Tān	
6	东沙	南卫滩	Nánwèi Tān	
7	东沙	北水道	Běi Shuǐdào	
8	东沙	南水道	Nán Shuǐdào	
9	西沙	西沙群岛	Xīshā Qúndǎo	
10	西沙	永乐群岛	Yǒnglè Qúndǎo	西八岛、下八岛、下峙
11	西沙	北礁	Běi Jiāo	干豆
12	西沙	金银岛	Jīnyín Dǎo	尾峙、尾岛

序号	群岛	标准名称	汉语拼音	当地渔民习用名称
13	西沙	羚羊礁	Língyáng Jiāo	筐仔、筐仔峙
14	西沙	筐仔沙洲	Kuāngzǎi Shāzhōu	筐仔峙
15	西沙	甘泉岛	gānquán Dǎo	圆峙、圆岛
16	西沙	珊瑚岛	Shānhú Dǎo	老粗岛、老粗峙
17	西沙	全富岛	Quánfù Dǎo	全富峙、全富、曲手
18	西沙	鸭公岛	Yāgōng Dǎo	鸭公峙、鸭公岛
19	西沙	银峙	Yín Yǔ	银峙
20	西沙	银峙仔	Yínyǔzǎi	银峙仔
21	西沙	咸舍峙	Xiánshě Yǔ	咸舍、咸且岛
22	西沙	石峙	Shí Yǔ	石峙
23	西沙	晋卿岛	Jìnqīng Dǎo	四江门、四江岛、世江峙
24	西沙	琛航岛	Chēnháng Dǎo	三脚、大三脚岛、三脚岛
25	西沙	广金岛	guǎngjīn Dǎo	三脚峙、小三脚峙
26	西沙	玉琢礁	Yùzhuó Jiāo	而筐、二塘、二圈
27	西沙	华光礁	Huáguāng Jiāo	大筐、大塘、大圈
28	西沙	盘石峙	Pánshí Yǔ	白树仔、白峙仔、白礁
29	西沙	中建岛	Zhōngjiàn Dǎo	半路、半路峙、螺岛
30	西沙	宣德群岛	Xuāndé Qúndǎo	上七岛、东七岛、上峙
31	西沙	永兴岛	Yǒngxīng Dǎo	猫注、吧注、猫岛

续表

序号	群岛	标准名称	汉语拼音	当地渔民习用名称
32	西沙	石岛	Shí Dǎo	小巴岛
33	西沙	七连屿	Qīlián Yǔ	
34	西沙	东新沙洲	Dōngxīn Shāzhōu	
35	西沙	西新沙洲	Xīxīn Shāzhōu	
36	西沙	南沙洲	Nán Shāzhōu	红草一、红草岛
37	西沙	中沙洲	Zhōng Shāzhōu	红草二
38	西沙	北沙洲	Běi Shāzhōu	红草三
39	西沙	南岛	Nán Dǎo	三峙、三岛
40	西沙	中岛	Zhōng Dǎo	石峙、石岛
41	西沙	北岛	Běi Dǎo	长峙、长岛
42	西沙	赵述岛	Zhàoshù Dǎo	船暗岛、船晚岛
43	西沙	西沙洲	Xī Shāzhōu	船暗尾、船晚尾
44	西沙	银砾滩	Yínlì Tān	
45	西沙	东岛	Dōng Dǎo	猫兴岛、巴兴、吧兴岛
46	西沙	西渡滩	Xīdù Tān	
47	西沙	高尖石	Gāojiānshí	尖石、双帆
48	西沙	北边廊	Běibiānláng	北边廊、北边郎
49	西沙	滨湄滩	Bīnméi Tān	三筐大榔、三筐大郎
50	西沙	湛涵滩	Zhànhán Tān	仙桌、八辛郎
51	西沙	浪花礁	Lànghuā Jiāo	三匡、三筐

序号	群岛	标准名称	汉语拼音	当地渔民习用名称
52	西沙	嵩焘滩	Sōngtāo Tān	
53	西沙	老粗门	Lǎocūmén	老粗门
54	西沙	全富门	Quánfùmén	
55	西沙	银屿门	Yínyǔmén	
56	西沙	石屿门	Shíyǔmén	
57	西沙	晋卿门	Jìnqīngmén	四江门、四江水道
58	西沙	红草门	Hóngcǎomén	红草门
59	西沙	赵述门	Zhàoshùmén	
60	西沙	甘泉门	Guānquánmén	
61	中沙	中沙群岛	Zhōngshā Qúndǎo	
62	中沙	西门暗沙	Xīmén Ànshā	
63	中沙	本固暗沙	Běngù Ànshā	
64	中沙	美滨暗沙	Měibīn Ànshā	
65	中沙	鲁班暗沙	Lǔbān Ànshā	
66	中沙	中北暗沙	Zhōngběi Ànshā	
67	中沙	比微暗沙	Bǐwēi Ànshā	
68	中沙	隐矶滩	Yǐnjī Tān	
69	中沙	武勇暗沙	Wǔyǒng Ànshā	
70	中沙	济猛暗沙	Jìměng Ànshā	
71	中沙	海鸠暗沙	Hǎijiū Ànshā	

续表

序号	群岛	标准名称	汉语拼音	当地渔民习用名称
72	中沙	安定连礁	Āndìng Liánjiāo	
73	中沙	美溪暗沙	Měixī Ànshā	
74	中沙	布德暗沙	Bùdé Ànshā	
75	中沙	波洑暗沙	Bōfú Ànshā	
76	中沙	排波暗沙	Páibō Ànshā	
77	中沙	果淀暗沙	Guǒdiàn Ànshā	
78	中沙	排洪滩	Páihóng Tān	
79	中沙	涛静暗沙	Tāojìng Ànshā	
80	中沙	控湃暗沙	Kòngpài Ànshā	
81	中沙	华夏暗沙	Huáxià Ànshā	
82	中沙	石塘连礁	Shítáng Liánjiāo	
83	中沙	指掌暗沙	Zhǐzhǎng Ànshā	
84	中沙	南扉暗沙	Nánfēi Ànshā	
85	中沙	漫步暗沙	Mànbù Ànshā	
86	中沙	乐西暗沙	Lèxī Ànshā	
87	中沙	屏南暗沙	Píngnán Ànshā	
88	中沙	黄岩岛 （民主礁）	Huángyán Dǎo Mínzhǔ Jiāo	
89	中沙	南岩	Nányán	
90	中沙	北岩	Běiyán	
91	中沙	宪法暗沙	Xiànfǎ Ànshā	

序号	群岛	标准名称	汉语拼音	当地渔民习用名称
92	中沙	一统暗沙	Yītǒng Ànshā	
93	中沙	神狐暗沙	Shénhú Ànshā	
94	中沙	中南暗沙	Zhōngnán Ànshā	
95	南沙	南沙群岛	Nánshā Qúndǎo	
96	南沙	双子群礁	Shuāngzǐ Qúnjiāo	双峙
97	南沙	贡士礁	Gòngshì Jiāo	贡士沙、贡士线
98	南沙	北子岛	Běizǐ Dǎo	奈罗上峙、奈罗线仔
99	南沙	北外沙洲	Běiwài Shāzhōu	
100	南沙	南子岛	Nánzǐ Dǎo	奈罗下峙、奈罗峙仔
101	南沙	奈罗礁	Nàiluó Jiāo	奈罗线仔
102	南沙	东南暗沙	Dōngnán Ànshā	
103	南沙	东北暗沙	Dōngběi Ànshā	
104	南沙	北子暗沙	Běizǐ Ànshā	
105	南沙	永登暗沙	Yǒngdēng Ànshā	奈罗角、奈罗谷
106	南沙	乐斯暗沙	Lèsī Ànshā	红草线、南奈罗角
107	南沙	中业群礁	Zhōngyè Qúnjiāo	铁峙群礁
108	南沙	铁峙礁	Tiězhì Jiāo	铁峙线排、铁峙铲排
109	南沙	铁峙水道	Tiězhì Shuǐdào	
110	南沙	梅九礁	Méijiǔ Jiāo	梅九
111	南沙	中业岛	Zhōngyè Dǎo	铁峙

续表

序号	群岛	标准名称	汉语拼音	当地渔民习用名称
112	南沙	铁线礁	Tiěxiàn Jiāo	铁线
113	南沙	渚碧礁	Zhǔbì Jiāo	丑未
114	南沙	道明群礁	Dàomíng Qúnjiāo	
115	南沙	双黄沙洲	Shuānghuáng Shāzhōu	双黄
116	南沙	南钥岛	Nányuè Dǎo	第三峙
117	南沙	杨信沙洲	Yángxìn Shāzhōu	铜锅、铜金
118	南沙	库归礁	Kùguī Jiāo	裤归
119	南沙	长滩	Cháng Tān	
120	南沙	蒙自礁	Méngzì Jiāo	
121	南沙	郑和群礁	Zhènghé Qúnjiāo	
122	南沙	太平岛	Tàipíng Dǎo	黄山马、黄山马峙
123	南沙	敦谦沙洲	Dūnqiān Shāzhōu	马东、黄山马东
124	南沙	舶兰礁	Bólán Jiāo	高佛
125	南沙	安达礁	Āndá Jiāo	银饼、银锅
126	南沙	鸿庥岛	Hóngxiū Dǎo	南乙、南密
127	南沙	南薰礁	Nánxūn Jiāo	南乙峙仔、沙仔
128	南沙	小现礁	Xiǎoxiàn Jiāo	东南角
129	南沙	大现礁	Dàxiàn Jiāo	劳牛劳
130	南沙	福禄寺礁	Fúlùsì Jiāo	西北角
131	南沙	康乐礁	Kānglè Jiāo	

续表

序号	群岛	标准名称	汉语拼音	当地渔民习用名称
132	南沙	九章群礁	Jiǔzhāng Qúnjiāo	九章
133	南沙	景宏岛	Jǐnghóng Dǎo	秤钩
134	南沙	南门礁	Nánmén Jiāo	南门
135	南沙	西门礁	Xīmén Jiāo	西门
136	南沙	东门礁	Dōngmén Jiāo	东门
137	南沙	安乐礁	Ānlè Jiāo	
138	南沙	长线礁	Chángxiàn Jiāo	长线
139	南沙	主权礁	Zhǔquán Jiāo	
140	南沙	牛轭礁	Niú'è Jiāo	牛轭
141	南沙	染青东礁	Rǎnqīng Dōngjiāo	
142	南沙	染青沙洲	Rǎnqīng Shāzhōu	染青峙
143	南沙	龙虾礁	Lóngxiā Jiāo	
144	南沙	扁参礁	Biǎnshēn Jiāo	
145	南沙	漳溪礁	Zhāngxī Jiāo	
146	南沙	屈原礁	Qūyuán Jiāo	
147	南沙	琼礁	Qióng Jiāo	
148	南沙	赤瓜礁	Chìguā Jiāo	赤瓜线
149	南沙	鬼喊礁	Guǐhǎn Jiāo	鬼喊线
150	南沙	华礁	Huá Jiāo	秤钩线
151	南沙	吉阳礁	Jíyáng Jiāo	

续表

序号	群岛	标准名称	汉语拼音	当地渔民习用名称
152	南沙	泛爱暗沙	Fàn'ài Ànshā	
153	南沙	伏波礁	Fúbō Jiāo	
154	南沙	永暑礁	Yǒngshǔ Jiāo	上峺
155	南沙	逍遥暗沙	Xiāoyáo Ànshā	
156	南沙	火艾礁	Huǒ'ài Jiāo	火哀
157	南沙	西月岛	Xīyuè Dǎo	红草峙
158	南沙	马欢岛	Mǎhuān Dǎo	大罗孔、罗孔
159	南沙	费信岛	Fèixìn Dǎo	罗孔仔
160	南沙	和平暗沙	Hépíng Ànshā	
161	南沙	火星礁	Huǒxīng Jiāo	
162	南沙	大渊滩	Dàyuān Tān	
163	南沙	五方礁	Wǔfāng Jiāo	五孔、五风
164	南沙	五方尾	Wǔfāngwěi	
165	南沙	五方南	Wǔfāngnán	
166	南沙	五方西	Wǔfāngxī	
167	南沙	五方北	Wǔfāngběi	
168	南沙	五方头	Wǔfāngtóu	
169	南沙	浔江暗沙	Xúnjiāng Ànshā	
170	南沙	半路礁	Bànlù Jiāo	半路、半路线
171	南沙	南方浅滩	Nánfāng Qiǎntān	

序号	群岛	标准名称	汉语拼音	当地渔民习用名称
172	南沙	东坡礁	Dōngpō Jiāo	
173	南沙	棕滩	Zōng Tān	
174	南沙	宝滩	Bǎo Tān	
175	南沙	东华礁	Dōnghuá Jiāo	
176	南沙	彬礁	Bīn Jiāo	
177	南沙	安塘滩	Āntáng Tān	
178	南沙	安塘礁	Āntáng Jiāo	
179	南沙	鲎藤礁	Hòuténg Jiāo	鲎藤
180	南沙	巩珍礁	Gǒngzhēn Jiāo	
181	南沙	礼乐滩	Lǐyuè Tān	
182	南沙	雄南礁	Xióngnán Jiāo	
183	南沙	阳明礁	Yángmíng Jiāo	
184	南沙	礼乐南礁	Lǐyuè Nánjiāo	
185	南沙	紫滩	Zǐ Tān	
186	南沙	莪兰暗沙	Élán Ànshā	
187	南沙	红石暗沙	Hóngshí Ànshā	
188	南沙	仙后滩	Xiānhòu Tān	
189	南沙	忠孝滩	Zhōngxiào Tān	
190	南沙	勇士滩	Yǒngshì Tān	
191	南沙	神仙暗沙	Shénxiān Ànshā	

序号	群岛	标准名称	汉语拼音	当地渔民习用名称
192	南沙	海马滩	Hǎimǎ Tān	
193	南沙	北恒礁	Běihéng Jiāo	
194	南沙	恒礁	Héng Jiāo	
195	南沙	孔明礁	Kǒngmíng Jiāo	
196	南沙	三角礁	Sānjiǎo Jiāo	三角、三角线
197	南沙	禄沙礁	Lùshā Jiāo	禄沙、一线
198	南沙	美济礁	Měijì Jiāo	双门、双沙
199	南沙	仙娥礁	Xiān'é Jiāo	
200	南沙	信义礁	Xìnyì Jiāo	双挑、双担
201	南沙	海口礁	Hǎikǒu Jiāo	脚跋
202	南沙	半月礁	Bànyuè Jiāo	海公
203	南沙	舰长礁	Jiànzhǎng Jiāo	石龙
204	南沙	仁爱礁	Rén'ài Jiāo	断节
205	南沙	仙宾礁	Xiānbīn Jiāo	鱼鳞
206	南沙	钟山礁	Zhōngshān Jiāo	
207	南沙	立新礁	Lìxīn Jiāo	
208	南沙	牛车轮礁	Niúchēlún Jiāo	牛车英
209	南沙	片礁	Piàn Jiāo	
210	南沙	蓬勃暗沙	Péngbó Ànshā	东头乙辛
211	南沙	指向礁	Zhǐxiàng Jiāo	

序号	群岛	标准名称	汉语拼音	当地渔民习用名称
212	南沙	南乐暗沙	Nánlè Ànshā	
213	南沙	校尉暗沙	Xiàowèi Ànshā	
214	南沙	都护暗沙	Dūhù Ànshā	
215	南沙	保卫暗沙	Bǎowèi Ànshā	
216	南沙	司令礁	Sīlìng Jiāo	眼镜
217	南沙	双礁	Shuāng Jiāo	
218	南沙	石龙岩	Shílóngyán	
219	南沙	乙辛石	Yǐxīnshí	
220	南沙	无乜礁	Wúmiē Jiāo	无乜线
221	南沙	玉诺礁	Yùnuò Jiāo	
222	南沙	南华礁	Nánhuá Jiāo	恶落门
223	南沙	六门礁	Liùmén Jiāo	六门、六门沙
224	南沙	石盘仔	Shípánzǎi	
225	南沙	毕生礁	Bìshēng Jiāo	石盘
226	南沙	榆亚暗沙	Yúyà Ànshā	深匡
227	南沙	二角礁	Èrjiǎo Jiāo	二角
228	南沙	浪口礁	Làngkǒu Jiāo	浪口
229	南沙	线头礁	Xiàntóu Jiāo	线排头
230	南沙	金吾暗沙	Jīnwú Ànshā	
231	南沙	普宁暗沙	Pǔníng Ànshā	

序号	群岛	标准名称	汉语拼音	当地渔民习用名称
232	南沙	簸箕礁	Bòji Jiāo	簸箕
233	南沙	安渡礁	Āndù Jiāo	
234	南沙	破浪礁	Pòlàng Jiāo	
235	南沙	光星礁	Guāngxīng Jiāo	大光星
236	南沙	光星仔礁	Guāngxīngzǎi Jiāo	光星仔
237	南沙	息波礁	Xībō Jiāo	
238	南沙	南海礁	Nánhǎi Jiāo	铜钟
239	南沙	柏礁	Bǎi Jiāo	海口线
240	南沙	单柱石	Dānzhùshí	单柱
241	南沙	鸟鱼锭石	Niǎoyúdìngshí	鸟鱼锭
242	南沙	安波沙洲	Ānbō Shāzhōu	锅盖峙
243	南沙	隐遁暗沙	Yǐndùn Ànshā	
244	南沙	尹庆群礁	Yǐnqìng Qúnjiāo	
245	南沙	华阳礁	Huáyáng Jiāo	铜铳仔
246	南沙	东礁	Dōng Jiāo	大铜铳
247	南沙	中礁	Zhōng Jiāo	弄鼻仔
248	南沙	西礁	Xī Jiāo	大弄鼻
249	南沙	南威岛	Nánwēi Dǎo	鸟仔峙
250	南沙	日积礁	Rìjī Jiāo	西头乙辛
251	南沙	康泰滩	Kāngtài Tān	

序号	群岛	标准名称	汉语拼音	当地渔民习用名称
252	南沙	朱应滩	Zhūyìng Tān	
253	南沙	奥援暗沙	Àoyuán Ànshā	
254	南沙	碎浪暗沙	Suìlàng Ànshā	
255	南沙	南薇滩	Nánwēi Tān	
256	南沙	蓬勃堡	Péngbóbǎo	
257	南沙	常骏暗沙	Chángjùn Ànshā	
258	南沙	金盾暗沙	Jīndùn Ànshā	
259	南沙	奥南暗沙	Àonán Ànshā	
260	南沙	广雅滩	Guǎngyǎ Tān	
261	南沙	人骏滩	Rénjùn Tān	
262	南沙	李准滩	Lǐzhǔn Tān	
263	南沙	西卫滩	Xīwèi Tān	
264	南沙	万安滩	Wàn'ān Tān	
265	南沙	弹丸礁	Dànwán Jiāo	石公厘
266	南沙	皇路礁	Huánglù Jiāo	五百二
267	南沙	南通礁	Nántōng Jiāo	丹积、丹节
268	南沙	北康暗沙	Běikāng Ànshā	
269	南沙	盟谊暗沙	Méngyì Ànshā	
270	南沙	义净礁	Yìjìng Jiāo	
271	南沙	海康暗沙	Hǎikāng Ànshā	

序号	群岛	标准名称	汉语拼音	当地渔民习用名称
272	南沙	法显暗沙	Fǎxiǎn Ànshā	
273	南沙	康西暗沙	Kāngxī Ànshā	
274	南沙	北安礁	Běi'ān Jiāo	
275	南沙	南安礁	Nán'ān Jiāo	
276	南沙	南屏礁	Nánpíng Jiāo	墨瓜线
277	南沙	南康暗沙	Nánkāng Ànshā	
278	南沙	隐波暗沙	Yǐnbō Ànshā	
279	南沙	海安礁	Hǎi'ān Jiāo	
280	南沙	琼台礁	Qióngtái Jiāo	
281	南沙	潭门礁	Tánmén Jiāo	
282	南沙	海宁礁	Hǎiníng Jiāo	
283	南沙	澄平礁	Chéngpíng Jiāo	
284	南沙	欢乐暗沙	Huānlè Ànshā	
285	南沙	曾母暗沙	Zēngmǔ Ànshā	沙排
286	南沙	中水道	Zhōng Shuǐdào	
287	南沙	南华水道	Nánhuá Shuǐdào	

地图上俄罗斯远东若干地名必须括注中国名称

【编者按】摘自国家测绘局 2003 年 5 月 9 日发布的《公开地图内容表示若干规定》。

俄罗斯远东地区以下地名必须括注中国名称,汉语拼音版地图和外文版地图除外:

1. "符拉迪沃斯托克"括注"海参崴";
2. "乌苏里斯克"括注"双城子";
3. "哈巴罗夫斯克"括注"伯力";
4. "布拉戈维申斯克"括注"海兰泡";
5. "萨哈林岛"括注"库页岛";
6. "涅尔琴斯克"括注"尼布楚";
7. "尼古拉耶夫斯克"括注"庙街";
8. "斯塔诺夫山脉"括注"外兴安岭"。

地图上若干地名表示应规范

【编者按】摘自国家测绘局2003年5月9日发布的《公开地图内容表示若干规定》。

1.长白山天池为中、朝界湖,湖名"长白山天池(白头山天池)"注国界内,不能简称"天池"。

2.西藏自治区门隅、珞瑜、下察隅地区附近的地名选取按1∶400万公开地图表示。

3.香港特别行政区、澳门特别行政区、台湾省地名的外文拼写,采用当地拼写法。

关于地图上锡金表示方法变更的通知

（测管函〔2005〕21 号）

【编者按】1975 年,在印度操纵下,锡金举行全民投票,废除锡金王国,加入印度。2003 年,印度承认西藏属于我国的领土,中国对锡金属于印度的既成事实予以承认。2005 年 4 月 18 日,根据中国政府有关部门的通知精神,国家测绘局行业管理司正式发布《关于地图上锡金表示方法变更的通知》,从此,中国出版的地图上不再把锡金标示为主权国家。中国的陆上邻国从原来的 15 个变为 14 个。

各有关单位:

根据国家有关部门的通知精神,现将地图上的锡金表示方法通知如下:

一、地图内容表示:"锡金"作为印度的一个邦表示,原首都"甘托克"作为一般城市表示。

二、文字表述:印度的面积改为约 298 万平方千米,人口数为 10.2 亿;印度的行政区划为 26 个邦、7 个中央直辖区;中国的陆上邻国,由原来的 15 个国家改为 14 个国家;南亚的国家数由原来的

8个改为7个;亚洲的国家数由原来的49个改为48个;世界的国家和地区改为"全世界共有220多个国家和地区"。

三、历史地图,17世纪以前的按实际情况表示;17世纪至更改之日,锡金仍作为独立国家表示(其中1890年至1947年括注"英"或"英占");自更改之日起,锡金表示为印度的一个邦。

四、各有关单位,要严格按上述通知要求调整锡金在地图上的表示方法。对此表示方法不清楚的,可直接向国家测绘局地图技术审查中心咨询。

国家测绘局行业管理司
二〇〇五年四月十八日

韩国首都汉城中文译名变更为首尔

【编者按】根据民政部、外交部《关于韩国首都汉城中文译名变更为"首尔"的通报》(民发〔2005〕149号),《陕西省人民政府办公厅关于韩国首都汉城中文译名更改为"首尔"的通报》(陕政办发〔2005〕92号)等文件摘编。

2005年1月,韩国汉城市政府宣布将汉城市的中文译名改为"首尔"。2月,韩国政府通过外交渠道向我国提出,希望对韩国首都中文译名变更事宜给予协助。

汉城(Hansong)是由李氏朝鲜于1395年命名的,因其地处汉山南侧、汉江北侧而得名。1911年日本侵略朝鲜后,将汉城改名为"京城"。1946年即韩国独立后的第二年,韩国政府将首都"京城"更名为朝鲜文固有词,罗马字母拼写为"Seoul"。由于当时我国与韩国没有建交以及其他原因,我国对"Seoul"一直译为"汉城",沿用至2005年。

1981年中国地名委员会制定的《外国地名汉字译写通则》第三条指出,"各国地名的汉字译写,以该国官方文字名称为依据";第二条指出,"外国地名的译写应以音译为主,力求准确和规范化,并适当照顾习惯译名";在当今世界上,英、法、德、西班牙、意大利和俄罗斯等语言无一例外地对韩国首都采用 Seoul 这一拼写。鉴于 1946 年韩国官方已经确定将首都的名字改为 Seoul 这一情况，将其中文译名改为"首尔"，符合外国地名译写的"名从主人"原则和我国对外国地名以音译为主的规则，也符合世界上的普遍做法。

鉴于以上情况，对出版物中涉及韩国首都中文译名问题作以下处理：对 2005 年 10 月前已出版的涉及韩国首都名称的出版物，不做处理。自 2005 年 10 月起，图书、教材、地图等出版物新版、再版时，要对韩国首都中文译名做出修改。

世界各国及其首都中英文名称对照表

非洲 Africa

序号	国家中英文名称	首都中英文名称
1	阿尔及利亚 Algeria	阿尔及尔 Algiers
2	安哥拉 Angola	罗安达 Luanda
3	贝宁 Benin	波多诺夫 Porto-Novo
4	博茨瓦纳 Botswana	哈伯罗内 Gaborone
5	布隆迪 Burundi	布琼布拉 Bujumbura①
6	喀麦隆 Cameroon	雅温得 Yaounde
7	佛得角 CapeVerde	普腊亚 Praia
8	中非 Central African Republic	班吉 Bangui
9	乍得 Chad	恩贾梅纳 N'Djamena
10	科摩罗 Comoros	莫罗尼 Moroni
11	刚果(金) Democratic Republic of the Congo	金沙萨 Kinshasa
12	刚果(布) The Republic of Congo	布拉柴维尔 Brazzaville

---

① 2019 年 1 月 1 日起,布隆迪政治首都迁至基特加 Gitega。

序号	国家中英文名称	首都中英文名称
13	科特迪瓦 Coate d'lvoire	亚穆苏克罗 Yamoussoukro
14	吉布提共和国 Djibouti	吉布提 Djibouti
15	埃及 Egypt	开罗 Cairo
16	赤道几内亚 Equatorial Guinea	马拉博 Malabo
17	厄立特里亚 Eritrea	阿斯马拉 Asmara
18	埃塞俄比亚 Ethiopia	亚的斯亚贝巴 AddisAbaba
19	加蓬 Gabon	利伯维尔 Libreville
20	冈比亚 The Gambia	班珠尔 Banjul
21	加纳 Ghana	阿克拉 Accra
22	几内亚 Guinea	科纳克里 Conakry
23	几内亚比绍 Guinea-Bissau	比绍 Bissau
24	肯尼亚 Kenya	内罗毕 Nairobi
25	莱索托 Lesotho	马塞卢 Maseru
26	利比里亚 Liberia	蒙罗维亚 Monrovia
27	利比亚 Libya	的黎波里 Tripoli
28	马达加斯加 Madagascar	安塔那那利佛 Antananarivo
29	马拉维 Malawi	利隆圭 Lilongwe
30	马里 Mali	巴马科 Bamako
31	毛里求斯 Mauritius	路易港 PortLouis
32	毛里塔尼亚 Mauritania	努瓦克肖特 Nouakchott

续表

序号	国家中英文名称	首都中英文名称
33	毛里求斯 Mauritius	路易港 PortLouis
34	摩洛哥 Morocco	拉巴特 Rabat
35	莫桑比克 Mozambique	马普托 Maputo
36	纳米比亚 Namibia	温得和克 Windhoek
37	尼日尔 Niger	尼亚美 Niamey
38	尼日利亚 Nigeria	阿布贾 Abuja
39	卢旺达 Rwanda	基加利 Kigali
40	圣多美及普林西比民主共和国 Sao Tomeand Principe	圣多美 Sao Tome
41	塞内加尔 Senegal	达喀尔 Dakar
42	塞舌尔 Seychelles	维多利亚 Victoria
43	塞拉里昂 Sierra Leone	弗里敦 Freetown
44	索马里 Somalia	摩加迪沙 Mogadishu
45	南非 South Africa	比勒陀利亚 Pretoria
46	南苏丹 South Sudan	朱巴 Juba
47	苏丹 Sudan	喀土穆 Khartoum
48	斯威士兰 Swaziland	姆巴巴内 Mbabane
49	坦桑尼亚 Tanzania	多多马 Dodoma
50	多哥 Togo	洛美 Lome
51	突尼斯 Tunisia	突尼斯 Tunis
52	乌干达 Uganda	坎帕拉 Kampala

序号	国家中英文名称	首都中英文名称
53	西撒哈拉 Western Sahara	阿尤恩 Laayoune
54	赞比亚 Zambia	卢萨卡 Lusaka
55	津巴布韦 Zimbabwe	哈拉雷 Harare

美洲 Americas

序号	国家中英文名称	首都中英文名称
1	安提瓜和巴布达 Antigua and Barbuda	圣约翰 Saint John's
2	阿根廷 Argentina	布宜诺斯艾利斯 Buenos Aires
3	巴哈马 The Bahamas	拿骚 Nassau
4	巴巴多斯 Barbados	布里奇顿 Bridgetown
5	伯利兹 Belize	贝尔莫潘 Belmopan
6	玻利维亚 Bolivia	拉巴斯 La Paz
7	巴西 Brazil	巴西利亚 Brasilia
8	加拿大 Canada	渥太华 Ottawa
9	智利 Chile	圣地亚哥 Santiago
10	哥伦比亚 Colombia	波哥达 Bogota
11	哥斯达黎加 Costa Rica	圣约瑟 San Jose
12	古巴 Cuba	哈瓦那 Havana
13	多米尼克 Dominica	罗素 Roseau

续表

序号	国家中英文名称	首都中英文名称
14	多米尼加 Dominican Republic	圣多明各 Santo Domingo
15	厄瓜多尔 Ecuador	基多 Quito
16	萨尔瓦多 El Salvador	圣萨尔瓦多 San Salvador
17	格林纳达 Grenada	圣乔治 Saint George's
18	危地马拉 Guatemala	危地马拉 Guatemala
19	圭亚那 Guyana	乔治敦 Georgetown
20	海地 Haiti	太子港 Port-au-Prince
21	洪都拉斯 Honduras	特古巴加尔巴 Tegucigalpa
22	牙买加 Jamaica	金斯敦 Kingston
23	墨西哥 Mexico	墨西哥城 Mexico
24	瑙鲁 Nauru	无
25	尼加拉瓜 Nicaragua	马那瓜 Managua
26	巴拿马 Panama	巴拿马城 Panama
27	巴拉圭 Paraguay	亚松森 Asuncion
28	秘鲁 Peru	利马 Lima
29	圣基茨和尼维斯 St. Kitts and Nevis	巴斯特尔 Basseterre
30	圣卢西亚岛 St. Lucia	卡斯特里 Castries
31	圣文森特和格林纳丁斯 St. Vincentand the Grenadines	金斯敦 Kingstown
32	苏里南 Suriname	帕拉马里博 Paramaribo

序号	国家中英文名称	首都中英文名称
33	特立尼达和多巴哥 Trinidad and Tobago	西班牙港 Port-of-Spain
34	特克斯群岛和凯科斯群岛 Turks and CaicosIslands	大特克 Grand Turk
35	美国 United States	华盛顿 Washington,DC
36	乌拉圭 Uruguay	蒙得维的亚 Montevideo
37	委内瑞拉 Venezuela	加拉加斯 Caracas

亚洲 Asia

序号	国家中英文名称	首都中英文名称
1	阿富汗 Afghanistan	喀布尔 Kabul
2	亚美尼亚 Armenia	埃里温 Yerevan
3	阿塞拜疆 Azerbaijan	巴库 Baku（Baki）
4	巴林 Bahrain	麦纳麦 Manama
5	孟加拉国 Bangladesh	达卡 Dhaka
6	不丹 Bhutan	廷布 Thimphu
7	文莱 Brunei	斯里巴加湾市 Bandar Seri Begawan
8	缅甸 Myanmar	内比都 Naypyidaw
9	柬埔寨 Cambodia	金边 Phnom Penh
10	中国 China	北京 Beijing

续表

序号	国家中英文名称	首都中英文名称
11	印度 India	新德里 New Delhi
12	印度尼西亚 Indonesia	雅加达 Jakarta
13	日本 Japan	东京 Tokyo
14	老挝 Laos	万象 Vientiane
15	马来西亚 Malaysia	吉隆坡 Kuala Lumpur
16	马尔代夫 Maldives	马累 Male（Maale）
17	蒙古 Mongolia	乌兰巴托 Ulaanbaatar
18	尼泊尔 Nepal	加德满都 Kathmandu
19	朝鲜 North Korea	平壤 P'yongyang
20	巴基斯坦 Pakistan	伊斯兰堡 Islamabad
21	菲律宾 Philippines	马尼拉 Manila
22	新加坡 Singapore	新加坡 Singapore
23	韩国 South Korea	首尔 Seoul
24	斯里兰卡 Sri Lanka	科伦坡 Colombo
25	泰国 Thailand	曼谷 Bangkok
26	土耳其 Turkey	安卡拉 Ankara
27	越南 Vietnam	河内 Hanoi
28	巴勒斯坦 Palestine	耶路撒冷 Jerusalem
29	东帝汶 East Timor	帝力 Dili
30	塔吉克斯坦 Tajikistan	杜尚别 Dushanbe

续表

序号	国家中英文名称	首都中英文名称
31	土库曼斯坦 Turkmenistan	阿什哈巴德 Ashgabat
32	乌兹别克斯坦 Uzbekistan	塔什干 Tashkent（Toshkent）
33	哈萨克斯坦 Kazakhstan	阿斯塔纳 Astana（Akmola）①
34	吉尔吉斯斯坦 Kyrgyzstan	比什凯克 Bishkek
35	伊朗 Iran	德黑兰 Teheran
36	伊拉克 Iraq	巴格达 Bagdad
37	以色列 Israel	特拉维夫 Telaviv②
38	约旦 Jordan	安曼 Amman
39	科威特 Kuwait	科威特 Kuwait
40	黎巴嫩 Lebanon	贝鲁特 Beirut
41	阿曼 Oman	马斯喀特 Muscat
42	卡塔尔 Qatar	多哈 Doha
43	沙特阿拉伯 Saudi Arabia	利雅得 Riyadh
44	叙利亚 Syria	大马士革 Damascus
45	阿拉伯联合酋长国 United Arab Emirates	阿布扎比 Abu Dhabi
46	也门 Yemen	萨那 Sanaa

① 2019年3月20日,哈萨克斯坦议会通过宪法修正案,将首都阿斯塔纳更名为努尔苏丹,以致敬刚刚卸任的哈萨克斯坦第一任总统努尔苏丹·纳扎尔巴耶夫。

② 以色列建国时首都定在特拉维夫,1950年迁往耶路撒冷,但未获国际社会普遍承认。

序号	国家中英文名称	首都中英文名称
47	格鲁吉亚 Georgia	第比利斯 T'bilisi

大洋洲 Oceania

序号	国家中英文名称	首都中英文名称
1	澳大利亚 Australia	堪培拉 Canberra
2	斐济 Fiji	苏瓦 Suva
3	密克罗尼西亚 Micronesia	帕利基尔 Palikir
4	新西兰 New Zealand	惠灵顿 Wellington
5	帕劳 Palau	梅莱凯奥克 Melekeok
6	纽埃 Niue	阿洛菲 Alofi
7	巴布亚新几内亚 Papua New Guinea	莫尔兹比港 Port Moresby
8	萨摩亚 Samoa	阿皮亚 Apia
9	汤加王国 Tonga	努库阿洛法 Nuku'alofa
10	瓦努阿图 Vanuatu	维拉港 Port-Vila

欧洲 Europe

序号	国家中英文名称	首都中英文名称
1	阿尔巴尼亚 Albania	地拉那 Tirana
2	安道尔共和国 Andorra	安道尔 Andorrala Vella

续表

序号	国家中英文名称	首都中英文名称
3	奥地利 Austria	维也纳 Vienna
4	白俄罗斯 Belarus	明斯克 Minsk
5	比利时 Belgium	布鲁塞尔 Brussels
6	波斯尼亚和黑塞哥维那 Bosnia and Herzegovina	萨拉热窝 Sarajevo
7	保加利亚 Bulgaria	索非亚 Sofia
8	克罗地亚 Croatia	萨格勒布 Zagreb
9	塞浦路斯 Cyprus	尼克西亚 Nicosia
10	捷克 Czech	布拉格 Prague
11	丹麦 Denmark	哥本哈根 Copenhagen
12	爱沙尼亚 Estonia	塔林 Tallinn
13	芬兰 Finland	赫尔辛基 Helsinki
14	法国 France	巴黎 Paris
15	德国 Germany	柏林 Berlin
16	希腊 Greece	雅典 Athens
17	梵蒂冈 Vatican City	梵蒂冈城 Vatican City
18	匈牙利 Hungary	布达佩斯 Budapest
19	冰岛 Iceland	雷克亚未克 Reykjavik
20	爱尔兰 Ireland	都柏林 Dublin
21	意大利 Italy	罗马 Rome
22	拉脱维亚 Latvia	里加 Riga

续表

序号	国家中英文名称	首都中英文名称
23	列支敦士登 Liechtenstein	瓦杜兹 Vaduz
24	立陶宛 Lithuania	维尔纽斯 Vilnius
25	卢森堡 Luxembourg	卢森堡 Luxembourg
26	马其顿 Macedonia①	斯科普里 Skopje
27	马耳他 Malta	瓦莱塔 Valletta
28	摩纳哥 Monaco	摩纳哥 Monaco
29	黑山 Montenegro	波德戈里察 Podgorica
30	荷兰 Netherlands	阿姆斯特丹 Amsterdam
31	挪威 Norway	奥斯陆 Oslo
32	波兰 Poland	华沙 Warsaw
33	葡萄牙 Portugal	里斯本 Lisbon
34	罗马尼亚 Romania	布加勒斯特 Bucharest
35	俄罗斯 Russia	莫斯科 Moscow
36	圣马力诺 San Marino	圣马力诺 San Marino
37	塞尔维亚 Serbia	贝尔格莱德 Belgrade
38	斯洛伐克 Slovakia	布拉迪斯拉发 Bratislava
39	斯洛文尼亚 Slovenia	卢布尔雅那 Ljubljana
40	西班牙 Spain	马德里 Madrid
41	瑞典 Sweden	斯德哥尔摩 Stockholm

---

① 2019 年 2 月 11 日,马其顿议会通过宪法修正案,将国名改为"北马其顿共和国"。

续表

序号	国家中英文名称	首都中英文名称
42	瑞士 Switzerland	伯尔尼 Bern
43	乌克兰 Ukraine	基辅 Kiev（Kyyiv）
44	英国 Britain	伦敦 London
45	摩尔多瓦 Moldova	基希讷乌 Chisinau

友谊关名称的沿革

友谊关位于广西凭祥市,是中国与越南边境线上的重要关口。两千多年前,汉朝就在此设关,初名雍鸡关,后改称大南关、界首关。明洪武元年(1368 年)改名鸡陵关,永乐五年(1407 年)更名镇夷关,宣德年间由镇夷关改名为镇南关。

清光绪十一年(1885 年),法国侵略军 2000 余人自越南谅山进犯镇南关,爱国将领冯子材率军民在关内 4 公里处的关前隘英勇抗击,大败法军,史称镇南关大捷。清光绪三十三年(1907 年),孙中山、黄兴等发动推翻清朝的镇南关起义。1949 年 12 月 11 日,中国人民解放军横扫盘踞在广西的国民党残敌,将红旗插上镇南关,标志着广西全境解放。

中华人民共和国成立后,1953 年,经周恩来总理批准,镇南关改名为睦南关;1965 年,为了表示中越两国人民"同志加兄弟"的深厚友情,经国务院批准,睦南关改名为友谊关,时任中国国务院副总理兼外交部长的陈毅亲笔题写关名。

中国人名汉语拼音字母拼写规则

（GB/T 28039—2011,2011 年 10 月 31 日发布,2012 年 2 月 1 日起实施）

前　言

本标准按照 GB/T 1.1—2009 给出的规则起草。

本标准由教育部语言文字信息管理司提出并归口。

本标准主要起草单位:教育部语言文字应用研究所。

本标准主要起草人:厉兵、史定国、苏培成、李乐毅、万锦堃。

1　范围

本标准规定了使用汉语拼音字母拼写中国人名的规则,包括汉语人名的拼写规则和少数民族语人名的拼写规则。为了满足应用需要,同时给出了一些特殊场合的变通处理办法。

本标准适用于文化教育、编辑出版、中文信息处理及其他方面的中国人名汉语拼音字母拼写。

2　规范性引用文件

下列文件对于本文件的应用是必不可少的。凡是注日期的引用文件,仅注日期的版本适用于本文件。凡是不注日期的引用文件,其最新版本(包括所有的修改单)适用于本文件。

《少数民族语地名汉语拼音字母音译转写法》(1976 年 6 月国

家测绘总局、中国文字改革委员会修订)

3 术语和定义

下列术语和定义适用于本文件。

3.1 单姓 mano-character surname

汉语中只有一个字的姓,如张、王、刘、李。

3.2 复姓 multi-character surname

汉语中不止一个字(一般由两个汉字构成)的姓,如欧阳、司马。

3.3 双姓 hyphenated name

汉语中由两个姓(单姓或复姓)并列而成的姓氏组合,如郑李、欧阳陈、周东方等。

4 总则

4.1 中国人名包括汉语姓名和少数民族语姓名。汉语姓名按照普通话拼写,少数民族语姓名按照民族语读音拼写。

4.2 本标准中的人名主要指正式姓名,即符合一般习惯用法的姓名。

4.3 根据需要,仿姓名的笔名、别名、法名、艺名等,按照正式姓名写法处理。

4.4 个别变通处理办法只适用于限定的特殊场合。

5 拼写规则

5.1 汉语人名拼写规则

5.1.1 正式的汉语人名由姓和名两个部分组成。姓和名分写,姓在前,名在后,姓名之间用空格分开。复姓连写。姓和名的开头字母大写。例如:

Wáng Fāng 王芳　　　　　Yáng Wèimín 杨为民

Mǎ Běnzhāi 马本斋　　　　Luó Chángpéi 罗常培

Ōuyáng Wén 欧阳文　　　　Sīmǎ Xiàngnán 司马相南

Lǚ Lüè 吕略　　　　　　　Zhào Píng'ān 赵平安

5.1.2　由双姓组合（并列姓氏）作为姓氏部分，双姓中间加连接号，每个姓氏开头字母大写。例如：

Liú-Yáng Fān 刘杨帆

Zhèng-Lǐ Shūfāng 郑李淑芳

Dōngfāng-Yuè Fēng 东方岳峰

Xiàng-Sītú Wénliáng 项司徒文良

5.1.3　笔名、字（或号）、艺名、法名、代称、技名、帝王名号等，按正式人名写法拼写。例如：

Lǔ Xùn 鲁迅（笔名）

Gài Jiàotiān 盖叫天（艺名）

Dù Gōngbù 杜工部（代称）

Lài Tāngyuán 赖汤圆（技名）

Cáo Xuěqín 曹雪芹（"雪芹"为号）

Lǔ Zhìshēn 鲁智深（"智深"为法名）

Wáng Tiěrén 王铁人（代称）

Qín Shǐhuáng 秦始皇（帝王名号）

5.1.4　国际体育比赛等场合，人名可以缩写。汉语人名的缩写，姓全写，首字母大写或每个字母大写，名取每个汉字拼音的首字母，大写，后面加小圆点，声调符号可以省略。例如：

Lǐ Xiǎolóng 缩写为：Li X.L. 或 LI X.L. 李小龙

Róng Guótuán 缩写为：Rong G.T. 或 RONG G.T. 容国团

Zhūgě Zhìchéng 缩写为：Zhuge Z.C. 或 ZHUGE Z.C. 诸葛志成

Chén-Yán Ruòshuǐ 缩写为：Chen-Yan R.S. 或 CHEN-YAN R.S. 陈言若水

5.1.5 中文信息处理中的人名索引，可以把姓的字母都大写，声调符号可以省略。例如：

Zhāng Yǐng 拼写为：ZHANG Ying 张颖

Wáng Jiànguó 拼写为：WANG Jianguo 王建国

Shàngguān Xiǎoyuè 拼写为：SHANGGUAN Xiaoyue 上官晓月

Chén-Fāng Yùméi 拼写为：CHEN-FANG Yumei 陈方玉梅

5.1.6 公民护照上的人名，可以把姓和名的所有字母全部大写，双姓之间可以不加连接号，声调符号、隔音符号可以省略。例如：

Liú Chàng 拼写为：LIU CHANG 刘畅

Zhōu Jiànjūn 拼写为：ZHOU JIANJUN 周建军

Zhào-Lǐ Shūgāng 拼写为：ZHAOLI SHUGANG 赵李书刚

Wú Xīng'ēn 拼写为：WU XINGEN 吴兴恩

5.1.7 三音节以内不能分出姓和名的汉语人名，包括历史上已经专名化的称呼，以及笔名、艺名、法名、神名、帝王年号等，连写，开头字母大写。例如：

Kǒngzǐ 孔子（专称）

Bāogōng 包公（专称）

Xīshī 西施（专称）

Mèngchángjūn 孟尝君（专称）

Bīngxīn 冰心（笔名）

Liúshāhé 流沙河（笔名）

Hóngxiànnǚ 红线女（艺名）

Jiànzhēn 鉴真（法名）

Nézha 哪吒（神仙名）

Qiánlóng 乾隆（帝王年号）

5.1.8　四音节以上不能分出姓和名的人名，如代称、雅号、神仙名等，按语义结构或语音节律分写，各分开部分开头字母大写。例如：

Dōngguō Xiānsheng 东郭先生（代称）

Liǔquán Jūshì 柳泉居士（雅号 蒲松龄）

Jiànhú Nǚxiá 鉴湖女侠（雅号 秋瑾）

Tàibái Jīnxīng 太白金星（神仙名）

5.2　少数民族语人名拼写规则

5.2.1　少数民族语姓名，按照民族语用汉语拼音字母音译转写，分连次序依民族习惯。音译转写法可以参照《少数民族语地名汉语拼音字母音译转写法》执行。

5.2.2　在一定的场合，可以在少数民族语人名音译转写原文后备注音译汉字及汉字的拼音；也可以先用或仅用音译汉字及汉字的拼音。例如：

Ulanhu（乌兰夫，Wūlánfū）

Ngapoi Ngawang Jigme（阿沛·阿旺晋美，Āpèi Āwàngjìnměi）

Seypidin（赛福鼎，Sàifúdǐng）

6 特殊问题的变通处理办法

6.1 出版物中常见的著名历史人物,港、澳、台人士,海外华侨及外籍华人、华裔的姓名,以及科技领域各科(动植物、微生物、古生物等)学名命名中的中国人名,原来有惯用的拉丁字母拼写法,必要时可以附注在括弧中或注释中。

6.2 根据技术处理的特殊需要,必要的场合(如公民护照、对外文件和书刊等),大写字母 Ü 可以用 YU 代替。例如:

Lǚ Hépíng 拼写为:LYU HEPING 吕和平

常见英文姓氏的中文译名

【编者按】英文姓氏众多,此摘编常见部分,更多的可查阅《英语姓名译名手册》(新华通讯社译名室编,商务印书馆 2007 年版)。

A

Adams 亚当斯　　　　　　　　　Allen 阿伦

Alexander 亚历山大　　　　　　Anderson 安德森

B

Back 巴克　　　　　　　　　　Brook 布鲁克

Baker 贝克　　　　　　　　　　Brown 布朗

Barton 巴顿　　　　　　　　　　Bull 布尔

Bird 伯德　　　　　　　　　　　Bush 布什

Brain 布雷恩

C

Campbell 坎贝尔　　　　　　　Catherine 凯瑟琳

Carter 卡特　　　　　　　　　　Charles 查尔斯

Churchill 丘吉尔

Clark 克拉克

Cleveland 克利夫兰

Cliff 克利夫

Clinton 克林顿

Cook 库克

Cotton 克顿

D

Davis 戴维斯

Diana 黛安娜

E

Edward 爱德华

Edwin 爱德文

Elizabeth 伊丽莎白

Evans 伊万斯

F

Field 菲尔德

Finger 芬格

Ford 福特

Forest 福雷斯特

Fox 福克斯

G

Garcia 加西亚

Gonzales 冈萨雷斯

Green 格林

H

Hall 霍尔

Hand 汉德

Hard 哈代

Hill 希尔

Harris 哈里斯

Holmes 福尔摩斯

Hawk 霍克

Hunter 亨特

Hernandez 赫尔南德兹

J

Jackson 杰克逊

Jones 琼斯

Johnson 约翰逊

K

Kent 肯特

King 金

L

Lake 雷克

London 伦敦

Lane 莱恩

Long 朗

Lee 李

Longman 朗曼

Leigh 利

Lopez 洛佩斯/兹

Lewis 刘易斯

M

MacAdam 麦克亚当

MacDonald, Macdonald 麦克
唐纳

MacArthur 麦克阿瑟

Macaulay 麦考利

MacMillan, Macmillan 麦克米伦

MacPherson, Macpherson 麦克
  菲尔逊;麦克弗森

Martin 马丁

Martines 马提尼斯

Mill 米尔

Miller 米勒

Mitchell 米切尔

Moore 莫尔;摩尔

N

Nelson 纳尔逊

O

Obama 奥巴马

P

Perez 佩雷兹

Phillips 菲利普斯

Pond 庞德

R

Ramirez 拉米雷斯

Reagan 里根

Reed 里德

Roberts 罗伯茨

Robinson 鲁滨逊

Rodriguez 罗德里格斯

Roland 罗兰

Roosevelt 罗斯福

S

Sanches 桑切斯

Scott 斯科特

Sharp 夏普

Short 肖特

Smith 史密斯

Sterling 斯特林

St.Leger 圣·里格

Stock 斯托克

Street 斯特里特

T

Taylor 泰勒

Thomas 托马斯

Thompson 汤普森

Torres 托雷斯

Tree 特里

Truman 杜鲁门

Trump 特朗普

Turner 特纳

W

Walker 沃尔克

Washington 华盛顿

Well 韦尔

White 怀特

Williams 威廉姆斯

Wilson 威尔逊

Windsor 温莎

Wood 伍德

Wright 莱特;赖特

Y

Young 杨

常见英文人名的中文译名

【编者按】英文人名众多,此摘编常见部分,更多的可查阅《英语姓名译名手册》(新华通讯社译名室编,商务印书馆 2007 年版)。

A

Abbot(t) 阿博特

Abe 阿贝(Abraham 的昵称)

Abraham 亚伯拉罕

Acheson 艾奇逊

Ackerman(n) 阿克曼

Adam 亚当

Adams 亚当斯

Addison 艾狄生;艾迪生;阿狄森

Adela 阿德拉

Adelaide 阿德莱德

Adolph 阿道夫

Agnes 阿格尼丝

Albert 艾伯特

Alcott 奥尔科特

Aldington 奥尔丁顿

Aldridge 奥尔德里奇

Aled(k) 亚历克(Alexander 的昵称)

Alerander 亚历山大

Alfred 阿尔弗列德;艾尔弗雷德

Alice 阿丽丝;艾丽丝

Alick 阿利克(Alexander 的昵称)

Alsop(p) 艾尔索普

Aly 阿利

Amelia 阿米利亚

Anderson 安德森

Andrew 安德鲁

Ann 安

Anna 安娜

Anne 安妮

Anthony 安东尼

Antoinette 安托瓦妮特

Antonia 安东尼娅

Arabella 阿拉贝拉

Archibald 阿奇博尔德

Armstrong 阿姆斯特朗

Arnold 阿诺德

Arthur 阿瑟

Attlee 阿特利

Augustine 奥古斯丁

Augustus 奥古斯塔斯

Austen 奥斯汀

Austin 奥斯汀

B

Babbitt 巴比特;白璧德;巴比

Bach 巴赫

Bacon 培根

Baldwin 鲍德温

Barnard 巴纳德

Barney 巴尼(Barnard 的昵称)

Barrett 巴雷特

Barrie 巴里

Bart 巴特(Bartholomew 的昵称)

Bartholomew 巴塞洛缪

Bartlett 巴特利特

Barton 巴顿

Bauer 鲍尔;拜耳

Beard 比尔德

Beaufort 博福特;蒲福

Becher 比彻

Beck 贝克(Rebecca 的昵称)

Becky 贝基

Beerbohm 比尔博姆

Bell 贝尔

Bellamy 贝拉米

Belle 贝尔(Arabella 的昵称)

Belloc 贝洛克

Ben 本(Benjamin 的昵称)

Benedict 本尼迪克特

Benjamin 本杰明

Bennett 贝内特（Benedict 的昵称）

Benson 本森

Bentham 边沁；本瑟姆

Berkeley 贝克莱；伯克利

Bernal 伯纳尔

Bernard 伯纳德；伯纳尔德

Bert 伯特（Albert, Herbert 的昵称）

Bertha 伯莎

Bertie 伯蒂

Bertram 伯特伦

Bess 贝丝（Elizabeth 的昵称）

Bessemer 贝西墨；贝色麦

Bessie 贝西（Elizabeth 的昵称）

Bethune 白求恩；比顿

Betsy 贝齐（Elizabeth 的昵称）

Betty 贝蒂（Elizabeth 的昵称）

Bill 比尔（William 的昵称）

Billy 比利（William 的昵称）

Birrell 比勒尔

Black 布莱克

Blake 布莱克

Bloomer 布卢默

Bloomfield 布龙菲尔德；布洛姆菲尔德

Bloor 布劳；布卢尔

Blume 布卢姆

Bob 鲍勃（Robert 的昵称）

Bobby 博比（Robert 的昵称）

Boswell 博斯韦尔

Bowen 鲍恩

Bowman 鲍曼

Boyle 波伊尔；波义耳

Bradley 布拉德利

Bray 布雷

Brewster 布鲁斯特

Bridges 布里奇斯

Bright 布赖特

Broad 布罗德

Bronte 勃朗特；白朗蒂

Brooke 布鲁克

Brown 布朗

Browne 布朗

Browning 勃朗宁；布朗宁

Bruce 布鲁斯

Bruno 布鲁诺

Bryan 布赖恩

Bryce 布赖斯

Buck 巴克

Buckle 巴克耳

Bulwer 布尔韦尔;布尔沃

Bunyan 布尼安

Burke 伯克

Burne-Jones 伯恩-琼斯(双姓)

Burns 彭斯;伯恩斯

Butler 勃特勒;巴特勒

Byron 拜伦

C

Camilla 卡拉米

Camp 坎普

Carey 凯里;凯雷

Carl 卡尔

Carllyle 卡莱尔

Carmen 卡门

Carnegie 卡内基

Caroline 卡罗琳

Carpenter 卡彭特

Carrie 嘉利;卡丽

Carroll 卡罗尔

Carter 卡特

Catharine, Catherine 凯瑟琳

Cecillia 塞西利亚

Chamberlain 张伯伦

Chaplin 查普林;(英影星)卓别麟

Chapman 查普曼

Charles 查尔斯;查理

Charley 查利(Charles 的昵称)

Charlotte 夏洛蒂;夏洛特

Charles 查尔斯;查理

Chaucer 乔叟

Chesterton 切斯特顿

Child 蔡尔德

Childe 蔡尔德

Christ 克赖斯特

Christian 克里琴斯

Christiana 克里斯蒂安娜

Christie 克里斯蒂(Christian 的昵称)

Christopher 克里斯托弗

Christy 克里斯蒂(Christian 的昵称)

Church 丘奇

Churchill 丘吉尔

Cissie 锡西(Cecillia 的昵称)

Clapham 克拉彭

Clara 克拉拉

Clare 克莱尔(Clara，Clarissa 的昵称)

Clarissa 克拉丽莎

Clark(e) 克拉克

Clemens 克里曼斯;克莱门斯

Clement 克莱门特

Cocker 科克尔

Coffey 科菲

Colclough 科尔克拉夫

Coleridge 柯勒律治;科尔里奇

Collins 柯林斯

Commons 康芒斯

Conan 科南

Congreve 康格里夫

Connie 康尼(Constance 的昵称)

Connor 康纳

Conrad 康拉德

Constance 康斯坦斯

Cook(e) 库克

Cooper 库珀

Copperfield 科波菲尔

Cotton 柯顿

Coverdale 科弗代尔

Cowper 考珀

Craigie 克雷吉

Crane 克兰

Crichton 克赖顿

Croft 克罗夫特

Crofts 克罗夫茨

Cromwell 克伦威尔

Cronin 克洛宁;克罗宁

Cumberland 坎伯兰

Curme 柯姆

D

Daisy 戴西

Dalton 道尔顿

Dan 丹(Daniell 的昵称)

Daniel 丹尼尔

Daniell 丹尼尔

Donald 唐纳德

Darwin 达尔文

David 戴维

Davy 戴维(David 的昵称)

Defoe 迪福

Delia 迪莉娅

Den(n)is 丹尼斯

DeQuincey 德·昆西

Dewar 迪尤尔;杜瓦

Dewey 杜威

Dick 迪克(Richard 的昵称)

Dickens 迪肯斯;狄更斯

Dickey 迪基

Dierser 德莱塞

Dillon 狄龙

Dobbin 多宾(Robert 的昵称)

Dodd 多德

Doherty 陶赫蒂;道尔蒂

Dolly 多利(Dorthea, Dorothy 的昵称)

Donne 多恩

Dora 多拉(Dorthea, Dorothy 的昵称)

Doris 多丽丝;陶丽思

Dorothea 多萝西娅

Dorothy 多萝西

Douglas(s) 道格拉斯

Doyle 多伊尔;道尔

Dryden 屈莱顿;德莱登

DuBois 杜波依斯

Dulles 杜勒斯

Dunbar 邓巴

Duncan 邓肯

Dunlop 邓洛普

Dupont 杜邦

Dutt 达特;杜德

E

Eddie 埃迪(Edward 的昵称)

Eden 艾登

Edgeworth 埃奇沃思

Edie 伊迪(Adam 的昵称)

Edison 爱迪生

Edith 伊迪丝

Edmund 埃德蒙

Edward 爱德华

Effie 埃菲(Euphemia 的昵称)

Eipstein 艾泼斯坦

Eisenhower 艾森豪威尔

Eleanor 埃利诺;埃兰娜

Electra 伊利克特拉

Elinor 埃利诺

Eliot 艾略特;爱略特;埃利奥特

Elizabeth 伊丽莎白

Ella 埃拉(Eleanor, Elinor 的昵称)

Ellen 埃伦(Eleanor, Elinor 的昵称)

Ellis 艾利斯

Elsie 埃尔西(Alice, Elizabeth 的昵称)

Emerson 埃墨森

Emily 艾米丽;埃米莉

Emma 埃玛

Emmie, Emmy 埃米(Emma 的昵称)

Ernest 欧内斯特

Esther 埃丝特

Eugen 尤金

Eugene 尤金

Euphemia 尤菲米娅

Eva 伊娃

Evan 埃文

Evans 埃文思

Eve 伊夫

Evelina 埃维莉娜

Eveline, Evelyn 伊夫琳(Eva, Eve 的昵称)

Ezekiel 伊齐基尔

F

Fanny 范妮(Frances 的昵称)

Faraday 法拉第

Fast 法斯特

Faulkner 福克纳

Felix 费利克斯

Felton 费尔顿

Ferdinand 费迪南德

Ferguson 弗格森;福开森

Field 菲尔德

Fielding 菲尔丁

Finn 芬恩

Fitzgerald 菲茨杰拉德

Flower 弗劳尔

Flynn 弗琳;弗林

Forster 福斯特

Foster 福斯特

Fowler 福勒

Fox 福克斯

Frances 弗朗西丝

Francis 法兰西斯;弗朗西斯

Frank 弗兰克(又为 Francis, Franklin 的昵称)

Franklin 富兰克林

Fred 弗雷德(Frederick 的昵称)

Frederick 弗雷德里克

Freeman 弗里曼

Funk 芬克

G

Gabriel 加布里埃尔

Galbraith 加布尔雷思

Gallacher 加拉赫

Gallup 盖洛普

Galsworthy 高尔斯沃西

Garcia 加西亚

Garden 加登

Gard(i)ner 加德纳

Gaskell 加斯克尔

Geoffrey 杰弗里

Geordie 乔迪(George 的昵称)

George 乔治

Gibbon 吉本

Gibson 吉布森

Gilbert 吉尔伯特

Giles 贾尔斯;詹理斯

Gill 吉尔(Juliana 的昵称)

Gissing 季星

Gladstone 格莱斯顿;格拉德斯通

Godwin 葛德文;戈德温

Gold 高尔德;戈尔德

Goldsmith 哥尔斯密;戈德史密斯

Gosse 戈斯

Grace 格雷斯

Gracie 格雷西（Grace 的昵称）

Graham 格雷厄姆；格雷汉姆；
　格兰汉

Grant 格兰特

Grantham 格兰瑟姆

Gray 格雷

Green 格林

Gregory 格雷戈里

Gresham 格雷沙姆

Grey 格雷

Grote 格罗特

Gunter 冈特

Gunther 冈瑟

Gus 格斯（Augustus 的昵称）

Guy 盖伊

H

Habakkuk 哈巴卡克

Haggai 哈该

Hal 哈尔（Henry 的昵称）

Halifax 哈利法克斯

Hamilton 汉森尔顿；哈密尔敦

Hamlet 哈姆雷特

Hansen 汉森

Hansom 汉萨

Hardy 哈代；哈迪

Harold 哈罗德

Harper 哈珀

Harriman 哈里曼

Harrington 哈灵顿；哈林顿

Harrison 哈里森

Harrod 哈罗德

Harry 哈里（Henry 的昵称）

Hart 哈特

Harte 哈特

Harvey 哈维

Hawthorne 霍索恩

Haydn 海登（奥地利姓）

Haywood 海伍德

Hazlitt 赫士列特；黑兹利特

Hearst 赫斯特

Helin(a) 赫莉（娜）

Hemingway 海明威

Henley 亨利

Henrietta 亨里埃塔

Henry 亨利

Herbert 赫伯特

Herty 赫蒂(Henrietta 的昵称)

Hewlett 休利特

Hicks 希克斯

Hobbes 霍布斯

Hobson 霍布森

Hodge 霍奇

Hodgson 霍奇森

Holmes 福尔摩斯;霍姆斯

Holt 霍尔特

Hood 胡德

Hoover 胡佛

Hope 霍普

Hopkin(s) 霍普金(斯)

Horace 贺拉斯;霍勒斯

Horatio 霍雷肖;贺拉斯(古罗马人名);霍勒斯

Hornby 霍恩比

Hosea 霍齐亚

House 豪斯

Housman 豪斯曼

Houston 休斯敦

Howard 霍华德

Howell(s) 豪厄尔(斯)

Hoyle 霍伊尔

Hubbard 哈伯德

Hudson 赫德森

Huggins 哈金斯(Hugh 的昵称)

Hugh 休

Hughes 休斯;休士

Hume 休谟;休姆

Humphr(e)y 汉弗莱

Huntington 亨廷顿

Hutt 赫特

Huxley 赫克利斯;(英)赫胥黎

I

Ingersoll 英格索尔

Irving 欧文

Isaac 艾萨克

Isabel 伊莎贝尔

Isaiah 艾塞亚

Ivan 伊凡

J

Jack 杰克(John 的昵称)

Jackson 杰克逊

Jacob 雅各布

James 詹姆斯

Jane 简

Jasper 贾斯帕

Jeames 杰姆斯(James 的昵称)

Jean 琼(Jane 的昵称)

Jefferson 杰弗逊;杰斐逊

Jenkin(s) 詹金(斯)

Jennings 詹宁斯

Jenny 珍妮(Jane 的昵称)

Jeremiah 杰里迈亚

Jeremy 杰里米

Jerome 杰罗姆

Jerry 杰里(Jeremiah 的昵称)

Jessie 杰西(Jane, Joan 的昵称)

Jim 吉姆(James 的昵称)

Jimmy 杰米(James 的昵称)

Joan 琼

Job 乔布

Joe 乔(Josepy 的昵称)

Joel 乔尔

John 约翰

Johnny 约翰尼(John 的昵称)

Johnson 约翰逊

Johnston(e) 约翰斯顿

Jonah 乔纳

Jonathan 乔纳森

Jones 琼斯

Jonson 琼森

Jordan 乔丹

Joseph 约瑟夫

Josh 乔希(Joshua 的昵称)

Joshua 乔舒亚

Joule 焦尔

Joyce 乔伊斯

Judd 贾德

Judith 朱迪思

Judson 贾德森

Julia 朱莉娅

Julian 朱利安

Juliana 朱莉安娜

Juliet 朱丽叶(Julia 的昵称)　　Julius 朱利叶斯

K

Katharine 凯瑟琳

Kathleen 凯瑟琳(Catharine 的昵称)

Katrine 卡特琳(Catharine 的昵称)

Katte 凯特(Catharine 的昵称)

Keats 基茨

Kell(e)y 凯利

Kellogg 凯洛格

Kelsen 凯尔森

Kelvin 凯尔文

Kennan 凯南

Kennedy 肯尼迪

Keppel 凯佩尔

Keynes 凯恩斯

Kingsley 金斯利

Kipling 基普林

Kit 基特(Catharine 的昵称)

Kitto 基托(Christopher 的昵称)

Kitty 基蒂

L

Lamb 兰姆;拉姆

Lambert 兰伯特;朗伯

Lancelot 兰斯洛特

Landon 兰登

Larkin 拉金(Lawrence 的昵称)

Lattimore 拉铁摩尔

Laurie 劳里(Lawrence 的昵称)

Law 劳

Lawrence 劳伦斯

Lawson 劳森;劳逊

Leacock 利科克;李科克

Leighton 莱顿

Lena 莉娜(Helen(a) 的昵称)

Leonard 伦纳德

Leopold 利奥波德

Lew 卢(Lewis 的昵称)

Lewis 刘易士;刘易斯

Lily 莉莉

Lincoln 林肯

Lindberg(h) 林德伯格

Lindsay 林塞

Lizzie 利齐(Elizabeth 的昵称)

Lloyd 劳埃德

Locke 洛克

London 伦敦

Longfellow 朗费罗

Longman 朗曼

Lou(ie) 路易(Lewis);路(易)
(Louisa, Louise)

Louis 路易斯

Louisa 路易莎

Louise 路易丝

Lowell 罗威尔;罗厄尔

Lucas 卢卡斯

Lucia 露西亚

Lucius 卢修斯

Lucy 露西

Luke 卢兑

Lyly 利利

Lynch 林奇

Lynd 林德

Lytton 李顿;利顿

M

Mackintosh 麦金托什

Madge 马奇(Margaret 的昵称)

Maggie 玛吉(Margaret 的昵称)

Malachi 玛拉基

Malan 马伦

Malory 马洛里

Malthus 马尔萨斯

Maltz 马尔兹;马尔茨

Mansfield 曼斯菲尔德

Marcellus 马塞勒斯(Marcus 的

昵称)

Marcus 马库斯

Margaret 玛格丽塔

Margery 马杰里

Maria 玛丽亚

Marion 马里恩

Marjory 马乔里(Margaret 的昵
称)

Mark 马克

Marlowe 马洛

Marner 马南

Marshall 马歇尔

Martha 马莎

Martin 马丁

Mary 玛丽

Masefield 梅斯菲尔德

Mat(h)ilda 马蒂尔达

Matthew 马修

Maud 莫德(Mat(h)ilda 的昵称)

Maugham 莫姆

Maurice 莫里斯

Max 马克斯

Maxwell 马克斯韦尔

May 梅(Mary 的昵称)

McCarthy 麦卡锡

McDonald 麦克唐纳(=MacDonald)

Meg 梅格(Margaret 的昵称)

Melville 梅尔维尔

Meredith 梅瑞狄斯;梅雷迪斯

Micah 迈卡

Michael 迈克尔

Michelson 米切尔森;迈克尔孙

Middleton 密德尔顿

Mike 迈克(Michael 的昵称)

Mill 米尔

Milne 米尔恩

Milton 米尔顿

Minnie 明妮(Wilhelmina 的昵称)

Moll 莫尔(Mary 的昵称)

Mond 蒙德

Monroe 门罗

Montgomery 蒙哥马利

Moore 穆尔

More 莫尔

Morgan 摩根

Morley 摩利

Morris 莫里斯

Morrison 莫里森

Morse 莫尔斯

Morton 莫尔顿;摩顿

Moses 摩西

Motley 莫特利

Moulton 莫尔顿

Murray 默里

N

Nahum 内厄姆

Nancy 南希

Nathaniei 纳撒尼尔

Needham 尼达姆

Nehemiah 尼赫迈亚

Nell 内尔

Nelly 内利(Eleanor, Helen 的
昵称)

Nelson 奈尔孙

Newman 纽曼

Newton 牛顿

Nicholas 尼古拉斯

Nichol(s) 尼科尔(斯)

Nick 尼克(Nicholas 的昵称)

Nico(1) 尼科尔

Nixon 尼克松

Noah 诺厄

Noel 诺埃尔

Nora 娜拉;诺拉(Eleanor 的昵
称)

Norris 诺里斯

North 诺思

Norton 诺顿

Noyes 诺伊斯

O

Obadiah 奥巴代亚

O'Casey 奥凯西;奥卡西

Occam 奥卡姆

O'Connor 奥康纳

Oliver 奥利弗

O'Neil 奥尼尔

Onions 奥尼恩斯

Orlando 奥兰多

Oscar 奥斯卡

Owen 欧文

P

Palmer 帕尔默

Pansy 潘西

Parker 帕克

Partridge 帕特里奇

Pater 佩特;佩德

Patience 佩兴斯

Patrick 帕特里克

Paul 保罗

Peacock 皮科尔

Pearson 皮尔逊

Peg 佩格(Margaret 的昵称)

Peggy 佩吉(Margaret 的昵称)

Penn 佩恩

Pepys 佩皮斯;皮普斯(英国日记作家)

Perkin 珀金(Peter 的昵称)

Peter 彼得

Petty 佩蒂

Philemon 菲利蒙

Philip 菲利普

Piers 皮尔斯(Peter 的昵称)

Pigou 庇古;皮古

Pitman 皮特曼

Poe 波

Pollitt 波利特

Polly 波利(Mary 的昵称)

Pope 蒲柏;波普

Pound 庞德

Powell 鲍威尔

Price 普赖斯

Priestley 普里斯特莱;普里斯特利

Pritt 普里特

Pulitzer 普里策;帕利策尔

Pullan 普兰

Pullman 普尔曼

Q

Quiller 奎勒

R

Raglan 拉格伦

Raleign 罗利

Ralph 拉尔夫

Raman 拉曼

Ramsden 拉姆斯登;冉斯登

Raphael 拉菲尔

Rayleign 雷利;瑞利

Raymond 雷蒙德

Reade 里德

Rebecca 丽贝卡

Reed 里德

Reynolds 雷诺兹

Rhodes 罗兹

Rhys 里斯

Ricardo 李嘉图;理嘉图

Richard 理查

Richards 理查兹

Richardson 理查森

Rob 罗布(Robert 的昵称)

Robbins 罗宾斯

Robert 罗伯特

Robeson 罗伯逊

Robin 罗宾(Robert 的昵称)

Robinson 罗宾逊;罗宾森

Rockefeller 洛克菲勒

Roger 罗杰;罗吉尔

Romain 罗曼

Romeo 罗密欧

Ronald 罗纳德

Rosa 罗莎

Rosalind 罗瑟琳;罗塞蒂

Rose 罗斯

Rossetti 罗赛蒂;罗塞蒂

Roy 罗伊

Rudolph, Rudolf 鲁道夫

Rusk 腊斯克

Ruskin 罗斯金;拉斯金

Russell 拉塞尔;罗素

Ruth 鲁思

Rutherford 拉瑟福德;卢瑟福

S

Sainsbury 森次巴立；塞恩思伯里

Sailsbury 索尔兹伯里

Sally 萨莉(Sara 的昵称)

Salome 萨洛美

Sam 萨姆(Samuel 的昵称)

Samson 萨姆森

Samuel 塞缪尔

Sander 桑德 (Alexander 的昵称)

Sandy 桑迪(Alexander 的昵称)

Sapir 萨皮尔

Sara(h) 萨拉

Saroyan 萨罗扬；萨洛扬

Sassoon 沙逊

Saul 索尔

Sawyer 索耶

Saxton 萨克斯顿

Scott 司各脱；斯科特

Scripps 斯克利普斯

Senior 西尼尔

Service 瑟维斯

Shakespeare 莎士比亚

Sharp 夏普

Shaw 肖

Shelley 谢利；雪莱

Sheridan 谢立丹；谢里登

Sherwood 舍伍德

Sidney 锡特尼；悉尼

Silas 赛拉斯

Simon 西蒙

Simpson 辛普森

Sinclair 辛克莱

Smedley 斯梅德利；史沫特莱

Smith 史密斯

Smollett 斯摩莱特；斯莫利特

Snow 斯诺

Sonmerfield 索莫费尔德；萨默菲尔德

Sophia 索菲娅

Sophy 索菲(Sophia 的昵称)

Southey 骚塞；索锡

Spencer 斯宾塞；斯潘塞

Spender 斯彭德

Spenser 斯宾塞;斯潘塞

Springhall 斯普林霍尔

Steele 斯梯尔;斯蒂尔

Steinbeck 斯坦培克;斯坦贝克

Stella 斯特拉

Stephen 史蒂芬;斯蒂芬

Stephens 斯蒂芬斯

Stevenson 史蒂文森

Stilwell 史迪威

Stone 斯通

Stowe 斯托

Strachey 斯特雷奇

Strong 斯特朗

Stuart 斯图尔特;司徒雷登

Surrey 萨利;萨里

Susan 苏珊

Susanna 苏珊娜

Sweet 斯威特

Swift 斯威夫特;斯维夫特

Swinburne 史文朋;斯温伯恩

Symons 西蒙斯

T

Tate 泰特

Taylor 泰勒

Ted 特德(Edward 的昵称)

Temple 坦普尔

Tennyson 丁尼生;坦尼森

Terry 特里(Theresa 的昵称)

Thackeray 撒克里

Thodore 西奥多

Theresa 特里萨

Thomas 托马斯

Thompson 汤普森

Thomson 汤姆森

Thoreau 梭洛;索罗

Thorndike 桑代克

Timothy 蒂莫西

Titus 泰特斯

Tobias 托拜厄斯

Toby 托比(Tobias 的昵称)

Toland 托兰

Tom 汤姆(Thomas 的昵称)

Tomlinson 汤姆林森

Tommy 汤米(Thomas 的昵称)

Tony 托尼(Anthony 的昵称)

Tours 图尔斯

Tout 陶特

Toynbee 托因比

Tracy 特雷西(Theresa 的昵称)

Trevelyan 特里维康

Trollpoe 特罗洛普

Turner 特纳

Tuttle 塔特尔

Twain 特温;(笔名)吐温

Tyler 泰勒

U

Ulysses 尤利塞斯

V

Valentine 瓦伦丁

Van 范

Vaughan 伏恩

Veblen 凡勃伦;维布伦

Victor 维克托

Vincent 文森特

Violet 瓦奥莱特

Virginia 弗吉尼亚

Vogt 沃格特

W

Wagner 瓦格纳

Walker 沃克

Walkley 沃克利

Wallace 华莱士

Wallis 沃利斯

Walpole 沃波尔

Walsh 沃尔什

Walter 沃尔特

Walton 沃尔顿

Ward 沃德

Warner 沃纳

Warren 沃伦

Washington 华盛顿

Wat 沃特(Walter 的昵称)

Waters 沃特斯

Watt 瓦特

Webb 韦布

Webster 韦伯斯特

Wells 韦尔斯;威尔斯

Wesley 韦斯利

Wheatley 惠特利

Wheeler 惠勒

Whit 惠特

Whitehead 怀特海;怀特黑德

Whitman 惠特曼

Whittier 惠蒂尔

Whyet 怀特

Wilcox 威尔科特斯

Wild 魏尔德

Wilde 怀尔德;王尔德

Wilhelmina 威廉明娜

Will 威尔(William 的昵称)

Willard 威拉德

William 威廉

Wilmot(t) 威尔莫特

Wilson 威尔逊

Windsor 温莎;温泽

Winifred 威尼弗雷德

Wodehous 沃德豪斯

Wolf 沃尔夫

Wollaston 沃拉斯顿;渥拉斯顿

Wood 伍德

Woolf 伍尔夫

Woolley 伍利;伍莱

Wordsworth 华兹沃斯;渥兹华斯;沃兹沃思

Wright 赖特

Wyat(t) 怀亚特;怀阿特

Wyclif(fe) 威克利夫;魏克利夫

Wyld(e) 怀尔德

Y

Yale 耶尔;耶鲁

Yeates 夏芝;耶茨

Yerkes 耶基斯(美国姓)

Young 扬

Yule 尤尔

Z

Zacharias 扎卡赖亚斯　　Zephaniah 泽弗奈亚

Zangwill 赞格威尔　　Zimmerman 齐默尔曼

Zechariah 泽卡赖亚

英语地名中常用人名译写表

【编者按】本表选自 GB/T 17693.1—2008《外语地名汉字译写导则 英语》附录。

英语	汉语	英语	汉语
Abraham	亚伯拉罕	Davis	戴维斯
Albert	艾伯特	Dickens	狄更斯
Alexander	亚历山大	Donna	唐娜
Alexandria	亚历山德里亚	Douglas	道格拉斯
Anna	安娜	Dupont	杜邦
Anne	安妮	Edinburg	爱丁堡
Annetta	安妮塔	Edison	爱迪生
Annette	安妮特	Edward	爱德华
Anton	安东	Elizabeth	伊丽莎白
Augusta	奥古斯塔	Erwin	欧文
Dishop	毕晓普	Fayette	费耶特
Boston	波士顿	Francis	弗朗西斯
Bowman	鲍曼	Franklin	富兰克林
Broughton	布劳顿	George	乔治
Brown	布朗	Grant	格兰特
Charles	查尔斯	Hamilton	哈密尔顿
Christian	克里斯琴	Harris	哈里斯

续表

英语	汉语	英语	汉语
Hastings	黑斯廷斯	Louisa	路易莎
Hazel	黑泽尔	Louise	路易丝
Helena	海伦娜	Madison	麦迪逊
Henderson	亨德森	Martin	马丁
Henry	亨利	Mary	玛丽
Howard	霍华德	Mcdonald	麦克唐纳
Irvine	欧文	Michel	米歇尔
Irwin	欧文	Monroe	门罗
Isabella	伊莎贝拉	Morgan	摩根
Jack	杰克	Nelson	纳尔逊
Jackson	杰克逊	Newton	牛顿
James	詹姆斯	Nicolas	尼古拉斯
Janet	珍妮特	Nina	尼娜
Jansen	詹森	Nottingham	诺丁汉
Jasper	贾斯珀	Orange	奥兰治
Jefferson	杰斐逊	Owen	欧文
Jenner	詹纳	Paul	保罗
John	约翰	Peter	彼得
Johnson	约翰逊	Polk	波克
Jones	琼斯	Powell	鲍威尔
Katherine	凯瑟琳	Powers	鲍尔斯
Katrine	卡特琳	Quincy	昆西
lafayette	拉斐特	Richard	理查德
Lawrence	劳伦斯	Richardson	理查森
Lewis	刘易斯	Richmond	里士满
Lincoln	林肯	Roberts	罗伯茨
Louis	路易斯	Robinson	鲁滨逊

续表

英语	汉语	英语	汉语
Roosevelt	罗斯福	Tom	汤姆
Rosalia	罗萨莉娅	Toms	汤姆斯
Russell	拉塞尔	Victoria	维多利亚
Smith	史密斯	Washington	华盛顿
Somerset	萨默塞特	William	威廉
Taft	塔夫脱	Williams	威廉斯
Taylor	泰勒	Wilson	威尔逊
Thomas	托马斯	Yale	耶鲁
Thompson	汤普森	Yates	耶茨
Thomson	汤姆森		

三

禁用词类

关于今后在行文中和书报杂志里
一律不用"满清"的称谓的通知

〔(56)国秘习字第 18 号〕

　　"满清"这个名词是在清朝末年中国人民反对当时封建统治者这一段历史上遗留下来的称谓。在目前我国各民族已经团结成为一个自由平等的民族大家庭的情况下,如果继续使用,可能使满族人民在情绪上引起不愉快的感觉。为了增进各民族间的团结,今后各级国家机关、学校、企业,各民主党派,各人民团体,在各种文件、著作和报纸、刊物中,除了引用历史文献不便改动外,一律不要用"满清"这个名称。

　　特此通知。

国务院

1956 年 2 月 18 日

关于停止使用"蒙古大夫"一词
尊重少数民族感情的通知

（新出报刊〔2007〕905 号）

【编者按】过去，医学上常把唐氏综合征（又名"先天愚型"）称为蒙古症，这一称谓也带有民族歧视成分，出版物上也禁用。

各省、自治区、直辖市新闻出版局，新疆生产建设兵团新闻出版局，解放军总政宣传部新闻出版局，中央和国家机关各部委、各民主党派、各人民团体出版管理部门：

近年来，中宣部、新闻出版总署、国家广电总局多次就停止使用"蒙古大夫"一词提出要求，但各地因不当使用"蒙古大夫"一词引发名誉权纠纷的案件仍有发生，部分案件还出现了矛盾激化的局面。为此，最高人民法院郑重提出关于停止使用"蒙古大夫"一词依法保护蒙医药工作者名誉权的司法建议。为避免出版物用语不当引发蒙医名誉权纠纷，甚至出现破坏民族团结和社会稳定的极端事件，现就有关问题通知如下：

一、蒙医蒙药是蒙古族人民医疗经验与知识的总结，是我国传统医学的宝贵财富，新中国成立以来，党和政府也一直十分关心和支持我国蒙医蒙药事业的发展。而目前对"蒙古大夫"一词的解释和使用多为贬斥、指责，伤害了蒙古族群众的感情，给蒙医蒙药的继承和推广造成严重障碍。各有关出版单位应尽快修改含有对"蒙古大夫"不当解释的出版物，防止误解、错用引发矛盾纠纷，伤害民族感情，破坏民族团结。

二、各图书、报刊、电子音像出版物应停止使用"蒙古大夫"一词和其他贬损蒙古族同胞的词语。对因不当使用"蒙古大夫"一词引发的诉讼，各出版单位应积极协调解决，防止矛盾激化。

三、各地新闻出版行政部门及各中央和国家机关相关管理部门应高度重视新闻出版在发挥民族团结进步事业中的积极作用，认真把关，严格管理，进一步加强图书、报刊和音像电子出版物审读工作，督促各相关出版单位严格执行国家有关民族宗教政策。发现违规行为及时提醒、通报，避免出现严重违反民族团结、宗教政策和伤害少数民族、信教群众感情的问题。

新闻出版总署

2007 年 7 月 18 日

正确使用涉台宣传用语

【编者按】根据有关文件和资料编辑。

一、涉及台湾官方机构及其官员称谓的用语

1. 对 1949 年 10 月 1 日之后的台湾地区政权,应称之为"台湾当局"或"台湾方面",不使用"中华民国",也一律不使用"中华民国"纪年及旗、徽、歌。严禁用"中华民国总统(副总统)"称呼台湾地区正(副)领导人,可称为"台湾当局领导人(副领导人)""台湾地区领导人(副领导人)"。对台湾"总统选举",可称为"台湾地区领导人选举",简称为"台湾大选"。

2. 不使用"台湾政府"一词。不直接使用台湾当局以所谓"国家""中央""全国"名义设立的官方机构名称,对台湾方面"一府"("总统府")、"五院"("行政院""立法院""司法院""考试院""监察院")及其下属机构,如"内政部""文化部"等,可变通处理。如对"总统府",可称其为"台湾当局领导人幕僚机构""台湾当局领导人办公室";对"立法院"可称其为"台湾地区立法机构";对"行政院"可称其为"台湾地区行政管理机构";对"台湾当局行政院各部会"可称其为"台湾某某事务主管部门""台湾某某事务主管机关",如"文化部"可称其为"台湾文化事务主管部门","中央银行"

可称其为"台湾地区货币政策主管机关"，"金管会"可称其为"台湾地区金融监管机构"。特殊情况下不得不直接称呼上述机构时，必须加引号，我广播电视媒体口播时则须加"所谓"一词。陆委会现可以直接使用，一般称其为"台湾方面陆委会"或"台湾陆委会"。

3. 不直接使用台湾当局以所谓"国家""中央""全国"名义设立的官方机构中官员的职务名称，可称其为"台湾知名人士""台湾政界人士"或"××先生（女士）"。对"总统府秘书长"，可称其为"台湾当局领导人幕僚长""台湾当局领导人办公室负责人"；对"行政院长"，可称其为"台湾地区行政管理机构负责人"；对"台湾各部会首长"，可称其为"台湾当局某某事务主管部门负责人"；对"立法委员"，可称其为"台湾地区民意代表"。台湾省、市级及以下（包括台北市、高雄市等"行政院直辖市"）的政府机构名称及官员职务，如省长、市长、县长、议长、议员、乡镇长、局长、处长等，可以直接称呼。

4. 对以民间身份来访的台湾官方人士，一律称其民间身份。因执行某项两岸协议而来访的台湾官方人士，可称其为"两岸××协议台湾方面召集人""台湾××事务主管部门负责人"。

5. "总统府""行政院""国父纪念馆"等作为地名，在行文中使用时，可变通处理，可改为"台湾当局领导人办公场所""台湾地区行政管理机构办公场所""台北中山纪念馆"等。

6. "政府"一词可使用于省、市、县以下行政机构，如"台湾省政府""台北市政府"，不用加引号，但台湾当局所设"福建省""连江县"除外。对台湾地区省、市、县行政、立法等机构，应避免使用"地方政府""地方议会"的提法。

7. 金门、马祖行政区划隶属福建省管理,因此不得称为台湾金门县、台湾连江县(马祖地区),可直接称金门、马祖。从地理上讲,金门、马祖属于福建离岛,不得称为"台湾离岛",可使用"外岛"的说法。

二、涉及台湾党派、团体、文化教育等机构称谓的用语

1. 涉及"台独"政党"台湾团结联盟"时,不得简称为"台联",可简称"台联党"。"时代力量"因主张"台独",须加引号处理。"福摩萨""福尔摩莎"因具有殖民色彩,不得使用,如确需使用时,须加引号。

2. 对国民党、民进党、亲民党等党派机构和人员的职务,一般不加引号。中国国民党与中国共产党并列时可简称"国共两党"。对于国共两党交流,不使用"国共合作""第三次国共合作"等说法。对亲民党、新党不冠以"台湾"字眼。

3. 对台湾民间团体,一般不加引号,但对以民间名义出现而实有官方背景的团体,如台湾当局境外设置的所谓"经济文化代表处(办事处)"等应加引号;对具有反共性质的机构、组织(如"反共爱国同盟""三民主义统一中国大同盟")以及冠有"中华民国"字样的名称须回避,或采取变通的方式处理。

4. 对岛内带有"中国""中华"字眼的民间团体及企事业单位,如台湾"中华航空""中华电信""中国美术学会""中华道教文化团体联合会""中华两岸婚姻协调促进会"等,可以在前面冠以"台湾"直接称呼,不用加引号。

5. 对台湾与我名称相同的大学和文化事业机构,如"清华大学""故宫博物院"等,应在前面加上台湾、台北或所在地域,如"台湾清华大学""台湾交通大学""台北故宫博物院",一般不使用"台北故宫"的说法。

6. 对台湾冠有"国立"字样的学校和机构,使用时均须去掉"国立"二字。如"国立台湾大学",应称"台湾大学";"××国小""××国中",应称"××小学""××初中"。

三、涉及两岸法律的用语

1. 对台湾当局及其所属机构的法规性文件与各式官方文书等,应加引号或变通处理。对台湾当局及其所属机构的"白皮书",可用"小册子""文件"一类的用语称之。

2. 不得将中华人民共和国法律自称为"大陆法律"。对台湾所谓"宪法",应改为"台湾地区宪制性规定","修宪""宪改""新宪"等一律加引号。对台湾地区施行的"法律"改称为"台湾地区有关规定"。如果必须引用台湾当局颁布的"法律"时,应加引号并冠之"所谓"两字。不得使用"两岸法律"等具有对等含义的词语,可就涉及的有关内容和问题进行具体表述,如"海峡两岸律师事务""两岸婚姻、继承问题""两岸投资保护问题"等。

3. 两岸关系事务是中国内部事务,在处理涉台法律事务及有关报道中,一律不使用国际法上专门用语。如"护照""文书认证、验证""司法协助""引渡""偷渡"等,可采用"旅行证件""两岸公证书使用""文书查证""司法合作""司法互助""遣返""私渡"等用语。涉及台湾海峡海域时不得使用"海峡中线"一词,确需引用时应加引号。

四、涉及国际活动及两岸交流的用语

1. 国际场合涉及我国时应称中国或中华人民共和国,不能自

称"大陆";涉及台湾时应称"中国台湾",且不能把台湾和其他国家并列,确需并列时应标注"国家和地区"。

2. 对不属于只有主权国家才能参加的国际组织和民间性的国际经贸、文化、体育组织中的台湾团组机构,不能以"台湾"或"台北"称之,而应称其为"中国台北""中国台湾"。若特殊情况下使用"中华台北",须事先请示外交部和国台办。

3. 台湾地区在 WTO 中的名称为"台湾、澎湖、金门、马祖单独关税区"(简称"中国台北单独关税区")。2008 年以来经我安排允许台湾参与的国际组织,如世界卫生大会、国际民航组织公约大会,可根据双方约定称台湾代表团为"中华台北"。

4. 海峡两岸交流活动应称"海峡两岸××活动"。台湾与港澳并列时应称"港澳台地区"或"台港澳地区"。不得出现"中、港、台""中、台、澳"之类的称谓,应称"海峡两岸暨香港""海峡两岸暨澳门"或"海峡两岸暨香港、澳门",不使用"两岸三(四)地"的提法。

5. 台商在祖国大陆投资,不得称"中外合资""中台合资",可称"沪台合资""桂台合资"等。对来投资的台商可称"台方",不能称"外方";与此相对应,我有关省、区、市,不能称"中方",可称"闽方""沪方"等。

五、涉及国家领土主权和反"台独"的用语

1. 台湾是中国的一个省,但考虑到台湾同胞的心理感受,现在一般不称"台湾省",多用"台湾地区"或"台湾"。

2. 涉及到台湾同胞不能称"全民""公民",可称"台湾民众""台湾人民""台湾同胞"。

3. 具有"台独"性质的政治术语应加引号,如"台独""台湾独立""台湾地位未定""台湾住民自决""台湾主权独立""去中国化""法理台独""太阳花学运"等。

4. 对台湾教育文化领域"去中国化"的政治术语,应结合上下文意思及语境区别处理。如"本土""主体意识"等,如语意上指与祖国分离、对立的含义应加引号。

5. 荷兰、日本对台湾的侵占和殖民统治不得简称为"荷治""日治"。不得将我中央历代政府对台湾的治理与荷兰、日本对台湾的侵占和殖民统治等同。

六、涉及中国大陆的用语

1. 不涉及台湾时我不得自称中国为"大陆",也不使用"中国大陆"的提法,只有相对于台湾方面时方可使用。如不得使用"大陆改革开放""大陆流行歌曲排行榜"之类的提法,而应使用"我国(或中国)改革开放""我国(或中国)流行歌曲排行榜"等提法。

2. 不得自称中华人民共和国政府为"大陆政府",也不得在中央政府所属机构前冠以"大陆",如"大陆国家文物局",不要把全国统计数字称为"大陆统计数字"。涉及全国重要统计数字时,如未包括台湾统计数字,应在全国统计数字之后加括号注明"未包括台湾省"。

3. 一般不用"解放前(后)"或"新中国成立前(后)"提法,可用"中华人民共和国成立前(后)"或"一九四九年前(后)"提法。

七、涉及中央对台方针政策及我对台工作机构的用语

1. 一个中国原则、一个中国政策、一个中国框架不加引号,"一国两制"加引号。

2. 中央领导涉台活动,要根据场合使用不同的称谓,如在政党交流中,多使用党职。

3. 中台办的全称为"中共中央台湾工作办公室",国台办的全称为"国务院台湾事务办公室",可简称"中央台办(中台办)""国务院台办(国台办)",要注意其在不同场合的不同称谓和使用,如在两岸政党交流中,多用"中央台办(中台办)"。

4. "海峡两岸关系协会"简称为"海协会",不加"大陆";"台湾海峡交流基金会"可简称为"海基会"或"台湾海基会"。海协会领导人称"会长",海基会领导人称"董事长"。两个机构可合并简称为"两会"或"两岸两会"。不称两会为"白手套"。

5. 国台办与台湾陆委会联系沟通机制,是双方两岸事务主管部门的对话平台,不得称为"官方接触"。这一机制,也不扩及两岸其他业务主管部门。

6. 对"九二共识",不使用台湾方面"九二共识、一中各表"的说法。

八、其他需要注意的用语

1. 台胞经日本、美国等国家往返大陆和台湾,不能称"经第三国回大陆"或"经第三国回台湾",应称"经其他国家"或"经××国家回大陆(台湾)"。

2. 不得将台湾民众日常使用的汉语方言闽南话称为"台语",各类出版物、各类场所不得使用或出现"台语"字样,如对台湾歌星不能简单称为"台语"歌星,可称为"台湾闽南语"歌星,确实无法回避时应加引号。涉及台湾所谓"国语"无法回避时应加引号,涉及两岸语言交流时应使用"两岸汉语",不称"两岸华语"。

3. 对台湾少数民族不称"原住民",可统称为台湾少数民族或称其具体的名称,如"阿美人""泰雅人"。在国家正式文件中仍称高山族。

4. 对台湾方面所谓"小三通"一词,使用时须加引号,或称"福建沿海与金门、马祖地区直接往来"。

正确使用涉港宣传用语

【编者按】根据有关文件和资料编辑。

1. 不能称香港是英国的"殖民地"，可说"英国对香港实行殖民统治"。不能把香港回归，说成是"宗主国的更换"，更不能说"中国是香港新的宗主"。

2. 不能称中国对香港"收回主权""主权回归"及"主权交接"，应称中国政府对香港"恢复行使主权""香港回归祖国""收回香港"及"政权交接"。

3. 香港是中国领土不可分割的一部分，在使用称谓时，香港不能和中国并列，不能使用"中港两地""中港合资""中港交流"一类的提法。有涉及香港与各地合资、合作的内容，可使用"粤港合资""沪港合作"等提法。对涉及各地与香港合资的企业名称、商店、牌匾及商品的说明，也应按这一要求予以规范。如涉及一些香港当地的名称无法避开，可加引号，如"中港经贸商会"。

4. 相对香港，不能把内地称为"国内"或"大陆"；对香港同胞在内地投资办厂、旅游观光，不能称"来华"，而应称"来内地"。在香港与一些国家并列时，务必称"国家和地区"，如"包括德国、法国、香港在内的国家和地区参加了此次会议"。

5. 在涉及深圳与香港地界时,不能称为"边界线",而应称"管理线"。

6. "一国两制"的构想是从解决台湾问题提出的,首先运用于解决香港问题。因此,不能说"一国两制"是为解决香港问题提出来的。

7. 不能称英国占领以前的香港是"一个几乎没有人烟的荒岛""一片荒凉的不毛之地",或称"香港从一个小小的渔村发展成为一个现代化大都市"等。这些说法与历史事实不符。在被英国侵占以前,香港地区的农业、渔业、航海业、制盐业和文教事业等已经有了一定程度的发展。史料记载,在 1841 年英国军队侵占香港时,仅香港岛就已有居民 7450 多人,港岛南部的赤柱已是一个有 2000 多人的市镇。

8. 经史学界考证,历史上不存在《穿鼻草约》或《穿鼻条约》,英军最初是用武力强行侵占香港岛的。因此,不能说英军占领香港岛前签署过《穿鼻草约》或《穿鼻条约》。

9. "新界"是英国人的称谓,英文原义为"新的领地",在使用该名称时,要加上引号。

10. 对香港的一些右派政治团体的名称,引用时要加上引号,如"民主派""民主党""支联会"。

新广告法规定的禁用词和慎用词

【编者按】2015 年 9 月 1 日,新广告法全面施行,按照新广告法第九条规定,广告中不得使用"国家级、最高级、最佳"等用语;按照新广告法第四条规定,"广告不得含有虚假或者引人误解的内容,不得欺骗、误导消费者"。据此规定,广告中禁用、慎用以下词语,出版物有关广告宣传、图书腰封宣传用语等都应执行新广告法的相关规定。

与"最"有关

最、最佳、最具、最爱、最赚、最优、最优秀、最好、最大、最大程度、最高、最高级、最高端、最奢侈、最低、最低级、最低价、最底、最便宜、史上最低价、最流行、最受欢迎、最时尚、最聚拢、最符合、最舒适、最先、最先进、最先进科学、最先进加工工艺、最先享受、最后、最后一波、最新、最新技术、最新科学

与"一"有关

第一、中国第一、全网第一、销量第一、排名第一、唯一、第一品牌、NO.1、TOP1、独一无二、全网第一、一流、一天、仅此一次(一款)、最后一波、全网×大品牌之一

与"级/极"有关

国际级、国家级产品、全球级、宇宙级、世界级、顶级(顶尖/尖

端)、顶级工艺、顶级享受、高级、极品、极佳(绝佳/绝对)、终极、极致

与"首/家/国"有关

首个、首先、独家、独家配方、首发、全网首发、全国首发、首家、全网首家、全国首家、××网独家、××网首发、首次、首款、全国销量冠军、国家级产品、国家(国家免检)、国家领导人、填补国内空白、中国驰名(驰名商标)、国际品质

与"品牌"有关

大牌、金牌、名牌、王牌、领袖品牌、世界领先、(遥遥)领先、领导者、缔造者、创领品牌、领先上市、巨星、著名、掌门人、至尊、巅峰、奢侈、优秀、资深、领袖、之王、王者、冠军

与"虚假"有关

史无前例、前无古人、永久、万能、祖传、特效、无敌、纯天然、100%、高档、正品、真皮、超赚、精确

与"权威"有关

老字号、中国驰名商标、特供、专供、专家推荐、质量免检、无需国家质量检测、免抽检、国家××领导人推荐、国家××机关推荐、使用人民币图样(央行批准除外)

与"欺诈"有关

1. 涉嫌欺诈消费者

点击领取、恭喜获奖、全民免单、点击有惊喜、点击获取、点击转身、点击试穿、点击翻转、领取奖品

2. 涉嫌诱导消费者

秒杀、抢爆、再不抢就没了、不会再便宜了、没有他就××、错过

就没机会了、万人疯抢、全民疯抢/抢购、卖/抢疯了

与"时间"有关

1.限时必须具体时间

今日、今天、几天几夜、倒计时、趁现在、就、仅限、周末、周年庆、特惠趴、购物大趴、闪购、品牌团、精品团、单品团

2.严禁使用

限时结束、随时涨价、马上降价

企业名称禁限用规则

【编者按】国家工商总局 2017 年 7 月 31 日印发《企业名称禁限用规则》(工商企注字〔2017〕133 号),出版物中应参照执行。特别要注意的是文学作品中虚构的企业名称同样要执行此规则。

第一章　总则

第一条　为规范企业名称审核行为,建立、完善企业名称比对系统,为申请人提供更加便利的企业名称登记、核准服务,根据《公司法》《企业法人登记管理条例》《公司登记管理条例》《企业名称登记管理规定》《企业名称登记管理实施办法》和工商总局有关规范性文件等制定本规则。

第二条　本规则适用于企业名称登记、核准有关业务。企业名称审核人员依据本规则对企业名称申请是否存在有关禁限用内容进行审查,按照有关规定作出核准或者驳回的决定。

第三条　企业登记机关可以依据本规则建立、完善企业名称比对系统,为申请人提供企业名称筛查服务。企业名称自主申报改革试点地区可以参照本规则,建立、完善比对、申报系统,为申请人提供自主申报、自负其责的登记服务。

第二章　禁止性规则

第四条　企业名称不得与同一企业登记机关已登记注册、核准的同行业企业名称相同。

以下情形适用于本条款规定：

(一)与同一登记机关已登记、或者已核准但尚未登记且仍在有效期内、或者已申请尚未核准的同行业企业名称相同；

(二)与办理注销登记未满 1 年的同行业企业名称相同；

(三)与同一登记机关企业变更名称未满 1 年的原同行业名称相同；

(四)与被撤销设立登记和被吊销营业执照尚未办理注销登记的同行业企业名称相同。

第五条　企业名称不得含有有损于国家、社会公共利益的内容和文字。

以下情形适用于本条款规定：

(一)有消极或不良政治影响的。如"支那""黑太阳""大地主"等。

(二)宣扬恐怖主义、分裂主义和极端主义的。如"九一一""东突""占中"等。

(三)带有殖民文化色彩，有损民族尊严和伤害人民感情的。如"大东亚""大和""福尔摩萨"等。

(四)带有种族、民族、性别等歧视倾向的。如"黑鬼"等。

（五）含有封建文化糟粕、违背社会良好风尚或不尊重民族风俗习惯的。如"鬼都""妻妾成群"等。

（六）涉及毒品、淫秽、色情、暴力、赌博的。如"海洛因""推牌九"等。

第六条 企业名称不得含有可能对公众造成欺骗或者误解的内容和文字。

以下情形适用于本条款规定：

（一）含有党和国家领导人、老一辈革命家、知名烈士和知名模范的姓名的。如"董存瑞""雷锋"等。

（二）含有非法组织名称或者反动政治人物、公众熟知的反面人物的姓名的。如"法轮功""汪精卫""秦桧"等。

（三）含有宗教组织名称或带有显著宗教色彩的。如"基督教""佛教""伊斯兰教"等。

第七条 企业名称不得含有外国国家（地区）名称、国际组织名称。

第八条 企业名称不得含有政党名称、党政军机关名称、群团组织名称、社会组织名称及部队番号。

第九条 企业名称应当使用符合国家规范的汉字，不得使用外文、字母和阿拉伯数字。

第十条 企业名称不得含有其他法律、行政法规规定禁止的内容和文字。

第十一条 企业名称应当由行政区划、字号、行业、组织形式依次组成。企业名称中的行政区划是本企业所在地县级以上行政区划的名称或地名。市辖区的名称不能单独用作企业名称中的行政区划。

第十二条　企业名称中的字号应当由 2 个以上的符合国家规范的汉字组成,行政区划、行业、组织形式不得用作字号。

第十三条　企业应当根据其主营业务,依照国家行业分类标准划分的类别,在企业名称中标明所属行业或者经营特点。国家法律、法规以及国务院决定等对企业名称中的行业有特殊要求的,应当在企业名称中标明。不得在企业名称中标示国家法律、法规以及国务院决定等禁止经营的行业。

第十四条　企业应当根据其组织结构或者责任形式在名称中标明符合国家法律、法规以及国务院决定规定的组织形式,不得使用与其组织结构或者责任形式不一致的组织形式。

第三章　限制性规则

第十五条　企业名称不得与同一企业登记机关已登记注册、核准的同行业企业名称近似,但有投资关系的除外。

第十六条　企业法人名称中不得含有其他非营利法人的名称,但有投资关系或者经该法人授权,且使用该法人简称或者特定称谓的除外。该法人的简称或者特定称谓有其他含义或者指向不确定的,可以不经授权。

第十七条　企业名称中不得含有另一个企业名称,但有投资关系或者经该企业授权,且使用该企业的简称或者特定称谓的除外。该企业的简称或者特定称谓有其他含义或者指向不确定的,可以不经授权。

第十八条 企业名称不得明示或者暗示为非营利组织或者超出企业设立的目的，但有其他含义或者法律、法规以及国务院决定另有规定的除外。

第十九条 除国务院决定设立的企业外，企业名称不得冠以"中国""中华""全国""国家""国际"等字样；在企业名称中间使用"中国""中华""全国""国家""国际"等字样的，该字样应是行业的限定语；使用外国（地区）出资企业字号的外商独资企业、外方控股的外商投资企业，可以在名称中间使用"（中国）"字样。以上三类企业名称需经工商总局核准，但在企业名称中间使用"国际"字样的除外。

第二十条 企业名称应当冠以企业所在地省（包括自治区、直辖市）或者市（包括州、地、盟）或者县（包括市辖区、自治县、旗）行政区划名称，但符合以下条件之一、经工商总局核准的，企业名称可以不含企业所在地行政区划：

（一）国务院批准的；

（二）工商总局登记注册的；

（三）注册资本（或注册资金）不少于5000万元人民币的；

（四）工商总局另有规定的。

第二十一条 市辖区名称与市行政区划连用的企业名称，由市企业登记机关核准。省、市、县行政区划连用的企业名称，由最高级别行政区的企业登记机关核准。上级企业登记机关可以授权下级机关核准应当由本机关核准的企业名称。

第二十二条 企业名称的字号应当由字、词或其组合构成，不得使用语句、句群和段落，但具有显著识别性或有其他含义的短句除外。

　　第二十三条　企业名称的字号不得含有"国家级""最高级""最佳"等带有误导性内容和文字,但有其他含义或者作部分使用、且字号整体有其他含义的除外。

　　第二十四条　企业名称的字号不得以外国国家(地区)所属辖区、城市名称及其简称、特定称谓作字号,但有其他含义或者作部分使用、且字号整体具有其他含义的除外。

　　第二十五条　行政区划不得用作字号,但县以上行政区划的地名具有其他含义的除外。

　　第二十六条　企业名称不得以职业、职位、学位、职称、军衔、警衔等及其简称、特定称谓作字号,但有其他含义或者作部分使用、且字号整体有其他含义的除外。

　　第二十七条　企业不得使用工商总局曾经给予驰名商标保护的规范汉字作同行业企业名称的字号,但已经取得该驰名商标持有人授权的除外。

　　第二十八条　企业名称中的行业不得使用与主营业务不一致的用语表述,符合以下条件的可以不使用国民经济行业类别用语表述企业所从事的行业:

　　(一)企业经济活动性质分别属于国民经济行业 5 个以上大类;

　　(二)企业注册资本(或注册资金)1 亿元以上或者是企业集团的母公司;

　　(三)与同一企业登记机关登记、核准的同类别企业名称中的字号不相同。

第二十九条　法律、法规、国务院决定以及工商总局规章、规范性文件对企业名称的行业表述有特别规定的从其规定。

第四章　附则

第三十条　地方企业登记机关可以根据地方性法规、政府规定,细化禁限用内容。

第三十一条　农民专业合作社、个体工商户和非法人分支机构(营业单位)名称的登记、核准,参照本规则执行。

第三十二条　本规则根据相关法律、法规以及国务院决定等的调整适时调整并公布。

第三十三条　本规则由工商总局解释。

新华社新闻信息报道中的禁用词和慎用词

【编者按】2015 年 11 月,新华社发布《新华社在新闻报道中的禁用词(第一批)》,规定了 45 条禁用词和规范用语;2016 年 7 月,新华社对其进行了修订,新增 57 条内容,以"新华社新闻信息报道中的禁用词和慎用词"名称发布。新闻出版、广播电视等社会各领域可参照执行。

一、时政和社会生活类

1. 对有身体伤疾的人士不使用"残废人""独眼龙""瞎子""聋子""傻子""呆子""弱智"等蔑称,而应使用"残疾人""盲人""聋人""智力障碍者"或"智障者"等词汇。

2. 报道各种事实特别是产品、商品时不使用"最佳""最好""最著名""最先进"等具有极端评价色彩的词汇。

3. 医药产品报道中不得含有"疗效最佳""根治""安全预防""安全无副作用""治愈率"等词汇,药品报道中不得含有"药到病除""无效退款""保险公司保险""最新技术""最高技术""最先进制法""药之王""国家级新药"等词汇。

4. 通稿报道中,不使用"影帝""影后""巨星""天王""男神""女神"等词汇,可使用"著名演员""著名艺术家"等。

5. 对各级领导同志的各种活动报道,慎用"亲自"等词。除了党中央国务院召开的重要会议外,一般性会议不用"隆重召开"字眼。

6. 对国内领导干部和国有企业负责人,不使用"老板"。

7. 报道中一般不有意突出某一类型群体或某一种身份。如灾祸报道中,不使用"死难者中有一名北大学生,其余为普通群众"的类似提法。

8. 不使用"践行'八荣八耻'"的提法,应使用"践行社会主义荣辱观"。

9. 报道中禁止使用"哇噻""妈的"等脏话、黑话等。近年来网络用语中对各种词语进行缩略后新造的"PK""TMD"等(新媒体可用"PK"一词),也不得在报道中使用。近年来"追星"活动中不按汉语规则而生造出的"玉米""纲丝""凉粉"等特殊词汇,我社报道中只能使用其本义,不能使用为表示"某明星的追崇者"的引申义。如果报道中因引用需要,无法回避这类词汇时,均应使用引号,并以括号加注,表明其实际内涵。

10. 新闻媒体和网站应当禁用的 38 个不文明用语:装逼、草泥马、特么的、撕逼、玛拉戈壁、爆菊、JB、呆逼、本屌、齐 B 短裙、法克鱿、丢你老母、达菲鸡、装 13、逼格、蛋疼、傻逼、绿茶婊、你妈的、表砸、屌爆了、买了个婊、已撸、吉跋猫、妈蛋、逗比、我靠、碧莲、碧池、然并卵、日了狗、屁民、吃翔、××狗、淫家、你妹、浮尸国、滚粗。

二、法律法规类

11. 在新闻稿件中涉及如下对象时不宜公开报道其真实姓名:犯罪嫌疑人家属;案件涉及的未成年人;采用人工授精等辅助生育

手段的孕、产妇;严重传染病患者;精神病患者;被暴力胁迫卖淫的妇女;艾滋病患者;有吸毒史或被强制戒毒的人员。涉及这些人时,稿件可使用其真实姓氏加"某"字的指代,如"张某""李某"。不宜使用化名。

12. 对刑事案件当事人,在法院宣判有罪之前,不使用"罪犯",而应使用"犯罪嫌疑人"。

13. 在民事和行政案件中,原告和被告法律地位是平等的,原告可以起诉,被告也可以反诉。不要使用原告"将某某推上被告席"这样带有主观色彩的句子。

14. 不得使用"某某党委决定给某政府干部行政上撤职、开除等处分",可使用"某某党委建议给予某某撤职、开除等处分"。

15. 不要将"全国人大常委会副委员长"称作"全国人大副委员长",也不要将"省人大常委会副主任"称作"省人大副主任"。各级人大常委会的委员,不要称作"人大常委"。

16. 国务院所属研究机构、直属机构和其他相关机构,称谓要写全,不得简称为"国务院"。

17. "村民委员会主任"简称"村主任",不得称"村长"。大学生村干部可称作"大学生村官",除此之外不要把村干部称作"村官"。

18. 在案件报道中指称"小偷""强奸犯"等时,不要使用其社会身份或者籍贯作标签式前缀。如:一个曾经是工人的小偷,不要写成"工人小偷";一名教授作了案,不要写成"教授罪犯";不要使用"河南小偷""安徽农民歹徒"一类的写法。

19. 国务院机构中的审计署的正副行政首长称"审计长""副审

计长",不要称作"署长""副署长"。

20. 各级检察院的"检察长"不要写成"检察院院长"。

21. 不宜称"中共××省省委书记""××市市委书记",应称"中共××省委书记""××市委书记"。

22. 一般不再公开使用"非党人士"的提法。在特定场合,如需强调民主党派人士的身份,可使用"非中共人士"。"党外人士"主要强调中共党内与党外的区别,已经约定俗成,可继续使用。

23. 除对过去特定历史时期的表述外,不再继续使用"少数民族上层人士"的称谓。

三、民族宗教类

24. 对各民族,不得使用旧社会流传的带有污辱性的称呼。不能使用"回回""蛮子"等,而应使用"回族"等。不能随意简称,如"蒙古族"不能简称为"蒙族","维吾尔族"不能简称为"维族","朝鲜族"不能简称为"鲜族"等。

25. 禁用口头语言或专业用语中含有民族名称的污辱性说法,不得使用"蒙古大夫"来指代"庸医"。不得使用"蒙古人"来指代"先天愚型"等。

26. 少数民族支系、部落不能称为民族,只能称为"××人"。如"摩梭人""撒尼人""穿(川)青人",不能称为"摩梭族""撒尼族""穿(川)青族"等。

27. 不要把古代民族名称与后世民族名称混淆,如不能将"高句丽"称为"高丽",不能将"哈萨克族""乌孜别克族"等泛称为"突厥族"或"突厥人"。

28. "穆罕默德"通常是指伊斯兰教先知。有一些穆斯林的名字叫"穆罕默德"。为了区别和避免误解,对这些穆斯林应加上其姓,即使用两节姓名。

29. "穆斯林"是伊斯兰教信徒的通称,不能把宗教和民族混为一谈。不能说"回族就是伊斯兰教""伊斯兰教就是回族"。稿件中遇到"阿拉伯人"等提法,不要改称"穆斯林"。

30. 涉及信仰伊斯兰教的民族的报道,不得提及与猪相关内容。

31. 穆斯林宰牛羊及家禽,只说"宰",不能写作"杀"。

四、港澳台和领土、主权类

32. 香港、澳门是中国的特别行政区。在任何文字、地图、图表中都要避免让人误以为香港、澳门是"国家"。尤其是与其他国家名称连用时,应注意以"国家和地区"来限定。

33. 不得将香港、澳门与中国并列提及,如"中港""中澳"等。不宜将内地与香港、澳门简称为"内港""内澳",可以使用"内地与香港(澳门)",或者"京港(澳)""沪港(澳)"等。

34. "台湾"与"祖国大陆(或'大陆')"为对应概念,"香港、澳门"与"内地"为对应概念,不得弄混。

35. 不得将港澳台居民来内地(大陆)称为来"中国"或"国内"。不得说"港澳台游客来华(国内)旅游",应称为"港澳台游客来内地(大陆)旅游"。

36. 中央领导同志到访香港、澳门应称为"视察",不得称为"出访"。中央有关部门负责同志到访香港、澳门应称为"考察"或"访问"。

37. 称呼包含香港、澳门的国际组织如世界贸易组织、世界气象组织成员时,应统称为"世界贸易组织成员""世界气象组织成员"等,不得称为"成员国"。

38. 在国际奥林匹克委员会或其他体育事务中,原则上按相应章程的要求或约定称呼。如"中国奥林匹克委员会"可简称为"中国奥委会","中国香港奥林匹克委员会"可简称为"中国香港奥委会","中国国家队"可简称为"国家队","中国香港队"可简称为"香港队"。

39. 区分"香港(澳门)居民(市民)"和"香港(澳门)同胞"概念,前者指居住在港(澳)的全体人员,包括永久性居民和非永久性居民,也包括中国籍居民和外国籍居民,后者则指中华民族大家庭成员。

40. 区分国境与关境概念。国境是指一个国家行使主权的领土范围,从国境的角度讲,港澳属"境内";关境是指适用同一海关法或实行同一关税制度的区域,从关境的角度讲,港澳属单独关税区,相对于内地属于"境外"。内地人员赴港澳不属出国但属出境,故内地人员赴港澳纳入出国(境)管理。

41. 将港澳台业务单列为国内业务的特殊类别加以规范管理,将往来内地及港澳台之间的交通线路称为"港澳台航线"或"国际/港澳台航线";将手机"港澳台漫游"业务单独表示,或称为"国际/港澳台漫游",也可称为"跨境漫游"或"区域漫游"。

42. 不得将港资、澳资企业划入外国企业,在表述时少用"视同外资",多用"参照外资"。

43. 内地与港澳在交流合作中签订的协议文本等不得称为"条约",可称为"安排""协议"等;不得将适用于国家与国家之间的专属名词用于内地与港澳。

44. 涉及内地与港澳在司法联系与司法协助方面,不得套用国际法上的术语,如内地依照涉外民事诉讼、刑事诉讼等程序与港澳开展司法协助,不得使用"中外司法协助""国际司法协助""中港(澳)司法协助"等提法,应表述为"区际司法协助"或"内地与香港(澳门)司法协助"等;对两地管辖权或法律规范冲突,应使用"管辖权冲突""法律冲突"等规范提法,不得使用"侵犯司法主权"等不规范提法;不得使用"引渡犯罪嫌疑人或罪犯"的表述,应称为"移交或遣返犯罪嫌疑人或罪犯"。

45. 不得将香港、澳门回归祖国称为"主权移交""收回主权"应表述为中国政府对香港、澳门"恢复行使主权""政权交接"。不得将回归前的香港、澳门称为"殖民地",可说"受殖民统治"。不得将香港、澳门视为或称为"次主权"地区。

46. 不得使用内地与港澳"融合""一体化"或深港、珠澳"同城化"等词语,避免被解读为模糊"两制"界限、不符合"一国两制"方针政策。

47. 香港、澳门特别行政区的官方机构和制度安排,应按照基本法表述。如"香港特别行政区行政长官"不得说成"香港特别行政区政府行政长官","澳门特别行政区立法会"不得说成"澳门特别行政区政府立法会";香港、澳门实行行政主导的政治体制,不得说成"三权分立"。

48. 对港澳反对派自我褒扬的用语和提法要谨慎引用。如不使用"雨伞运动"的说法,应称为"非法'占中'"或"违法'占中'";不称"占中三子",应称为"非法'占中'发起人",开展舆论斗争时可视情称为"占中三丑";不称天主教香港教区退休主教陈日君等为"荣休主教",应称为"前主教"。

49. 对1949年10月1日之后的台湾地区政权,应称之为"台湾当局"或"台湾方面",不使用"中华民国",也一律不使用"中华民国"纪年及旗、徽、歌。严禁用"中华民国总统(副总统)"称呼台湾地区正(副)领导人,可称为"台湾当局领导人(副领导人)""台湾地区领导人(副领导人)"。对台湾"总统选举",可称为"台湾地区领导人选举",简称为"台湾大选"。

50. 不使用"台湾政府"一词。不直接使用台湾当局以所谓"国家""中央""全国"名义设立的官方机构名称,对台湾方面"一府"("总统府")、"五院"("行政院""立法院""司法院""考试院""监察院")及其下属机构,如"内政部""文化部"等,可变通处理。如对"总统府",可称其为"台湾当局领导人幕僚机构""台湾当局领导人办公室";对"立法院"可称其为"台湾地区立法机构";对"行政院"可称其为"台湾地区行政管理机构";对"台湾当局行政院各部会"可称其为"台湾某某事务主管部门""台湾某某事务主管机关",如"文化部"可称其为"台湾文化事务主管部门","中央银行"可称其为"台湾地区货币政策主管机关","金管会"可称其为"台湾地区金融监管机构"。特殊情况下不得不直接称呼上述机构时,必须加引号,我广播电视媒体口播时则须加"所谓"一词。陆委会现可以直接使用,一般称其为"台湾方面陆委会"或"台湾陆委会"。

51. 不直接使用台湾当局以所谓"国家""中央""全国"名义设立的官方机构中官员的职务名称,可称其为"台湾知名人士""台湾政界人士"或"××先生(女士)"。对"总统府秘书长",可称其为

"台湾当局领导人幕僚长""台湾当局领导人办公室负责人";对"行政院长",可称其为"台湾地区行政管理机构负责人";对"台湾各部会首长",可称其为"台湾当局某某事务主管部门负责人";对"立法委员",可称其为"台湾地区民意代表"。台湾省、市级及以下(包括台北市、高雄市等"行政院直辖市")的政府机构名称及官员职务,如省长、市长、县长、议长、议员、乡镇长、局长、处长等,可以直接称呼。

52. "总统府""行政院""国父纪念馆"等作为地名,在行文中使用时,可变通处理,可改为"台湾当局领导人办公场所""台湾地区行政管理机构办公场所""台北中山纪念馆"等。

53. "政府"一词可使用于省、市、县以下行政机构,如"台湾省政府""台北市政府",不用加引号,但台湾当局所设"福建省""连江县"除外。对台湾地区省、市、县行政、立法等机构,应避免使用"地方政府""地方议会"的提法。

54. 涉及"台独"政党"台湾团结联盟"时,不得简称为"台联",可简称"台联党"。"时代力量"因主张"台独",须加引号处理。"福摩萨""福尔摩莎"因具有殖民色彩,不得使用,如确需使用时,须加引号。

55. 对国民党、民进党、亲民党等党派机构和人员的职务,一般不加引号。中国国民党与中国共产党并列时可简称"国共两党"。对于国共两党交流,不使用"国共合作""第三次国共合作"等说法。对亲民党、新党不冠以"台湾"字眼。

56. 对台湾民间团体,一般不加引号,但对以民间名义出现而实有官方背景的团体,如台湾当局境外设置的所谓"经济文化代表处(办事处)"等应加引号;对具有反共性质的机构、组织(如"反共爱国同盟""三民主义统一中国大同盟")以及冠有"中华民国"字样的名称须回避,或采取变通的方式处理。

57. 对岛内带有"中国""中华"字眼的民间团体及企事业单位,如台湾"中华航空""中华电信""中国美术学会""中华道教文化团体联合会""中华两岸婚姻协调促进会"等,可以在前面冠以"台湾"直接称呼,不用加引号。

58. 对以民间身份来访的台湾官方人士,一律称其民间身份。因执行某项两岸协议而来访的台湾官方人士,可称其为"两岸××协议台湾方面召集人""台湾××事务主管部门负责人"。

59. 对台湾与我名称相同的大学和文化事业机构,如"清华大学""故宫博物院"等,应在前面加上台湾、台北或所在地域,如"台湾清华大学""台湾交通大学""台北故宫博物院",一般不使用"台北故宫"的说法。

60. 对台湾冠有"国立"字样的学校和机构,使用时均须去掉"国立"二字。如"国立台湾大学",应称"台湾大学";"××国小""××国中",应称"××小学""××初中"。

61. 金门、马祖行政区划隶属福建省管理,因此不得称为台湾金门县、台湾连江县(马祖地区),可直接称金门、马祖。从地理上讲,金门、马祖属于福建离岛,不得称为"台湾离岛",可使用"外岛"的说法。

62. 对台湾当局及其所属机构的法规性文件与各式官方文书等,应加引号或变通处理。对台湾当局或其所属机构的"白皮书",可用"小册子""文件"一类的用语称之。

63. 不得将中华人民共和国法律自称为"大陆法律"。对台湾所谓"宪法",应改为"台湾地区宪制性规定","修宪""宪改""新宪"等一律加引号。对台湾地区施行的"法律"改称为"台湾地区有关规定"。如果必须引用台湾当局颁布的"法律"时,应加引号并冠之"所谓"两字。不得使用"两岸法律"等具有对等含义的词语,可就涉及的有关内容和问题进行具体表述,如"海峡两岸律师事务""两岸婚姻、继承问题""两岸投资保护问题"等。

64. 两岸关系事务是中国内部事务,在处理涉台法律事务及有关报道中,一律不使用国际法上专门用语。如"护照""文书认证、验证""司法协助""引渡""偷渡"等,可采用"旅行证件""两岸公证书使用""文书查证""司法合作""司法互助""遣返""私渡"等用语。涉及台湾海峡海域时不得使用"海峡中线"一词,确需引用时应加引号。

65. 国际场合涉及我国时应称中国或中华人民共和国,不能自称"大陆";涉及台湾时应称"中国台湾",且不能把台湾和其他国家并列,确需并列时应标注"国家和地区"。

66. 对不属于只有主权国家才能参加的国际组织和民间性的国际经贸、文化、体育组织中的台湾团组机构,不能以"台湾"或"台北"称之,而应称其为"中国台北""中国台湾"。若特殊情况下使用"中华台北",须事先请示外交部和国台办。

67. 台湾地区在 WTO 中的名称为"台湾、澎湖、金门、马祖单独关税区"(简称"中国台北单独关税区")。2008 年以来经我安排允许台湾参与的国际组织,如世界卫生大会、国际民航组织公约大会,可根据双方约定称台湾代表团为"中华台北"。

68. 海峡两岸交流活动应称"海峡两岸××活动"。台湾与港澳并列时应称"港澳台地区"或"台港澳地区"。对海峡两岸和港澳共同举办的交流活动,不得出现"中、港、台""中、澳、台""中、港、澳、台"之类的表述,应称为"海峡两岸暨香港""海峡两岸暨澳门""海峡两岸暨香港、澳门"。不使用"两岸三(四)地"的提法。

69. 台商在祖国大陆投资,不得称"中外合资""中台合资",可称"沪台合资""桂台合资"等。对来投资的台商可称"台方",不能称"外方";与此相对应,我有关省、区、市,不能称"中方",可称"闽方""沪方"等。

70. 台湾是中国的一个省,但考虑到台湾同胞的心理感受,现在一般不称"台湾省",多用"台湾地区"或"台湾"。

71. 具有"台独"性质的政治术语应加引号,如"台独""台湾独立""台湾地位未定""台湾住民自决""台湾主权独立""去中国化""法理台独""太阳花学运"等。

72. 对台湾教育文化领域"去中国化"的政治术语,应结合上下文意思及语境区别处理。如"本土""主体意识"等,如语意上指与祖国分离、对立的含义应加引号。

73. 荷兰、日本对台湾的侵占和殖民统治不得简称为"荷治""日治"。不得将我中央历代政府对台湾的治理与荷兰、日本对台湾的侵占和殖民统治等同。

74. 涉及到台湾同胞不能称"全民""公民",可称"台湾民众""台湾人民""台湾同胞"。

75. 不涉及台湾时我不得自称中国为"大陆",也不使用"中国大陆"的提法,只有相对于台湾方面时方可使用。如不得使用"大陆改革开放""大陆流行歌曲排行榜"之类的提法,而应使用"我国(或中国)改革开放""我国(或中国)流行歌曲排行榜"等提法。

76. 不得自称中华人民共和国政府为"大陆政府",也不得在中央政府所属机构前冠以"大陆",如"大陆国家文物局",不要把全国统计数字称为"大陆统计数字"。涉及全国重要统计数字时,如未包括台湾统计数字,应在全国统计数字之后加括号注明"未包括台湾省"。

77. 一般不用"解放前(后)"或"新中国成立前(后)"提法,可用"中华人民共和国成立前(后)"或"一九四九年前(后)"提法。

78. 中央领导同志涉台活动,要根据场合使用不同的称谓,如在政党交流中,多只使用党职。

79. 中台办的全称为"中共中央台湾工作办公室",国台办的全称为"国务院台湾事务办公室",可简称"中央台办(中台办)""国务院台办(国台办)",要注意其在不同场合的不同称谓和使用,如在两岸政党交流中,多用"中央台办(中台办)"。

80. "海峡两岸关系协会"简称为"海协会",不加"大陆";"台湾海峡交流基金会"可简称为"海基会"或"台湾海基会"。海协会领导人称"会长",海基会领导人称"董事长"。两个机构可合并简称为"两会"或"两岸两会"。不称两会为"白手套"。

81. 国台办与台湾陆委会联系沟通机制,是双方两岸事务主管部门的对话平台,不得称为"官方接触"。这一机制,也不扩及两岸其他业务主管部门。

82. 对"九二共识",不使用台湾方面"九二共识、一中各表"的说法。一个中国原则、一个中国政策、一个中国框架不加引号,"一国两制"加引号。

83. 台胞经日本、美国等国家往返大陆和台湾,不能称"经第三国回大陆"或"经第三国回台湾",应称"经其他国家"或"经××国家回大陆(或台湾)"。

84. 不得将台湾民众日常使用的汉语方言闽南话称为"台语",各类出版物、各类场所不得使用或出现"台语"字样,如对台湾歌星不能简单称为"台语"歌星,可称为"台湾闽南语"歌星,确实无法回避时应加引号。涉及台湾所谓"国语"无法回避时应加引号,涉及两岸语言交流时应使用"两岸汉语",不称"两岸华语"。

85. 对台湾少数民族不称"原住民",可统称为台湾少数民族或称具体的名称,如"阿美人""泰雅人"。在国家正式文件中仍称高山族。

86. 对台湾方面所谓"小三通"一词,使用时须加引号,或称"福建沿海与金门、马祖地区直接往来"。

87. 对南沙群岛不得称为"斯普拉特利群岛"。

88. 钓鱼岛不得称为"尖阁群岛"。

89. 严禁将新疆称为"东突厥斯坦",在涉及新疆分裂势力时,不使用"疆独""维独"。

五、国际关系类

90. 有的国际组织的成员中,既包括一些国家也包括一些地区。在涉及此类国际组织时,不得使用"成员国",而应使用"成员"或"成员方",如不能使用"世界贸易组织成员国""亚太经合组织成员国",而应使用"世界贸易组织成员""世界贸易组织成员方""亚太经合组织成员(members)""亚太经合组织成员经济体

（member economies）"。应使用"亚太经合组织领导人非正式会议"，不应使用"亚太经合组织峰会"。台方在亚太经合组织中的英文称谓为 Chinese Taipei，中文译法要慎用，我称"中国台北"，台方称"中华台北"，不得称"中国台湾"或"台湾"。

91. 不得使用"北朝鲜（英文 North Korea）"来称呼"朝鲜民主主义人民共和国"，可直接使用简称"朝鲜"。英文应使用"the Democratic People's Republic of Korea"或使用缩写"DPRK"。

92. 不使用"穆斯林国家"或"穆斯林世界"，可用"伊斯兰国家"或"伊斯兰世界"。但充分尊重有关国家自己的界定，如印尼不将自己称为"伊斯兰国家"。

93. 在达尔富尔报道中不使用"阿拉伯民兵"，而应使用"民兵武装"或"部族武装"。

94. 在报道社会犯罪和武装冲突时，一般不要刻意突出犯罪嫌疑人和冲突参与者的肤色、种族和性别特征。比如，在报道中应回避"黑人歹徒"的提法，可直接使用"歹徒"。

95. 不要将撒哈拉沙漠以南的地区称为"黑非洲"，而应称为"撒哈拉沙漠以南非洲"。

96. 公开报道不要使用"伊斯兰原教旨主义""伊斯兰原教旨主义者"等说法，可用"宗教激进主义（激进派、激进组织）"替代。如回避不了而必须使用时，可使用"伊斯兰激进组织（成员）"，但不要用"激进伊斯兰组织（成员）"。

97. 在涉及阿拉伯和中东等的报道中，不要使用"十字军（东征）"等说法。

98. 对国际战争中双方战斗人员死亡的报道，不使用"击毙"

"被击毙"等词汇,也不使用"牺牲"等词汇,可使用"打死"等词汇。

99. 不要将哈马斯称为恐怖组织或极端组织。

100. 一般情况下不使用"前苏联",而使用"苏联"。

101. 应使用"乌克兰东部民间武装",不使用"乌克兰亲俄武装""乌克兰民兵武装""乌克兰分裂分子"等。

102. 不使用"一带一路"战略的提法,而使用"一带一路"倡议。

香港、澳门、台湾不是殖民地

　　在香港回归祖国之前,英国在香港实行的是典型的殖民式统治,但这并不等于香港就是殖民地。因为,通常意义上的殖民地主要是指因外国统治、管辖而丧失了主权的国家。香港是中国领土的一部分,是作为一个主权国家的中国要对被占领的领土恢复行使主权的问题。所以,殖民地概念不适用于香港。

　　中国恢复在联合国的席位后不久,当时的中国常驻联合国代表黄华于 1972 年 3 月 8 日致函联合国非殖民化特别委员会主席,明确宣布:“香港、澳门是属于历史上遗留下来的帝国主义强加于中国的一系列不平等条约的结果。香港和澳门是被英国和葡萄牙当局占领的中国领土的一部分,解决香港、澳门问题完全是属于中国主权范围内的问题,根本不属于通常的‘殖民地’范畴。因此,不应列入反殖宣言中适用的殖民地地区的名单之内。”联合国非殖民化特别委员会于同年 6 月 15 日通过决议,向联大建议从上述的殖民地名单中删去香港和澳门。中国政府在港澳问题上的立场在国际上得到广泛支持。同年 11 月 8 日,联合国大会通过了有关将香港、澳门从殖民地名单上除去的决议。

　　同理,1895 年至 1945 年被日本帝国主义占领时期的台湾也不是殖民地。

出版物中不能将香港、澳门、台湾表述为殖民地，只能表述为英国、葡萄牙、日本曾分别对这三个地方实行殖民式统治。

编辑出版实用书系

图书编辑校对实用手册(第四版)

黎洪波 利来友 编
定价:65.00 元
ISBN:978-7-5495-8559-5

■ 出版行业新手快速入门指导书!
■ 图书编校人员案头常备工具书!

《图书编辑校对实用手册》是为图书编辑校对工作者编写的实用工具书。全书分上、下两编,上编从文字、词语、语法、标点、数字、量和单位、版面格式、常见知识性错误等八个方面结合实例分析编辑校对的一些基本规范,下编收录图书编辑校对须要遵循并经常查核的有关法律法规、国家标准和行业规范,具有联系实际、针对性强、准确权威、方便实用的特点。本书出版十几年来,受到出版从业人员的欢迎,并不断修订完善,已经成为编辑校对工作者案头常备工具书,许多出版单位编辑校对人员人手一册。

编辑必备语词规范手册

利来友　编
定价:68.00 元
ISBN:978-7-5598-1608-5

■《图书编辑校对实用手册》姊妹篇!
■ 编辑出版语词规范精选汇编!

　　《编辑必备语词规范手册》整理、汇编了编辑工作中须要学习、查核的语词方面的法律法规、国家标准和行业规范。全书分通用语词类、专有名词类、禁用词类三辑编排。通用语词类收录了十八大以来常见政治术语、264 组异形词整理表(草案)、普通话异读词审音表等内容;专有名词类收录了民族、政治、宗教、文化等方面的用语规范;禁用词类收录新华社新闻信息报道中的禁用词和慎用词、新广告法规定的禁用词和慎用词、正确使用涉台涉港宣传用语等规范。本书基本涵盖了编辑工作须要学习、查核的语词规范,实例丰富,查阅便捷,实用性强。本书编者专门为多数规范撰写了按语,交代背景,点明关键,提纲挈领,有助于读者更好地学习、把握和使用这些规范。

期刊编辑校对实用手册

利来友 黄品良　编
定价:55.00 元
ISBN:978-7-5495-7245-8

■ 期刊编校人员入门指南!
■ 期刊编校人员案头常备工具书!

　　《期刊编辑校对实用手册》是根据颇受好评的《图书编辑校对实用手册》体例,为期刊编辑校对工作者编写的实用工具书。本书具有很强的针对性和实用性,可以作为期刊编辑校对人员的案头书,提升期刊编辑校对人员的质量意识和业务能力。

待出书目:

1.《编辑校对常见语言文字差错例析》

2.《编辑校对文史常识手册》

3.《图书编辑基本技能 18 讲》

4.《图书编辑校对 100 问》

5.《图书装帧设计 100 法》

6.《图书宣传营销 100 例》